The Logic of Prosperity

The power of integration mining development

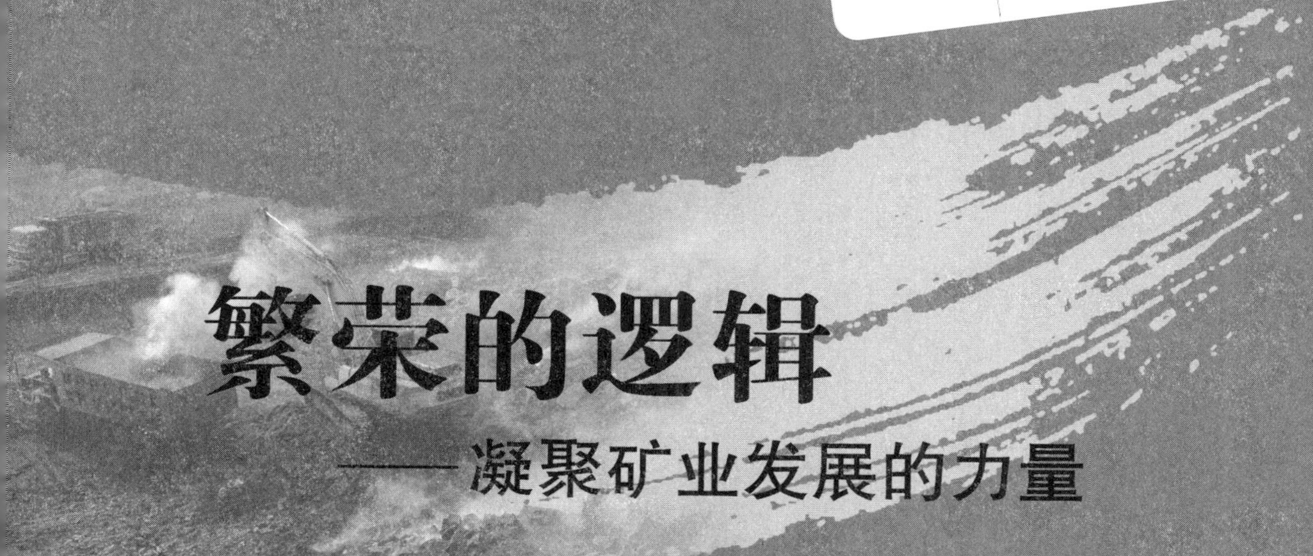

繁荣的逻辑

——凝聚矿业发展的力量

■ 朱华平 著

西北大学出版社

图书在版编目(CIP)数据

繁荣的逻辑:凝聚矿业发展的力量/朱华平著.—西安:西北大学出版社,2015.12

ISBN 978-7-5604-3770-5

Ⅰ.①繁… Ⅱ.①朱… Ⅲ.①矿业经济—经济发展—研究—中国 Ⅳ.①F426.1

中国版本图书馆 CIP 数据核字(2015)第 300651 号

繁荣的逻辑——凝聚矿业发展的力量

作　　者:朱华平
出版发行:西北大学出版社
地　　址:西安市太白北路 229 号
邮　　编:710069
电　　话:029-88302825
经　　销:全国新华书店
印　　装:西安华新彩印有限责任公司
开　　本:787 毫米×1092 毫米　1/16
印　　张:16.5
字　　数:300 千
版　　次:2015 年 12 月第 1 版　2015 年 12 月第 1 次印刷
书　　号:ISBN 978-7-5604-3770-5
定　　价:40.00 元

◎自　序

人类的历史从一定意义上可以说是一部矿物资源的利用史，也是一部不断认识矿物资源的历史。从古代的陶器、瓷器、青铜器、铁器，到近现代的汽车、飞机、轮船等，无一例外。那么，什么是矿物资源呢？教科书上没有给出定义。

这里先来回顾一下矿物的概念。

矿物是由地质作用所形成的且内部质点（原子、离子）排列有序的均匀固体，其化学成分可用化学式来表达。矿物是组成岩石的基础。

地质博物馆中对矿物有明确的概念界定，即矿物必须是均匀的固体，必须是由地质作用所形成的，而不是人工合成的。矿物必须具有特定的化学成分，矿物必须具有特定的结晶构造，矿物必须是无机物。

资源又指的是什么呢？笔者在这里所指的资源限定为矿产资源，也就是指在当前技术经济条件下有用和可用的天然矿物及岩石资源，包括金属矿产资源、非金属矿产资源和岩石资源。

人们总是把从中能提取金属元素的矿物岩石称为金属矿物或金属矿，把从中能提取非金属元素或直接利用的矿物岩石称为非金属矿物或非金属矿。但是，从实际情况来看，能提取金属元素的矿产资源并不一定是金属矿，可提取非金属元素的矿产资源也并不一定是非金属矿。举一些例子来说就清楚了。比如，天青石矿物是非金属矿物，但它是提取金属锶的主要来源；还有非金属矿物菱镁矿是提取金属镁的主要矿物。霞石、正长石是陶瓷、玻璃以及耐火材料的原料，同时它又是提取金属钾和铝的来源。

还有一个疑惑就是岩石。岩石实际上又是矿物的集合体，可以分解成若干种矿物，包括金属矿物和非金属矿物。所以，岩石资源其实也是矿物资源。

自然界天然产出的矿产资源绝大部分都是由众多元素和矿物所组成的，包括金属元素、非金属元素及矿物。

最新发现的能源矿产“可燃冰”，在固体状态下有一定的晶体结构和固定的组分，它是否是矿物呢？根据以上矿物的结构特点可判断，“可燃冰”似乎是矿物。但从其成分来看又是甲烷，而不是无机物，据此判断它不是矿物。

煤其实是岩石，它是由一系列黏土矿物所组成的，是矿物的一种集合体。

所以，随着科学技术的进步和人类认识水平的提高，传统的矿产资源观念越来越不适应于现代矿产资源的现状了。矿与非矿，金属矿与非金属矿，能源矿与金属、非金属矿等概念之间的界线越来越模糊。

为了简单，便于人们理解起见，笔者把所有能提取金属和非金属元素以及可以直接利用的天然矿物和岩石统统都称为矿物资源。

矿物资源对人类的贡献极大，为我们提供了众多的生活和生产资料。

在不同的科学技术经济条件下，对矿物资源的认识和利用是不一样的，有时是可以部分替代的。能源结构框架是矿物资源利用广度与深度的标尺。工业革命前，人类处于柴薪时代，能源绝大部分来自于木头和柴火，建筑也是以木质结构为主，人类的很多生活用品均来自于森林中的木材。交通、建筑和其他生活都以此为依据。此时，人类完全处于农耕社会，农具和生活用具大多都因地制宜而采用坚硬的石头、陶瓷器、青铜器和铁器，这些对应的时期分别被称为石器时代、陶器时代、青铜器时代和铁器时代。

工业革命和电气革命使人类进入了机器时代，人们的生活发生了翻天覆地的变化。大部分人脱离农村而进入城市，世界成为了以城市为主的都市社会，此时已完全不同于农耕社会。地球不再大，世界不再远。天上有飞机，海上有巨轮，地上有飞驰的火车和汽车，甚至还会有航天飞机可以去太空遨游。在这个阶段人类经历的能源结构先是以煤炭为主的煤铁阶段（主宰了火车和轮船的交通运输体系），而后就是现在所处的石油、天然气阶段（可以主宰所有的交通工具），将来可以遨游太空时一定就是太阳能的时代了。

快速的城市化过程伴随着矿物资源利用的大爆发，矿业达到了前所未有的大繁荣。由钢筋和水泥浇灌的城市犹如森林般遍布地球，城市面积由数十平方千米发展到上千平方千米，环城路一环套一环。与城市化过程有关的水泥（石灰岩矿)、钢铁(铁矿石)、铝(铝土矿)、镍、锰、铜、铅、锌等大宗矿物资源在最近100多年的时间里其作用被发挥得淋漓尽致。矿物资源需求的爆发式增长带动了能源需求的爆发式增长,煤炭、石油、天然气以及一些清洁能源一直均处于增长中。技术创新才是过去100多年矿业世纪大繁荣的主要原因。

进入21世纪后,随着中国城市化进程的加快,全球城市化很快得以实现。2011年,全球城市化率已超过50%,人类着实已进入了城市化社会,笔者把它称之为地球都市社会。

进入21世纪后,人类已经走进了地球都市中,我们的社会结构发生了翻天覆地的变化,城市成为了地球的主宰,绝大多数人都住在了城市里。网络成为了我们日常生活的一部分,网上上班、网上购物、网上娱乐、网上交流信息……太阳能和风能等发电形式使得分布式发电成为了现实,家家可以自足发电甚至可以把多余的电力出售给电网公司,住宅小区还可以建设直流微电网,让所有的电器设备和用具减负……

我们真正步入了一个新天地,地球都市和网络时代的合流,造就了新世纪崭新的经济形式,这种新经济应该就是地球都市经济吧!那么,在地球都市经济中,哪些矿物资源是这个时代的主要消耗品呢?我们如何来满足新经济形式下矿物资源的供应呢?我们又该如何来进行这方面的投资呢?我们的国家需要制定一些什么样的战略来保证不会发生这些矿物资源危机呢?

在和一些朋友讨论笔者的这本书时,他们似乎感觉本书像是一部矿业技术史。笔者当然希望能写一部矿业技术史或世界矿业史。但是,由于知识水平和时间所限,本书只是截取了世界矿业技术中一些璀璨的花朵,把它们串联起来,希望能成为美丽的花树。相对于矿业技术史类的专业书还相差甚远,究其原因是笔者尽量想用通俗易懂的语言向大众介绍矿业领域的一些知识,希望对读者及一些投资者有所益处。

笔者曾出版了一部名为《繁荣背后——资源危机的另类解读》的专著,一些读者读完后曾给出一些建议,其中重要的一条就是可否写一本有关21世纪矿业投资方面的书。经过思考,笔者认为这是很有意思的建议,一则是因为其职业的需要；二则是因为笔者较喜欢把矿业的问题放在经济学中去思考和研究，找到矿业繁荣的主因，更重要的是找到何时何地、哪些矿物资源会出现繁荣。

基于这些因素，笔者试图用通俗的语言把深奥的问题和专业技术解释清楚，并力求使大众都能理解，而不是只供那些有专业背景的人士阅读。写完这本书的初稿已是寒冬，站在窗前，窗外飘着雪花，鳞次栉比的楼宇犹如森林，在雪花飘舞的冬天显得那么的萧条。地球都市中的人们都在这些水泥森林中工作，整个地球的矿物资源、水、粮食和能源则源源不断地供应着这些"森林"使其正常工作。

仰望星空，回眸历史，更在想象未来，地球都市能否安然？

朱华平 博士

2015 年 12 月 10 日于西安

◎目　录

第1章

仰望星空：矿物资源利用的历史回眸

Looking at the Sky and Stars: Historical Reviews on Mineral Resources Utilization

人类的历史也是一部矿物资源的利用史。——作者

➢ 陶器,开启矿物资源利用的纪元

人类对矿物资源的利用从何时而起?

历史教科书给我们的答案是石器时代。石器时代包括旧石器时代和新石器时代。旧石器时代利用的是岩石,并不是矿物。旧石器时代利用岩石(石头)打制各种工具和装饰物,实际上是一种冷加工技术,是真正的石器时代。

而新石器时代的典型事件是陶器的烧制和使用,是对黏土矿物的利用。与玉器的冷加工不同,陶器具有热加工性质,作为陶器原料的黏土矿物发生了物相的变化。所以,有专家提出应在石器时代后划分出一个陶器时代,笔者认为这是有道理的。人类对矿物资源的利用就此开始了。

陶器时代确实存在,并且影响深远。

我们人类的祖先利用黏土烧制陶器可以追溯到距今1万年前后,有考古发现为证:河北徐水县南庄头遗址发现的陶器碎片经鉴定距今10 800~9 700年,江西万年县、广西桂林甑皮岩、广东英德县青塘等地也发现了距今10 000~7 000年的陶器碎片。此时期所烧制的陶器由于陶坯与大量空气接触而呈红色,成为红陶。把陶器的颜色、形状烧制得好看一点、丰富一点,这个现代人看来很简单的事情在那个蛮荒的年代却经历了上千年。彩陶的出现已经到了距今7 000年前后,也就是公元前5000年前后。

从已经发现的陶器出土地点可以看出,人类大多数地区已经出现了陶器制造的相对繁荣。从黄河流域的河南、山西、陕西等地的仰韶文化,到北方的红山文化，再到西北河湟地区的柳湾遗址，无不体现了当时“陶时代”的繁荣与普及。

彩陶都是以黄河中上游为中心，向四周辐射的。而在长江流域和山东境内，彩陶出土都很少，正如豪华都市的霓虹灯相对于偏远山村的灯火。解释起来其实很简单，资源分布的不均匀性决定了这种差异。用于彩绘的颜料之红色为氧化铁、黑色为氧化锰，均属于无机质矿产。这类矿产，经过风化、淋滤，才易于被研磨成颜料。而符合条件的矿产，根据古代文献《山海经》和现代探矿资料，正是北多南少。原始人严重依赖自然环境，可供开发的自然资源决定着他们的生活方式；不可能想象本来流通就不发达的时代，他们会为了艺术所需的原材料专门发展起贸易来。

陶器作为一种器具首先被用于生活之中，所以一开始陶器多制成罐、碗、盆、钵等，作为烧煮、储藏方面的用具。在许多文化遗址中发现了各类炊煮器、食用器、盛贮器，这些都是满足先民们生活需要的用品。

这一用途一直保留至今。我们湖南常德地区一带喜欢吃干锅菜，干锅是一种红色的陶钵，炉子也是红色的陶制品。笔者记得是小孩子时家里用的全是这些，因为那时买不起铁炉子。城里养花的人都知道最便宜的花盆也是陶的。看来这种陶器历经万年还在为人类服务。

此外，许多文化遗址还发现了陶网坠、陶纺轮、陶子弹等生产工具，陶网坠用于捕捞，陶纺轮用于纺织，陶子弹用于打猎。这些均已表明陶制品已从生活领域跨入到了生产领域。

20 世纪 70 年代，青海一个叫柳湾的地方出土的彩陶震惊了世界，这不是因为发现的品种，而是因为出土彩陶的数量。

青海乐都县柳湾村的彩陶遗址，出土了数万件彩陶（图 1 – 1），如今这些宝贝被收藏在柳湾博物馆中。该博物馆一共存放了 37 925 件陶器，堪称彩陶的海洋。如此多的数量引起了人们的种种猜测，此时的人类是不是已经有了交易活动？

“陶器时代”的意义不仅仅是发明了一个能装东西的器物，而重要的则是由此所演化出来的古文明。中国古代几千年的文明和富有无不与此有关。从制陶开始到发明瓷，不断演进，一直到今。举世闻名的秦砖汉瓦、秦兵马俑、唐三彩、青花

图1－1　出土于青海柳湾墓葬中的陶器(摄于柳湾博物馆,2011年)

瓷,无不闪耀着人类智慧的光芒。

由此可见,彩陶真正开启了人类对矿物资源利用的纪元。

➢　青铜器,人类利用金属矿物的辉煌开端

由于地利,笔者常把陕西省历史博物馆当商场来逛。在笔者看来,该馆所藏精品中以青铜器为盛。

历史学告诉我们,在石器时代过后,人类创造了辉煌的青铜器文明。

青铜器文明大致从4 700年前开始出现,到2 000多年前逐渐被铁器文明所取代,跨越了约3 000年的历史长河。夏、商、周是青铜器文化的顶峰时期,至此可以推断,青铜器繁荣维系了至少1 600余年。

青铜器覆盖人们生活的各个方面,大到"铜车马"和祭祀用的"鼎",小到各种各样的装饰品。青铜器不但数量多,而且造型丰富、品种繁多,有酒器、食器、水器、乐器、兵器、农具与工具、车马器、生活用具、货币、玺印等。单在酒器类中又有爵、角、觯(读 zhì 志)、斝(读 jiǎ 假)、尊、壶、卣(读 yǒu 酉)、方彝、觥(读 gōng 工)、罍(读 léi 雷)、盉(读 hé 禾)、勺、禁等20多个器种。每一器种在每个时代都呈现出不同的风采,同一时代的同一器种的式样也多姿多彩,犹如百花齐放,五彩缤纷。

宝鸡市青铜器博物馆收藏的“何尊”(图1-2),1963年于陕西省宝鸡市陈仓区贾村镇出土,是一个祭器。由于该器皿是一位姓何的贵族所作,故称“何尊”。高39厘米、口径28.6厘米、重14.6千克。整个尊体以雷纹为底,高浮雕处则为卷角饕餮纹,圈足处也饰有饕餮纹,工艺精美,造型雄奇。

图1-2 出土于陕西宝鸡的“何尊”

(摄于宝鸡市青铜器博物馆,2012年9月18日)

有两个青铜器具甚是令人震撼,一个是“傻大个”司母戊方鼎,另一个是精美绝伦的秦始皇陵铜车马。

“傻大个”司母戊方鼎于1939年出土于河南安阳武官山,距今已经有3 000多年的历史,那时是商朝。这个庞然大物重达833千克,高1.33米,长1.1米,宽0.79米,即使是在今日,也算是一个巨型容器。在一个没有焊接工艺的年代里,一次浇铸成型如此巨大的器物是多么复杂而了不起的工艺呀!

秦始皇陵铜车马主体为青铜所铸,一些零部件为金银饰品。秦始皇陵铜车马共有3 000多个零件,秦代工匠巧妙地运用了铸造、焊接、镶嵌、销接、活铰连接、子母扣连接、转轴连接等各种工艺技术,结合为一个整体,达到了非常高的水平。特别是1、2号车的伞盖,其厚度仅为0.1~0.4厘米,而面积分别为1.12和2.3平方米,整体用浑铸法一次铸成,即使在今天,要铸成这么大而薄、均匀呈穹隆形的铜件也非易事。至今,铜车马上的各种链条仍能转动灵活,门、窗开闭自如,牵动辕衡,仍能载舆行使。秦始皇陵铜车马被誉为中国古代的“青铜之冠”。

出土于西安临潼的秦始皇陵铜车马一共有两辆,一为立车,二为安车。图1-3中的铜车马为安车,车通长3.17米,高1.06米,相当于真车马的一半。总重量为1 241千克,由大小3 462个零部件组装而成。其中青铜制件1 742个,黄金制件737个,白银制件983个。

图1－3　出土于西安临潼的秦始皇陵铜车马

（摄于秦始皇兵马俑博物馆,2009年6月14日）

没有人不惊叹于远古时期人类创造的如此辉煌的科学技术成就,同时也对那时先人的生活充满遐想。远古的人们住在用木头搭建的房子里,使用着各种精美的青铜器生活用品和陶器,过着自给自足的农耕生活,甚是惬意。

笔者不仅惊叹于如此精美的工艺,更让笔者困惑的是古人是如何发现制造青铜器的铜矿石、锡矿石和铅矿石的矿物原料的?在持续1 600余年的辉煌金属冶炼过程中所依赖的金属矿物找矿和采矿又是如何满足其需求的?没有文字记录,只能靠猜想。

青铜器时代,先人们已经对制陶工艺极其精熟。受此启发,运用黏土矿物做成模具进行金属冶炼也就顺理成章了。可以想象有一种叫孔雀石的铜矿石,颜色碧绿,其断面的纹理与孔雀的羽毛相似,很是艳丽,在岩石堆中极易被人发现。这种孔雀石含铜量高,含铜品位大多超过20%,它的分子式是$Cu_2[CO_3](HO)_2$。可见这种矿物在烧的过程中很容易分解成Cu_2O(学名叫赤铜),于是,漂亮的绿色就变成了红色或黑色。赤铜和木炭在一起,只要燃烧温度达到1 000℃,就可以炼出紫红色的铜来。

先人发现方铅矿和锡石是一件很了不起的事情,因为这两种颜色为灰色的矿物显然没有绿色的孔雀石那么好辨认,是什么偶然性让他们发现了这些矿物,我们还不得而知。

考古工作提供的资料说明,凡在古代采矿、冶炼遗址附近,几乎都有同时期居民聚落遗址。因此,人们为制作石器寻找原料而出没于这些山丘,一旦认识了自然铜与孔雀石等铜矿石,那么采掘这些金属原料就成了他们的新工作。

目前发现的商周古铜矿遗址,比较有说服力的有湖北铜绿山铜矿遗址、江西瑞昌铜岭古矿址、内蒙古林西大井古铜矿遗址、安徽铜陵古代铜矿遗址等。从古矿洞保存的规模来看,湖北铜绿山、江西铜岭和安徽铜陵的规模最大。

现代考古资料表明,湖北铜绿山是古荆州的产铜基地,遗址上的炼渣就有数百万吨。铜陵地区的古矿规模也很巨大,并且采场众多、年代跨度又长,从商周到唐宋一直是采铜、冶铜的中心。铜陵在古代全国所处的地位,笔者认为大概就像今天的宝钢、鞍钢一样,举足轻重。如果说湖北的铜绿山是古荆州的铜都,那么铜陵毫无疑问是古扬州的铜都。另外,铜陵的古代矿冶遗址,经^{14}C检测标本,认定年代距今3 000年左右,这说明铜陵和铜文化历史,最迟在西周早期即已兴起。尤其是在遗址上发现的冰铜锭,是硫化铜冶炼的遗物。大家知道,古代铜矿的开采,是由地表浅层开始的,都是氧化铜矿,向深层发掘才是硫化铜。也就是说,铜陵的矿冶历史应该更早,因为这之前还有一个氧化铜矿开采时间。

商、周两代国王,多次派兵进攻淮夷(安徽铜陵一带),虽然淮夷武器精良,战斗力很强,最后还是被周王朝打败了。周昭王多次攻荆、攻淮夷的目的,一为扩大疆土,二为掠夺江南的铜。在西周金文中有关周王朝用兵伐荆、淮夷"掠金""俘金"的记载很多,从而证明,远在3 000多年前中国古人对金属矿物的渴望程度不亚于现在对石油的渴求。

在中国的大地上,有很多地名都带有矿产的名字,铜绿山、铜岭、铜陵、金牛山、锡铁山……无不闪耀着古人利用金属矿物的智慧光芒,谱写了人类利用金属矿物的辉煌开端。

➢ 中国古代钢铁的困惑

可以毫不夸张地说,中国古代在铁器文明之前用陶器、青铜器创造了辉煌的古文明,把其他国家远远地抛在了后头。

铁器时代我们是否还在领跑世界呢?

考古发现在春秋时期已经出现了钢铁制造的兵器,以湖南省长沙市出土的春秋晚期的钢剑为证,说明当时的楚国已开始使用钢铁兵器,只是不太普及罢了。到战国晚期也还只能部分地用钢铁兵器装备部队。

随着封建经济的巩固和发展,以及钢铁冶炼技术的进一步提高,经秦到西汉时期,钢铁兵器才得到全面发展。

铁器的真正普及应该在秦代以后的西汉。这有几个原因,其一是秦统一中国后统一了货币,这个"孔方兄"就是由青铜制造的;其二是铁合金发明后,铁器才真正有了使用价值,而且便宜。还有一个原因就是青铜贵,没有相当的经济实力是无法全面装备军队的,即使在民间也只有贵族才用得起青铜器。

钢铁技术的完善解决了这些问题。

经过文景时期的经济恢复和发展,直到汉武帝时盐、铁官营制度的建立,西汉的钢铁冶炼业有了很大的发展,生产规模日益扩大。出现了初期的百炼钢制品,还出现了铸铁固体脱碳成钢法等新工艺和局部淬火新技术,为钢铁兵器的生产提供了物质基础和技术手段。

在西汉都城长安城遗址(今陕西省西安市郊),发掘出建于汉高祖刘邦时的武库,并一直沿用到王莽末年才毁于兵燹。该库是用厚围墙圈起来的宏大建筑群,发掘出铁制的刀、剑、戟、矛和斧等,仅铁镞就达1 000余件,还有锈结成块的铁铠甲;而出土的青铜兵器数量极少,只有出土铁镞的1/10左右,这说明西汉时已生产了品种齐备的精锐的钢铁兵器,并且已用钢铁制造消耗量大的箭镞。

这明显地反映出钢铁兵器已基本取代了青铜兵器。

从汉唐盛世到明清盛世,都是用的钢铁兵器,时间绵延近2 000年。青铜与钢铁的巨大需求催生了中国几千年的金属矿物开采、冶炼的兴盛。《管子》记载,天下名山5 270座,出铜的山有467座,出铁的山有3 069座,由此不难窥知当时铜铁开采、冶炼的兴盛。

尽管铁器的应用已经很普遍,但是远未把钢铁的性能用到极致,没有生产出不锈钢用于人们的生活,也没有生产出结构钢用作合适的建材,显然这与中国古代对青铜器的极致利用形成了强烈的反差。这是为什么呢?

在农耕时代,无论是农业、商业还是手工业,都处于“靠天吃饭”的状态中。一个国家的某项事业是否兴旺,首先取决于该国有没有成就这项事业的自然条件。同样,一个国家的技术发展,直接受其境内自然环境和资源状况的制约。

在青铜器的矿物原料中,中国有极为丰富的锡矿、铜矿和铅矿资源,并且品质非常好,这就使得青铜器的制造相对较易,质量较高。而我国出产的品质低下的铁矿石使得钢铁发展缓慢而且质量不高。历史上的名刀,其原料必然来自铁矿石质量优越的地区,如印度、日本。

在铁兵器使用初期,人们都还没有熟练掌握冶铁技术,谈不上用专门的冶金工艺来改善铁器性能,这时,铁矿石质量的好坏便直接决定了铁兵器质量的好坏。对于世界上其他的文明古国来说,这不是一个问题,因为铁矿相当常见,并且世界铁矿的一般水平是富矿占矿产总量的50%～60%,也就是说,一般人们开两个矿就会遇到一个富矿。富矿的矿石杂质含量少、易于锻造、制出的铁器性坚韧,对制造铁兵器相当有利。所以各文明古国接受了先进文明传来的冶铁技术之后,在本国富铁矿的支持下,都很快用铁兵器取代了铜兵器。

中国却不同,其自然资源具有这样几个特点:贫矿、难选矿、综合矿多,富矿、易选矿、单一矿少。铁资源是最好的例子:蕴藏量虽多(探明储量501亿吨),但易采易选的贫矿多、需综合利用的多组分矿石多、富铁矿资源少、可直接入炉的高炉富铁矿不到探明总储量的3%!矿石普遍含有较多杂质,如硫、磷等,甚至有少数矿石含有铀元素,硫会使铁变脆,在稀土族元素被利用到冶铁业之前,一直是该行业的梦魇。

以“以今推古”的方式来推断一下中国古代铁矿石质量也不失为一个好办法。

战国时期的楚国辖地湖南,我们在教科书中学过铁矿类型中有一种叫“宁乡式铁矿”的,它是一种鲕状赤铁矿,矿体厚度不大,品位也不高,储量也不大,但含磷较高,为0.05%～1.39%,为难选的沉积变质型赤—磁铁矿及赤铁矿贫矿。

再看看战国时期韩国所在的河南。2010年3月,河南省地质调查院经过矿产资源潜力评价,宣布全省铁矿石储量超过37亿吨。主要分布在安阳、舞阳、林县、桐柏、泌阳等地,共有185处铁矿产地,其中富矿产地仅9处,贫矿石、需要选矿的高炉高硫、高炉高磷矿石共计占矿石总量的99.74%,平炉富矿仅占矿石总量的0.26%。富矿中以矽卡岩型铁矿为主,主要位于安阳、林县、桐柏、泌阳等地,矿石相对较富,成为韩、楚两国锋利的铁兵器的重要原料产地。

当时的燕所在的河北铁矿石较好,但还是贫矿居多:截至2007年年底,河北省累计查明铁矿资源储量85.43亿吨,铁矿产地246处,其中,大型11处,中型99处,小型136处。主要集中于唐山、张家口和邯郸、邢台地区。矿石品位大多在30%左右,占总量的99.6%,但矿石的品质好,即含磷和硫都较低,在开矿技术原始的古代,总有一些富矿的产地,这也就成为了燕国制造铁兵器的一个天大的优势,当然燕国也成为产宝剑的地方。

吴、越及后来的楚国辖地江苏、浙江一带,虽然铁资源较少,但是铁矿都是以富铁的矽卡岩型为主,是制造铁兵器的好原料,因此,该地区也就出产宝剑。

秦国所在的陕西,其铁矿多位于秦巴山地,开采不易,就当时的交通条件也不可能开采。这就是秦兵马俑坑出土的铁兵器仅相当于铜兵器数量万分之一的重要原因。

很显然,在科学落后的古代,中国人是无法像现代这样选矿的,也不可能利用商业引进数量足够的铁矿石,唯一的办法只有尽量利用当地的贫铁矿。

由于中国大部分地区的铁矿都是贫矿,含磷、硫较高,因而制造出来的铁器质脆,对农具和工具来说这倒不是问题,因为农具要对付的不过是土地和草木,折断的可能性很小;所制成的工具中大多对付的也不过是木头,即使用作金属加工的工具,如在铜器上刻画的铁刀,不会遇到横向的冲击力,折断的可能性同样很小,且铁凿、铁刀之类的工具,硬度的要求才是第一位的。

但兵器则不然,像剑、戈、戟等武器,短兵相接,经常彼此碰击,因而必须坚韧。然而,中国贫铁矿石中的杂质磷,使得铁器的力学性能极差。因此,在中国人还没有发展出足够先进的冶铁技术之前,中国地区只能利用极少数富矿中的矿石来锻造兵器,在这种情况下,战国时期及以前的铁兵器是不可能普及的,如果有一支装备铁兵器的部队,就相当于有一支现在的机械化部队了。如今,形容战斗力强的部队是铁军就源自于此。

➢ 古代“炼丹”术:是矿物学、冶金学还是化学

古代对矿物的利用,除了陶器、青铜器和铁器外就算“炼丹”了。我们对古代的炼丹术总是不屑一顾,认为老祖宗是瞎胡闹。

古人为什么会有炼丹的想法呢?很显然,一是希望长生不老,二是要得到“点石成金”之法。从现在的科学分类来看,前者是药学,后者是冶金学。只可惜由于我国古代术士们把炼丹和炼金太过于神秘化,而使得历经近 2 000 年的炼丹术没有产生真正的药学、冶金学以及现代化学。

图 1－4　古代炼丹现场模拟图

“炼丹术”产生的前提是人类初步认识了一些常见矿物,同时青铜器和陶器为炼丹提供了设备。陶器的制作距今差不多有万年的历史,在春秋战国时期,中国几乎能制造所有的青铜器生活用品。看过《西游记》的人都知道太白金星的炼丹炉是何等的精致与完善。

炼丹术这个看似荒唐的方术一旦打上神秘的宗教色彩,便会得到历代皇帝的青睐甚至痴迷。皇室的推动加上炼丹术士们营造的神秘色彩使得炼丹术得以大力发展。

其实,西方国家在相当长的时间内崇尚炼金术。但是,他们的炼金术和中国

古代的炼丹术是不同的，中国古代的炼丹术包含后来发展的炼金术。因为，古代炼丹术士们认为“金液”是保证长生不老的主要成分，好的丹药需要有“金液”来配制。

炼丹术和炼金术不仅打开了人类不断认识新矿物之门，而且还可以合成新矿物或提炼金属。

据记载，炼丹的主要原料有五金八石三黄之说。“五金”指金、银、铜、铁、锡；“三黄”为硫黄、雄黄、雌黄；“八石”各说不一，一般指朱砂、矾石、硝石、云母、石英、石钟乳、赤石脂、黄丹。

此外，水银和铅也是炼丹的主料。这些原料，中原大地本也富有，一直为炼丹家所采用，并对这些试用过的矿物进行详细记载。如著名的南北朝炼丹家陶弘景在他的著作《名医别录》中记述了云母砂、马齿砂、豆砂、朱砂等和不同品质的丹砂的性状和产地；唐代著名道士衡岳真人陈少微在其著作《大洞炼真宝经修伏灵砂妙诀》中记载了对多种矿产丹砂性状的描述。汉魏时期的炼丹家狐刚子撰有《出金矿图录》，专述金银矿的冶炼。书中论述了金银的地质分布规律，已经将全区分为砂金和山金（脉金）两类，说明当时已开采脉金矿，是中国金矿开发史上的重要记载。狐刚子在书中还记载了几种金银矿石的冶炼方法及详细的工艺过程。

化学史家袁翰青（1905—1994）曾根据炼丹文献做出一个不完全的统计，炼丹家们所用到的矿物包括无机物和有机物在内，总共约有60多种，其中单质类金属或非金属有7种，氧化物类有9种，硫化物类有4种，氯化物盐类有7种，硝酸盐类有2种，硫酸盐类有5种，碳酸盐类有7种，硼酸盐类有1种，硅酸盐类有6种，合金类有若干种，其他类有14种。此外还发明了有机溶剂醋（CH_3COOH）和酒精（CH_3CH_2OH）。

炼丹的需要大大地促进了术士们寻找矿物和对各种矿物性质研究的兴趣。在众多的矿物中有3种矿物是最基本的，一种是含汞的矿物，颜色鲜艳，大多为红色和黄色；一种是黄金；另一种就是铅矿物。

炼丹虽然有火法和湿法之分，但还是以火法为主。炼丹的过程就是尝试把不同的矿物按一定的比例进行烧制形成所谓“丹药”的过程。从现代化学和冶金学的角度看，这个所谓的“丹药”其实大多是金属或合金。

在炼丹的过程中，由于对矿物的性质不熟悉，往往会出现一些意想不到的结果，火药的发明就是其中之一。唐宋两代的丹经中，与火药配方有关的资料颇多，记载了蜜（相当于木炭）同硝石、硫黄和雄黄一起，即为爆炸混合物。

丹砂（主要成分为硫化汞）是炼丹术中用得最多的矿物，导致对汞的研究比较深入。红色硫化汞（丹砂）一经加热就会分解出水银（汞），水银和硫黄化合生成黑色硫化汞，再加热使它升华，就又恢复红色硫化汞的原状。所生成的水银，呈液体状态，圆转流动，容易挥发，显得和寻常物质不同。

炼丹家在长期的炼丹过程中观察到了金属汞的很多性质，并记录在书中。汞齐就是一项非常了不起的发明。有记载的汞齐有锡汞齐、金汞齐、银汞齐和铅汞齐，并且还可以用汞齐的性质生产出金粉呢！

炼丹的另一个副产品就是所谓“胡粉”。胡粉是古代女士都要用到的化妆品，其实它的成分是碱式碳酸铅。我们的祖先早在汉代以前就可以制造化妆用的胡粉了，把制造青铜器的铅和醋进行熬制，然后加入石碱，把沉淀物进行脱水晒干就成为白色的“胡粉”。女士用的美白粉是不是源自于此？

火法炼丹的另一重大成就是单质砷的制备。葛洪《抱朴子・仙药篇》记载了6种处理雄黄的方法，其最后一法是用硝石、玄胴肠（猪大肠）和松脂“三物炼之”，雄黄（As_2S_2）和硝石（KNO_3）同炼，可收集到三氧化二砷（As_2O_3），再先后用含碳的猪大肠和松脂炼两次，就被还原成为纯净的单质砷。

水法炼丹不能孤立地加以理解，实际上很多丹药都是水法和火法炼丹相结合的产物。

正是由于炼丹术一直都是和医药、道教相联系，炼丹家既是药学家也是道家，因此，有关炼丹和丹药记录的著述相当多，我国古代最有名的医药著作几乎都收录了所谓“丹药”，即矿物药。仅《本草纲目》中就列载了矿物药134种，其中金属类28种，玉类14种，石类72种，卤石（能溶于水的矿物）类20种，像金、银、铜、铁、锡，云母、石英、玛瑙，丹砂、水银、钟乳石，磁石、麦饭石、金刚石，食盐、硫黄、明矾、硼砂等。

遗憾的是,古代中国历经 1 000 多年的炼丹术没有能发展成为矿物学、冶金学和化学。究其原因,笔者认为,一是一个根本达不到的目标很容易使从业者丧失信心;二是所谓的“丹药”和“金”“银”都是假的,容易使消费者失去信心;三是工作太过于神秘使得成果不能分享,对于各种矿物的描述千差万别,不能被继承和发扬;四是炼丹术太过于官僚化,老百姓接触不到,是皇家和道家的游戏,皇家即使被骗也会像《皇帝的新衣》一样故弄玄虚。

但是,尽管如此,炼丹术和炼金术还是为我们积累了很多科学财富。首先,认识了一大批金属和非金属,并了解了其性质。例如,我国炼丹家魏伯阳、葛洪等对硫、汞、铅等元素都做了十分透彻的研究,并用化学方法来提纯和检验它们。其次,认识了许多化合物及其反应。

我国炼丹家葛洪观察到铅在不同条件下,氧化成氧化铅、四氧化三铅和二氧化铅等。中国药学家屠呦呦因发现青蒿素而获得 2015 年度诺贝尔生理学或医学奖,她的研究的突破性的灵感就来源于这位东晋药学鼻祖葛洪的著作《肘后备急方·治寒热诸疟方》。特别值得一提的是,西欧的炼丹家在后期已发现硫酸、盐酸和碳酸钠、氢氧化钠等重要化合物。再次,在实验技术上,不仅发明了许多仪器,如加热器、蒸馏瓶、坩埚等,而且掌握了许多实验操作技术,如蒸发、过滤、蒸馏等,特别是提纯物质技术的创立对研究物质的性质起了重要的作用。由炼金术发展起来的许多工艺,如炼钢、炼铁、造纸、制作火药等也随之得到发展。

唐末出现的火药也是炼丹实践的产物,16 世纪利用“汞齐法”提炼金银把金银提升到繁荣的地步。古代“炼丹”术是不是矿物学、冶金学和化学的启蒙呢?

➢ 钱币的变迁,资源危机还是金融危机

说起钱币,很快就会联想到“孔方兄”,它始于秦。

秦统一中国后在书同文、车同轨、统一度量衡的同时,以法律形式废除了战国时流通于各国的铲布币、刀币、蚁鼻钱和圜钱,并在圜钱的基础之上,推出全国法

定的唯一流通货币“秦半两”。黄金为上币,单位为镒,即20两;铜钱为下币,单位为0.5两,金、铜比为1:40。现在的金、铜比达到1:6 000,可见金相对于铜升值了150倍,也就是说铜矿资源相对于金矿资源要丰富得多。可见,铜在我国古代作为钱币原材料多么珍贵。

秦始皇将“天圆地方”的宇宙观赋予古钱币,代表不可逆转的皇权。作为社会稳定的精神支柱,这一理念在中国几千年的钱币文化史中被历代君王和百姓所接受。

自“秦半两”问世以后,这种方孔圆钱(孔方兄)的货币形制一直持续到中国封建社会结束,开创了方孔圆钱2 000多年历史的光辉。

青铜的成熟冶炼技术为先秦时期货币的铸造提供了保证。

春秋战国时期,有4种由(青)铜铸造的货币。一种是流通于中原地区的铲布,实际上不是布,而是一种农具铲形状的(青)铜铸造的货币。第二种是流通于楚国的鬼脸钱,又称蚁币钱,是一种铸成椭圆形类似于铜贝的货币。第三种是流通于齐、赵、燕等国的刀币,是由(青)铜铸成刀的形状的一种货币。还有一种是战国时期流通于我国北方魏、秦等国的圆形铜铸币圜钱。

可以说,春秋战国时期中国的货币由青铜铸造而成,只是形态不同罢了。到了秦代,中国统一了货币,市场上流通的是由铜铸造的“秦半两”铜钱,上流社会还流行一种形态和“秦半两”一样的金钱。此后,铜钱一直延续到清代。

统一铸币是我国封建王朝一个伟大的创举,最早应该是始于汉武帝时期的西汉。

汉武帝时代,铸币由地方收归中央,“孔方兄”货币实行标准化,统一由铜铸成五铢钱(24铢等于旧制1两),也就是说1枚五铢钱相当于约6.5克铜。这个铸钱标准一直持续到唐初。五铢钱是中国历史上使用得最久、最成功的一种钱币。此后,历代铸币皆由中央直接经管。铸币权收归中央,对稳定各朝的政局和经济发展起了重要的作用。

公元621年,唐高祖改币制,废五铢,铸“开元通宝”,规定直径8分,重2.4铢,每10文为1两,每1文的重量为1钱,两以下采取十进制,10钱1两的进位制由此诞生了。开元通宝的问世,结束了自西汉以来延续700余年以重量五铢命名铸币的传统,开创了通宝、元宝钱体系。自唐起,钱币就不再以重量为名称了,而改称其为"宝"或通宝或元宝或重宝。自武德四年铸行开元通宝钱起,至1916年"洪宪通宝"止,通宝、元宝钱体系沿用了近1 300年,其生命力之久,在世界货币史上罕见。

从汉代到民国初长达2 000多年的五铢钱、通宝、元宝钱币流通过程中,与此并行还流通铁钱、银两和银元。

图1-5 春秋战国时期各国使用的钱币

(摄于陕西省历史博物馆,2008年3月28日)

汉代以后,钢铁冶炼技术越发成熟,为铁钱铸造创造了条件。

历史上,铁钱始终是"钱"体系中的一个补充,它除了币材、币值和购买力不同外,和铜钱的形制、币文、铸造等总体上均无大的差别。铜半两产生后,铁半两开始出现,五铢、开元钱制首先表现在铜钱上,然后才有铁钱,铁钱与铜钱形影相随。

历史上出现大量铁钱的时期有3个。一是公元523—535年南朝梁武帝政府铸行4种五铢(即四出五铢、大吉五铢、大通五铢、大富五铢)铁钱,禁止铜钱流通。这是历史上一次大规模的铸行铁钱,并成为当时的本位币。二是五代十国,由于国家分裂、政治动荡导致经济凋敝,货币流通混乱,铁钱在民间流通。尤其在十国,不仅统治地区广大,人口众多,不少政府大量铸造铁钱,数量巨大,造成币值下跌,政府为挽救铁钱的流通,下令铜钱对铁钱以1当10并行流通。五代十国先后铸行"永隆、天德、乾封泉宝、永通泉货"等各制铁钱。三是宋代,由于宋朝的经济极度繁荣,铜钱不能满足商品交易活动,政府铸造了大量的铁钱,和铜钱按一定的比率同时在市场流通。此外,清朝也有短暂的铸造铁钱的历史。

一方面是因为中国的铜矿资源不丰富,有时在特殊时期铜矿供应出现问题,于是用铁钱来补充;另一方面是民间私铸铁钱,以铁钱代替铜钱。终其原因,还是因为铜资源短缺造成的。

历史上,在平行运行的货币中,还有一种货币非常重要,那就是银和金。尽管中国使用银金属作为货币可以追溯到春秋战国时期,但是真正把白银在流通领域当货币使用还是始于宋朝,白银货币有碎散的,也有 5 两、10 两、25 两、50 两甚至 1 000两的,类似于现今流通的不同面值的硬币。《水浒》中描写的场景有很多是用碎银来支付的,可见在宋代民间银两的使用已非常普遍了。

从此以后,除了明初有 50 多年禁止金银交易外,白银实际上已经登上了中国货币体系的舞台。

金作为货币,主要表现为储藏手段,作为保值和国际支付手段使用,真正的民间流通是极为少见的。

白银作为中国的货币进行流通是一件不得已而为之的事情。因为,作为一个国家的金属货币,赋存该金属的矿物资源必须丰富并且还必须具备冶炼和高超的铸币技术。

从以上分析可知,铜钱一直是中国 2 000 多年封建社会的主要流通货币,它是建立在中国品质优异和储量足够的铜矿、锡矿和铅矿资源基础上的。考古学成果较公认的铜绿山、铜陵和云南的东川是中国历朝造币的主要铜矿产地和技术精湛的青铜制造技术之地。而银恰恰相反,中国的独立型银矿其实是很少的,尽管中国古代政府极力鼓励开采银矿,但成效甚微。

明朝从开采银矿得到的白银收入,可以在《明实录》中找到较完整的记录。明朝每年平均的银课收入大约为 10 万两左右,进入明后期实际上还不足 10 万两。全国银课最多时每年仅达 10 万或 12 万两而已。明朝中国的经济发展在世界上处于绝对领先地位,约占世界 GDP 总量的 30%,每年政府财政收入的银两在 130 万两(1528 年)到 436 万两(1577 年)之间,每年政府财政支出的银两在 241 万两(1528 年)到 595 万两(1551 年)之间。可见,每年国库银两中产于本国的白银占财政收入或支出的白银比例仅为2%～5%。市场流通中这个比例则更小，国产的白银在古代中国的经济社会中微乎其微。

白银的供应缺口从哪里来呢？

国际贸易是解决白银缺口的唯一办法。从此，中国经济这条船被绑在了世界经济的轨道上。

与古代中国货币的钱不同，古代欧洲国家以银为主要交易货币。由于贸易经济的发展，欧洲在中世纪后期（10世纪后，相当于中国的唐末）就广泛使用金、银作为交易货币，到了15世纪，由于中国时至明初，是当时世界上最大的经济体，因此，融入了全球贸易体系中，白银出现短缺，由此陷入了“银荒”。于是，欧洲人就开始在全世界寻找金、银。

1492年，哥伦布到了美洲；1498年，达·伽马开辟了绕道好望角抵达印度的新航线；1519—1522年，麦哲伦完成了第一次环球航行，为西方世界的航海家打开了通往美洲的大门。1545年和1548年，西班牙殖民者相继在波托西（今属玻利维亚）和墨西哥的萨卡特卡斯发现了特大型银矿。大量低成本的美洲金、银开始流入西班牙。

之后，这些金银财富又通过国际贸易、金融操作、走私、海盗掠夺及战争赔款等多条渠道注入欧洲其他主要国家。有学者估计，这些金银总额的1/3～1/2最终都流入了中国。嘉靖之后，明政府开放海上贸易，凭借外贸顺差优势，三额海外白银滚滚流入中国，满足了明中后期不断扩大的白银货币需求。

清朝的情况和明朝大同小异。

为什么当时的中国，产量极少的白银最终取代了“钱”呢？

首先是由于中国历经几千年的青铜文化大量消耗了国内的铜矿石，并且在选矿工艺上没有得到进一步的突破，限制了中国对低品位铜矿石的开采，其结果是铜矿石不能满足中国经济发展的要求。尤其是唐代以后，中国经济一直是全球最大的经济体，能够符合当时冶炼技术条件的铜矿石短缺导致铜钱出现经常性的短缺，因而出现了铁钱和纸币，金融危机已然出现。造成这个结果的原因可以肯定地说，是从宋朝开始就已经出现了严重的铜矿资源危机——连铸币的铜都不够用了。

其次是因为宋代以后中国通过丝绸之路和海上丝绸之路大力发展对外贸易，用白银结算的货币源源不断地流入中国，长期的贸易顺差导致中国国内白银大大增多，民间越来越多地用白银来结算，实际上也是一个良币驱赶劣币的过程。

这种情况现在依然存在，非洲国家由于本国货币不稳定，通货膨胀严重，因而导致国内商品交易采用美元结算，政府禁止也不能阻止民间使用美元进行交易。有很多非洲国家都有这种情况发生，而津巴布韦则更甚。

中国为了换回白银，必须勤劳工作，生产出大量的供全世界享用的物美价廉的各种商品。由于中国人口历来众多，可耕地较少，在科技不太发达的农耕社会，抗击自然灾害的能力低下和北方游牧民族的侵略会使得贸易产生经常性的不平衡。有的朝代还实行所谓的"海禁"导致白银进项减少，引起通货膨胀，实际上类似于现在所谓的金融危机。这种危机导致了民众对白银保值的需求，甚至在国家出现危机时更甚，民众就对白银进行藏匿。

完全依赖于他国的白银来建立自己的货币体系，其危机在先天就埋下了。

对外贸易顺差是一个"成也萧何，败也萧何"的东西，历史上的教训实在是太深刻了。

➢ 盐、铁专营，中国古代专制统治下的资源战略

大家都知道，盐是人们的生活必需品，铁是百工之原料。用现代的话来说就是关系到民生的事情，稳定价格，保障民生是古代实行盐、铁专营的初衷。至于史学家们认为的是政府扩大财政收入来源，笔者则认为只是一个副产品罢了。

盐、铁专营最早是由春秋时期的大政治家、改革家管仲提出来的，所谓"官山海"政策，"官"即"管"的意思，"山海"就是开矿和煮盐。大家把管仲的"官山海"政策理解为盐、铁专营，实在是一种误解。其实，当时的中国正处在从青铜器时代向铁器时代的过渡期，上山开矿不仅仅涉及铁矿，还包括铜、铅、锡、金、银和汞（一

种古代炼丹用的金属)等7种金属。关于矿业的国家禁令,在《管子·地数篇》中说得最清楚:凡是有矿产的山地,都要“谨封而为禁。有动封山者,罪死而不赦。有犯令者,左足入,左足断;右足入,右足断”。可见,把盐、铁专营理解为矿业专营可能更合适一些。

中国的盐、铁专卖从管仲的首倡开始,并为汉武帝所继承与发展,使盐、铁专卖为封建社会历代王朝所沿袭。

关于盐、铁专营有很多介绍和论述,盐的国家专营一直持续到今天,本文就不再赘述。

秦代统一六国以后,中国逐渐成为统一的封建制国家。从此以后,铸钱就成为了金属矿物利用极为重要的一个方面。铜钱(一种外圆内方的孔方兄)一直持续流通到清朝末年,前后超过了2 000年。中国古代历史上的铜矿除了西汉以前的青铜器以外,绝大部分铜矿所产的铜可能都用于铸钱了。

据朱训主编的《中国矿业史》的研究成果来看,先秦时期有可考资料的铁、铜、铅、锡、金、银和汞7种金属的采矿点就有112处,其中铜矿产地17处,金矿产地58处,银矿产地9处,铁矿产地22处,锡、铅产地各1处,汞矿产地4处。最著名的就是今天保存完好的湖北大冶铜绿山铜矿和铜陵金牛洞铜矿。可惜的是,先秦时期没有产量记录。

隋唐以后才有了产量记录。唐朝是我国历史上最昌盛的时期之一,人口接近5 000万,经济达到前所未有的繁荣,因而刺激了矿业的发展。据《旧唐书·职官志》记载,唐代有铁矿108处,铜矿62处。唐代在武德四年(公元621年)开始铸钱,肃宗乾元元年(公元758年)有铸钱炉89座,均设在产铜地区,即山西绛县30座,江苏扬州与镇江、安徽宣城、湖北武昌、河北蔚县各10座,四川成都、河南邓县、湖南郴州各5座,陕西洋县3座,河北定县1座。

唐代的铸钱炉每炉每年可铸钱3 300缗,1缗相当于1 000文。缗是指用细线串起来的一串钱。唐、宋代的1斤等于16两,合计680克,后面的数据都依次做了换算。按照唐代的铸钱标准,每炉每年需要用铜约14吨,铅、锡合金约2.5吨,锡约340千克。所以,唐代每年用于铸钱的铜就高达1 428吨,锡约34吨。而当时铜的课税量约 180 ~ 445 吨,按照当时的税收比例 20% 计算,铜的产量大致在 904 ~ 2 224 吨。很显然,唐代时中国的铜是可以自给的。

宋朝开始发生了变化。众所周知,宋代是中国古代一个非常繁荣昌盛的时期,人口接近 1 亿,宽松的经济环境使得该时期科技水平和经济发展达到了前所未有的高度,对外贸易也达到了空前的繁荣。由 21 世纪考古发现的"南海 1 号"所呈献给大家的盛景,宋代对外贸易的辉煌就可见一斑。

经济的大发展带动了对矿物资源的需求。据《宋史 · 食货志》记载,宋初全国"坑冶凡金、银、铜、铁、铅、锡,监冶场务二百有二"。治平年间(1064—1067),各州坑冶总数为 271 处。从黄祐元年(1049)到元丰元年(1078)的近 30 年间,铸钱用的金属铜由 3 400 吨增加到 9 520 吨,最高时达到 14 280 吨;锡由约 204 吨增加到约 1 360 吨,最高时达到 4 080 吨;铅由约 61 吨增加到约 6 120 吨。

当时的矿山产量如何呢?宋代铜的课税量最大为 992 吨,以当时的税收比例 20% 计算,铜的产量大致在 4 964 吨。显然,宋代的铜产量不足以支持铜钱的铸钱所用,也就是说,铜在宋朝开始出现了短缺,开始使用银和铁(尤其是铁钱)来补充铜钱。这件事情影响深远。

所以,造钱的铜、锡、铅矿的国家专营是理所当然的。金、银天然是货币,汞是古代帝王和有钱人炼丹之用,"丹"一直是封建王朝王侯将相们孜孜以求的长生不老药丸。如此贵重的东西,又怎能让老百姓们染指呢?

专营到底是出于什么目的其实并不重要,重要的是结果。历史上记载的中国古代的盐、铁专营是国家通过控制关键性生产资料以增加收入,以此形成一种与税赋收入并行的专营收入,从而扩大收入,增强管制经济的能力。从管仲的描述中可以看出,政府实行的盐、铁专营是一种"间接税",或者说是一种"变相的人头税"。

事实上造成的结果很有意思,有点像现代各国采用的资源战略。

为了防止盐价因生产过度而大跌,管仲下令对煮盐的时节进行控制,只准农闲时节煮盐,农事时节不许聚众煮盐。政府通过控制盐业的销售和产量,进而控制价格。齐国的盐销售到国外去,可以抬高到成本的 40 倍,国家得利颇丰。

铁是战略物资,当时的铁是制造武器的重要材料,冶炼厂和现在的兵工厂性质同样,所以国家要加以控制,就像现在的枪支管制一样。在铁价低的时候,国家就买入囤起来,价格高时卖出去,一是维护价格稳定,二是增加就业。现在则称为国家收储。

关系到国计民生的矿产,在古代有3类,一是与战备有关的铁;二是货币金属;三是老百姓每天都离不开的盐。这三类矿产为国家专营,就好像现今的石油和稀有金属一样。正是由于中国古代历朝历代的专营制度,才避免了矿产资源的过度开发和环境污染。

我们要感谢祖先们留给我们的财富。

➢ 美洲大银矿的发现,迎来16世纪的白银时代

美洲,一个矿产资源非常丰富的地方。

中国自唐代起就是一个非常发达和文明的地区,西域丝绸之路、海上丝绸之路和西域茶马古道无不诉说着古代中国的商业繁荣和全球化的真切实践。

把中国和美洲联系在一起,应该感谢西班牙。

早在16世纪,中国处于明中期,西班牙人和中国进行贸易,但购买中国精美的商品必须要有银子或金子,于是西班牙人在美洲疯狂地寻找这些金属,但收获却很少。

有一个意外收获让西班牙人欣喜若狂,那就是殖民者于1545年在秘鲁发现了大银矿,这个银矿就是著名的波托西银矿,但这个地方现在属于玻利维亚。如果对这个名字有些陌生,可以在著名作家塞万提斯的《堂·吉诃德》里找到它。即堂·吉诃德对桑丘说的,“其价值等于一个波托西”,后来这句话成了人人皆知的西班牙谚语。波托西虽然只是个地名,却是富裕和辉煌的象征。

正是这个高品位的大银矿,引起了震动全欧洲的、持续两个世纪之久的“白银热”,高原之城波托西也随之成为当时世界上最繁华的大都市之一。仅仅28年,

波托西的人口从 1545 年的 1.4 万人增至 1573 年的 12 万多人，与当时伦敦的人口相当。到了 1650 年，它已拥有 16 万人口，是北美波士顿人口的 11 倍，已发展成为拉丁美洲最大的城市（图 1－6）。1572—1630 年是波托西的全盛时期，银产量几乎占世界的半数。从 16 世纪中叶至 18 世纪中叶，波托西是美洲大陆最繁华的商业中心，也是世界上最大的经济中心之一。波托西现在是著名的旅游城市，1987 年联合国教科文组织将波托西银都作为文化遗产，列入《世界遗产名录》。

图 1－6　古代银都波托西

西班牙殖民者在墨西哥还发现了 4 个大型银矿，它们分别是迈菲尔、特佩塔帕、圣安娜和塞罗德尔华托。由这 4 个银矿区组成的城市就是今天的华纳托。

位于亚洲的日本，本来是个资源极度缺乏的国家，但在 16 世纪发现了著名的大银矿——石见银矿。石见银矿山位于日本岛根县大田市，从 1562 年被发现，到 19 世纪 90 年代有将近 400 年的开采历史，从战国时代后期到江户时代前期都是日本乃至世界最大的银矿山之一。17 世纪，这里的银产量占世界银总产量的 1/3。

可以说从全球范围来看，这 6 大银矿山傲视两个世纪，实实在在构成了 16 世纪甚至 17 世纪的白银时代。

据估计，从 1545 年发现波托西银矿，到 1825 年银矿被挖完，近 300 年间，波托西一共出产白银2.5万吨。若把墨西哥和哥伦比亚等计算在内,一共开采了10万吨白银。这些白银源源不断地运往西班牙,给西班牙带来了滚滚财富。

16世纪出现的这波银矿采矿热潮,来自于东方国家强大的需求推动。由于中国的白银“饥渴症”,尽管明王朝实行的是“朝贡贸易”体制,仍自觉或不自觉地陷入世界经济体制中,也可以算是世界历史上的一次全球化吧!

喜欢看有关描写明代的小说的读者都知道,明王朝到后期张居正当首辅(相当于现在总理的角色)推行的所谓“一条鞭法”才真正实行了银本位制。实际上,当时的明朝铜钱和铁钱还在流通,其间有兑换关系。一个国家有多种货币存在,可见中国封建社会货币体系之混乱。在此之前的民间大多用白银作为货币进行商品交易。冯梦龙的小说《三言二拍》描写各色各样的市井人物,把人们生活中所涉及的各种商品的价格展现给后人,包括各色人等的身价、各种劳务的工价、公务员的官价、金融借贷的利息等。这些都是以白银进行流通和交换的。

16世纪正值中国明王朝中期,发端于宋元时期的全国性市场和海外贸易网络经过200年的苦心经营日趋强大,当时与明王朝进行国际贸易的国家和地区已超过200个。当时的国际贸易除了以物易物外,就是用白银进行结算。

中国人能生产世界上最好的商品,而驱动中国不断扩大商品生产的却是在中国紧缺的贵金属——白银。从中国到美洲,从美洲到欧洲,从欧洲到南亚,正是白银这种“世界贸易货币”第一次把世界经济以商品生产和交换的方式串联起来。

从明中期到后期,究竟有多少白银被运到中国,又有多少物美价廉的中国商品被运往海外,直到今天还是一个无法得到的统计数字。但学术界一致认为:全世界大约2/3的白银都被运到中国来了,而远在美洲的墨西哥阔家妇女,自1550年后便已经开始穿戴丝绸了,这种服装今天竟然成为了墨西哥的“民族服装”,说明当时世界市场的幅度之大。

那些被西班牙从新大陆带到欧洲的白银,也有不少再经过葡萄牙、荷兰和英国商人的手中来到亚洲市场,而其最终目的地几乎毫无例外都是中国。

另一个白银的来源地是日本。早在海禁未开之时,在中日民间商人的合谋之下,日本就已经偷运了大量的白银供应中国市场。16世纪晚期日本银产量迅速增长,一方面是因为丰臣秀吉和德川家康逐步完成了日本的统一,此二人对白银开采的经济和政治利益特别敏感;而比政治统一作用更为重要的另一方面则是16世纪由国外引入日本的冶炼和精炼技术的改进。

中国与日本的直接贸易始终受到限制,但日本国内市场对丝、丝棉织品、瓷器、黄金和其他商品迅速膨胀的需求,以及日本商人手中丰沛的白银,对中国商人构成了不可抗拒的诱惑。作为中日贸易中间商的葡萄牙人自1580年起每年从日本出口超过15万千克的白银,其中大部分最终运进了中国。

支撑着如此巨大规模海外贸易的是分工明确的专业化生产基地和运转顺畅的交换体系。否则,对于晚明的各“出口基地”而言,不仅衣食有忧,而且进行大规模专业化生产的原料也无法得到保障。市场已从调剂余缺的集市转化为真正意义上的生产和生活要素的调配中心,连素有鱼米之乡之称的杭(州)嘉(兴)、苏(州)太(湖)地区,由于经济作物生产对粮食作物的排挤效应,也出现了要从区域内其他地方甚或区域外的湖北、江西、安徽等产粮区输入大米的局面,“每岁无论丰歉,外省客米来售者,不下数百万石”。

除棉布、丝绸、蚕丝、棉花、粮食等大宗产品外,老百姓的各类日常生活所需小商品的供给也日趋市场化,江南“附郭之农兼粥蔬菜,织曲薄为业,皆不专仰食于田”。而那些栖身于市镇之人则更全方位地从市场满足其日常生活,“衣履有铺,茶酒有肆,日增于旧。懒惰者可以不缝纫、不举火而服食鲜华”。在他们身上,自然经济连残余也谈不上了。

国家也更多地选择从市场中获取国防和消费资源,以折色纳银法代替开中盐法获取盐引,这一变化就鲜活地诠释了这一进程,这样效率更高,也更方便监督。对市场的日益依赖加剧了国家对白银的需求,从而为赋役的货币化铺平了道路。而赋役的日趋货币化则要求人们将眼光更多地投向市场,不管他们情愿与否,因为白银来自那里。白银既是手段,又是目的。

一切都为了市场,一切都围绕白银运转。数额巨大的市场交易需要与之相匹配的白银作为交换手段,而唯有如此巨大规模的市场才能吸纳巨量海外白银的输入,在这里,白银再次既成为手段,又成为目的。

凡此种种,从国内到海外的内引外联,使白银成为了一个庞大的农业帝国的法定货币,构造了16~17世纪世界真正的白银时代。

➤ 19世纪淘金热,铸造黄金新世纪

黄金的意义不言而喻。

说起黄金不得不提金本位制。金本位制于1816年始于英国,即黄金就是货币,在国际上是硬通货。黄金可自由进出口,当国际贸易出现赤字时,可以用黄金支付;在国内,黄金可以作为货币流通。金本位制具有自由铸造、自由兑换和自由输出3大特点。

当时,美国实行的是金银复本位制,但是通过1834年更改金银比价关系,建立了事实上的金本位制。1871年法国人在普法战争中失败后,德国人利用法国的部分赔款开始实行金本位制。1876年,意大利、比利时、瑞士、斯堪的纳维亚半岛的国家、荷兰、比利时相继实行金本位制。

至此,到19世纪末,世界上主要的工业国家基本上都实行了金本位制。

于是,人们对于金的追求正如16世纪对于银的追求一样进入了狂热状态,金就是财富。

由于19世纪英国金本位制的确立,导致了西方国家民众想发财的找金潮,尤其是在英国殖民地内一系列黄金资源的发现,使得从那时起黄金产量得到了大幅度的提高。19世纪的100年间人类生产的黄金达到了1.15万吨,产量超过了这之前5 000年的总和,是18世纪的575倍,其中1850—1900年的50年间就生产了1万吨。

可见,19世纪无疑开创了黄金生产的新世纪。

其实,首先开创这个新纪元的是俄国,而不是英国。18世纪中期,俄国在乌拉尔山东坡发现了岩金矿,不过当时的产量并不高,18世纪末期的黄金产量也仅仅2.6吨黄金,但这使沙皇看到了希望,从而加强了金矿资源的勘探工作。在这之后

的70年里,俄国又发现并开采了许多金矿,到1840年俄国的黄金年产量就已经达到43.5吨。1847年,俄国黄金年产量已经占到全世界年总产量的60%。

美国、澳大利亚、南非和加拿大等英国殖民地和前英国殖民地国家后来居上,分别发现了大型金矿床,形成了世纪淘金潮。

1848年美国加州的旧金山发现了黄金,很快就有数千人汇集于此寻找金矿。仅仅4年后的1852年,美国的黄金产量就达到了77吨,1853年更是高达93吨。

美国发现黄金3年后的1851年,在澳大利亚也发现了黄金,其黄金产量开始快速提高,1852年产金达到26.4吨,1年后产量达到70吨,打造了继美国之后的澳大利亚版"淘金热"。这个盛产黄金的地方被人们称之为"新金山",诞生了城市墨尔本。

之后是南非在1886年发现了黄金。1887年南非的黄金产量仅有1.2吨;5年后增加了25倍,达到了30吨;1898年达到120吨,居世界第一。一直到现在,南非总计生产了数千年来全世界矿产黄金总量的40%。南非的黄金集中在兰德盆地呈弧形的区域内,后来诞生了南非最大的城市约翰内斯堡。

赶上19世纪黄金生产力大发展末班车的是加拿大。1896年两个探金者亨德森和卡马克在捕捞大马哈鱼时,在克朗代克发现了黄金,从而诞生了一个新城市——道森市,这一地区的黄金一直开采到1966年。

19世纪的黄金热潮,对这几个国家都产生了深远的影响,尤其是美国。

美国在19世纪的几件大事,奠定了美国辉煌历史的开端,其中黄金是最大的功臣。

一是交通大建设。美国大部分的道路均始建于1811年,所建的道路跨越州界并逐渐向东部沿海地区延伸。按照美国国家统计局的统计,1790年时,整个美国还没有一条重要的地面交通线,在1850年前,道路建设进度还相当缓慢。但到了1860年,4.8万千米的铁路很快就建设完毕,连接起了西部密西西比流域和东部各州的港口。到1900年,仅铁路一项通车里程已经达到30.6万千米。

二是西进运动与西部大开发。西进运动无疑是由西部淘金热潮所激发。加利福尼亚发现大金矿,成千上万天涯海角的淘金者来到此地使其人口猛增。1849

年初,加利福尼亚大约有人口2.5万,到年底已达11.5万,而且不少新近出现和形成的城镇很快就“几乎成了国际性的”。旧金山是当时世界上“发展最快的城市”,1848年3月只有812人,1850年就增至2.5万人。据统计,1848—1931年,美国西部所产黄金产值达42亿美元,白银产值达31亿美元。此外,还有大量其他矿物被开采,例如,蒙大拿的铜产量在1882年达到408万千克(900万磅),10年后的产量又增长了17倍。

三是移民大潮。据美国统计局资料,1849—1882年,共有30万华人进入美国,大多集中于西部,这是中国历史上最大的一次移民潮。当初绝大部分人是为开采黄金而来的,而后则主要从事筑路业,2010年中央电视台第10套科教频道播出的纪录片《金色的道钉》为我们讲述了这段历史。1820—1920年的100年间,美国共接纳了大约3 350万移民,形成美国持续100年的移民潮,其中大多来自西欧和北欧,华人只占少部分。

四是内战。发生在美国19世纪60年代的南北战争,历时4年,参战人数多达300万人,占其总人口的10%,其中60多万人战死,大量财产毁于战火。

五是工业化和城市化。1860—1900年,美国1万~2.5万人口的城市由58个增加到280个,10万人口以上的城市由9个增加到38个,100万人口的城市由1个增加到5个。1790年,美国联邦政府首次进行人口普查时,2 500人以上居民的城市人口仅占全国总人口的5.1%,70年后的1860年上升到19.8%,再过40年后的1900年上升到39.6%。有人口2 500人在美国就算城市,而在中国只能算是村庄。到1920年美国城市人口达50.9%,基本实现了城市化。

1860—1899年美国生产了价值达17亿美元的黄金和12亿美元的白银,直接促成了1900年通过金本位条例,改金银复本位制为金本位制,不仅给美国工业化以有力的资金支持,而且从此把美国工业化置于坚实的金融制度基础之上。所有这些矿藏,不仅为工业提供了必要的原料,同时围绕着采矿业附近的地带,也出现了许多商业城镇和农业基地。

黄金,还是黄金,为美国20世纪的腾飞奠定了坚实的基础。

➢ 交通运输革命带来城市化与煤铁时代

19世纪以前，中国一直是世界的经济中心。尤其是经济极其繁荣的宋代，中国当时的城市化率曾经达到过20%，之后再也没有能超过它。

动力结构决定了这个结果。瓦特的万能蒸汽机发明和应用于各种机械之前，人类驱动动力靠的是人力和动物力。交通工具用的是马车和马，水中行船也靠的是人工划桨，再大的船只也是如此。大多数人的活动半径很小，城市化过程非常缓慢。

瓦特的万能蒸汽机的发明改变了人类的动力结构，蒸汽机以及后来由此改进的内燃机成为了人类驱动的动力。它的应用使得在陆地有了汽车和火车，在空中有了飞机，在水中有了轮船，在工厂有了自动化生产线，在农村有了各种耕种机器，由机器带动的工业和农业出现了前所未有的高效率。大多数人的活动半径变大了，工厂需要的劳动力集中了，农村剩余劳动力增加了，综合的结果就大大推进了城市化进程。

城市化的推动力主要来自于交通运输的革命。

铁路、公路、水路把繁华的都市与荒僻的村庄联系起来了。

1825年，英国建造了世界上的第一条铁路，到1855年铁路里程就达到了12 960千米，内陆铁路运输网基本形成。19世纪50年代，英格兰的大、中城市都通了火车，大部分地方离火车站的距离已在16千米(10英里)以内。

处在一些交通枢纽上的村庄或小镇发展成了城市。处在铁路枢纽的斯福登、达林顿、纽克鲁等也就借助交通事业上的发展而兴起。

随着大批的农村人口流入城市，城市人口迅速增加。伯明翰的人口从1801年的7.3万增加到1844年的20万。1848年，伦敦一地的人口就达250万。1851年，英国的城市化率为51%，10年后的城市化率达到62.3%，英国的城市化已经基本实现。1998年英国的城市化率达89%，从而成为了高度都市化的国家。

美国是世界上铁路带动城市化的典范。从1830年建成的从巴尔的摩至俄亥俄之间的一段长21千米(13英里)的铁路开始,在其后掀起了三次铁路建设高潮,相继完成了圣菲、南太平洋和北太平洋铁路,到1893年大北铁路建成通车,铁路线总长已达11.2万千米,1914年猛增到40.32万千米,超过了欧洲铁路里程的总和,铁路几乎可以到达所有的大小村镇。

中国到2011年才有铁路8万千米!连县城都没有全部通火车,更不用说村镇了。

图1-7　黄安年编著的《沉默的道钉》
(19世纪华人建设美国铁路的历史记忆)

美国人口的城市化速度极为惊人。1790年城市人口仅为20.2万,占总人口的5%,与中国清朝时差不多。1870年城市人口为990.2万,占总人口的25.7%;到1920年城市人口已上升到5 415.8万,第一次超过农村人口,占总人口的51.2%;1970年,城市人口剧增到14 932.5万,占总人口的73.5%。

铁路带动城市化,城市化带动钢铁工业及其煤炭工业的迅猛发展。

铁路时代前的1800年,英国生铁产量为25万吨,到铁路修建高峰时期的1850年,每年可产250万吨生铁,1870年生铁产量更是增加到600万吨。

美国1860年的生铁产量不足100万吨,到1915年超过3 300万吨,增长了30多倍;1867年钢产量不足2万吨,到1915年超过3 200万吨,增长了1 000多倍。

铁路时代的煤炭产量也出现激增。之前的1800年,英国的煤炭产量只有1 000万吨,到1850年就增加到4 900万吨;1870年产量又翻了一番,达到1.1亿吨。到1913年产量又翻了一番,达到2.92亿吨。

德国的工业化大跃进也是随着1840—1850年代铁路网的修建和鲁尔地区发现巨大煤矿和铁矿而开始的,铁路的修建同样带动了钢铁工业、煤矿工业与机械工业的发展。

德国铁路的大规模建设开始于19世纪40年代,前后经历了30年左右的高速度发展,这种铁路发展对德国工业革命的重要性怎么强调也不过分。铁路投资作为国民净投资的比例在1851—1854年为11.9%,1855—1859年为19.7%,而在1875—1879年达到了25.9%的高峰。起初,对钢铁和机械的巨大需要超过了德国的生产能力,不得不从英国和比利时进口,但随着德国铁路交通网的形成,钢铁和机械生产能力也随之发展,并为其后奠定了发展基础。

德国经济得以迅速发展的另一个重要因素是将重工业的发展放在了十分突出的位置上。重工业以采矿业为龙头,而采矿业的起步则是以洛林地区丰富的矿物资源开始的。虽然在采矿业上德国并未赶上它的老对手英国,但却与美国以相等的速度发展着,所以在欧洲属于发展很快的国家。

德国的煤产量从1871—1875年的5年间平均3 450万吨上升到1913年的1.915亿吨。在同一时期,褐煤的产量从970万吨上升到8 750万吨,铁矿石的产量上升到2 870万吨,采矿业的发展推动了钢铁工业的发展。生铁产量在1871年估计为160万吨,1910年已达到1 480万吨。1900年,当英国的生铁产量超过了德国的850万吨、达到910万吨时,德国在钢铁产量方面则以740万吨超过了英国600万吨的产量,1910年德国的生铁产量为1 310万吨,钢产量为1 300万吨,把欧洲的其他国家远远地抛在了后面。

从英国、美国和德国在19世纪的发展轨迹来看,可以毫不夸张地说,19世纪是它们带动了一个煤铁世纪,并且影响深远。

➢ 中国近代矿业的悲歌

1894年的中国,清军在甲午战争中大败而归并为慈禧太后的六十大寿送上了这份“厚礼”。

这份礼单是:

(1)中国承认朝鲜“完全无缺之独立自主”,实则承认日本对朝鲜的控制。

(2)中国将辽东半岛、台湾岛及所有附属各岛屿、澎湖列岛割让给日本。

(3)中国“赔偿”日本军费白银两亿两。

(4)开放沙市、重庆、苏州、杭州四地为通商口岸,日本政府得派遣领事官在以上各口岸驻扎,日本轮船得驶入以上各口岸搭客装货;日本臣民得在中国通商口岸城邑任便从事各项工艺制造,将各项机器任便装运进口,只交所订进口税,享有在内地设栈存货的便利。

(5)日本军队暂行占领威海卫,由中国政府每年付占领费库平银五十万两,在未经交清末次赔款之前日本不撤退占领军。

(6)本约批准互换之后,两国将战俘尽数交还,中国政府不得处分战俘中的降敌分子,立即释放在押的为日本军队效劳的间谍分子,并概予宽贷在战争中为日本军队服务的汉奸分子。

这就是臭名昭著的《马关条约》。

图1-8　慈禧太后——近代中国工业的终结者

就在30年前的1861年,清政府搞了一个所谓的“洋务运动”,实际上就是那些在两次鸦片战争期间常与洋人打交道的官员们,觉得开了眼界,应该学习西方的东西。笔者则认为,中国的这次洋务运动实际上就是一次“中国式”的工业革命，请洋人们给我们搞培训，有的甚至在朝廷做官，派遣留学生去学习、购买洋枪洋炮以及按照"洋法"操练军队（北洋、福建、南洋舰队），学习外洋科学，使用机器，开矿办厂等。

修铁路、开煤矿和开炼钢厂是这次洋务运动唯一不"洋务"的事情。

19 世纪 70 年代初，英国城市化空前发展，钢铁产量超过 600 万吨，煤炭供应短缺造成严重的煤荒。煤价在 1872 年猛增 60% ~100%，原来供应中国军工的英国煤炭经常断供，并且价格奇高。1875 年清朝大臣沈葆桢奏请开办台湾煤矿，当时聘请的英国矿师（相当于现在的总地质师）大卫（David Tyzack）经验丰富、勤恳负责，1878 年，基隆煤矿正式投产，日采煤 300 吨。由于引进了英国的采煤技术和采煤设备，其采煤成本比手工采煤成本低了很多。基隆煤矿被认为是中国近代采用机器采矿的第一座矿山。

同时南方的湖北大冶，由盛怀宣根据李鸿章的旨意于 1875 年组建了"湖北开采煤铁总局"，聘请英国矿师萨姆约翰（Samuel John Morris）勘查煤炭，失败后，又先后聘请了 3 名英国矿师继续勘探煤矿和铁矿。盛怀宣在湖北旧志中查到了湖北大冶县北铁山、白雉山一带有产铁矿的历史，早在宋代还曾经设立过磁湖冶，于是要求三位从英国聘来的地质师前往大冶调查铁矿，从而发现了大冶铁矿。1890 年修建的汉阳铁厂用的就是大冶铁矿的铁矿石。

在湖北没有找到煤矿的英国矿师萨姆约翰，被"湖北开采煤铁总局"解聘后又受唐廷枢聘用，来到直隶滦州（现在的河北唐山）的开平勘探煤矿。由于这一带的煤矿在明代就有人开采，煤炭储量丰富，勘查结果自然不错，于是，唐廷枢奏请开采开平煤矿。获批后，他一方面筹资开采煤炭，另一方面还拿出部分资金修了一条从开平到芦台的铁路。开平煤矿从 1882 年开始出煤供应天津，开创了煤铁联运的历史先河。

各省都有聘用英国矿师（现在称之为地质工程师）找矿的活动，不仅仅是煤矿和铁矿，同时还有铜矿、金矿、银矿和铅锌矿。

由于在 19 世纪末中国洋务运动见了成效，政府对铁路投资兴趣渐浓，仅卢汉铁路 1 000 余千米就需要很多钢材，另外，洋务运动开办的一些工厂需要大量的煤炭。按照德国的一位地质学家李希霍芬在中国的调查结果,仅山西一省的煤炭储量就有18 900亿吨。中国的煤炭完全可以供应当时的“工业革命”之需。

本来,“中国式”的工业革命按部就班地进行着,可日本的侵略把这一切都打乱了。日本凭借“脱亚入欧”学来了西方列强的那一套,在李希霍芬那份“煤炭储量就有18 900亿吨”报告的鼓舞下,发动了甲午战争。在古代中国沿海小打小闹几百年的“倭寇”终于上岸了,上岸后才发现原来这里的“钱多”“人傻”,为什么不“快来抢”呢?

甲午战争把“中兴”的中国一举断送,而给日本的赔款则把清帝国拖入了债务的深渊,同时招来群狼围攻。甲午战争成为了“中国式工业革命”——洋务运动的挽歌,当然也是近代矿业的悲歌。从此,中国人民遭遇了近半个世纪的噩梦般的列强蹂躏。

中国国门最终还是被这些“狼群”武力撞开了,列强们把对中国的矿权掠夺纳入到他们的战略中。1895—1912年,是列强攫取中国矿业权最多的时期。据不完全统计,这一时期有关各种矿藏的中外条约、协议及合同就有42项之多。德国插手山东,英国在华势力遍布整个中国,但主要还是山西的煤矿。沙俄染指东北,东北三省的煤炭几乎都被沙俄占有。法国主要开采四川和云南的矿产。日本于1904年战胜俄国(日俄战争)继承了俄国在东北的所有矿权。

英国骗取了当时中国最大的煤矿开平煤矿。美国的一位前总统胡佛充当了马前卒的作用,也为他淘取了第一桶金。开平煤矿在1895年煤炭年产量就达34.88万吨,到1913年达到了200万吨,1920年上升到440万吨,1930年达到500万吨。1900—1936年被英国骗占的36年间共生产煤炭9 857万吨,英国商人获利达数百万英镑。

在开采的煤矿中还有中比合办(比利时)的临城煤矿,中德合办的井陉煤矿等。

日本是甲午战争后在中国攫取利益最大的赢家,臭名昭著的“满铁”是日本在中国大陆攫取利益的代言人。

1905年日本强占抚顺,接管了抚顺煤矿。至此,中国最大的两大煤矿一个被日本占领，一个被英国占领。就是这个抚顺煤矿源源不断地把开采出来的煤炭运往日本，1905—1936 年的 30 年间，日本从抚顺掠夺的煤炭就高达 1.278 亿吨，直接运往日本的煤炭则有 2 076 万吨。这个煤矿的产量在当时的中国超过了开平煤矿排名为第一，1936 年年产量达到 900 万吨，而开平煤矿在 1936 年的年产量才为 600 万吨左右。

1909 年，日本“满铁”地质调查所了解到鞍山附近蕴藏着丰富的铁矿，于是挖空心思获得了鞍山附近的孤山子、大孤山，辽宁的樱桃园、鞍山站、王家堡子、关门山等 8 个矿区的矿权。上述铁矿仅仅在 1927—1931 年的 5 年间就生产铁矿石 840 万吨。如果加上湖北的大冶铁矿，日本已经控制了中国铁矿石产量的 80%。

“九一八”事变后中国东北彻底沦为了日本的殖民地。此时的东北历经日本近 30 年的经营，铁路、煤矿、铁矿、金矿源源不断地供养着这个为战争做准备的战争巨兽。

战争实际上是在拼资源，也是一场旷日持久的资源消耗战。1937 年开始的连续 8 年的日本侵华战争也不例外。大家都知道，日本是没有什么资源的，那么，侵略中国的日本凭什么战胜中国呢？资源，还是资源，并且是我们自己的资源，我们在东三省“养虎为患”了。

日本把夺占的能源矿山全部置于他们的“军管理”之下，为了掩人耳目，把这些军管理的公司交给了一家叫“兴中公司”代为经营。在兴中公司经营的 54 家中国公司中，一共有 21 家煤矿、1 家焦炭厂。所有铁矿及其冶金企业全部由“满铁”实际控制。

“满铁”，其全称是南满洲铁道株式会社，是根据 1906 年 6 月 7 日日本天皇 142 号敕令设立的，表面上它似乎是一家企业，实际上却是日本的国策公司。其经营范围除铁路和钢铁外，还伸延到海港、海运、旅馆服务、煤矿、电气以及铁路沿线城市的市政建设等。

据统计，1907—1928 年，“满铁”收益增长率为 2 110%，纯收入增加了 19 倍。从“满铁”开业到“九一八”事变前的 1931 年，24 年间“满铁”共交给日本政府、股东、英国及日本的公司红利及公积金 8 亿多日元。

“九一八”事变后,“满铁”强占了东北的煤矿。在长达14年的“人肉开采”政策下,日本侵略者用中国矿工的血肉和生命换取了2.4亿吨煤炭。

为满足日本国内和侵略战争的需求,日伪先后设立了满洲采金株式会社、满洲矿业开发株式会社、满洲轻金属株式会社等,对金、铜、铅、铝、锌、镁、锰等进行掠夺性开采。

“满铁”从成立到灭亡,在我国土地上掠夺了40年之久,它借助关东军的刺刀,长期控制东北的经济命脉,掠夺东北的资源,并为日本发动“九一八”事变,扶持伪满洲国及进一步发动“七七”事变,进而全面侵华提供经济上的支撑。

中国近代的矿业开发不比那些发达国家晚多少,只是那个富有、温驯、孱弱的中华帝国,早已没有了往日的锐气,剩下的只是一具大腹便便的肢体,在虎视眈眈的群狼面前没有了招架之力,两次鸦片战争和一场“甲午战争”把古老的中国彻底葬送了。究其原因,都是资源和财富惹的祸呀!

甲午战争是近代中国“工业革命”的一曲挽歌,也是近代中国矿业的悲歌。

新中国成立后,中国庄严地向全世界宣告,废除一切不平等条约。于是,列强们非法占有的矿山全部被收归国有,重新回到人民的怀抱,并且很多矿山一直开采至今。

一组数据可以说明:1949年中国煤炭产量仅为0.32亿吨,到2014年已达到38.7亿吨;1949年的生铁产量为25万吨,到2014年已达到8.2亿吨;1949年有色金属基本上是无产量,到2014年全年十种有色金属产量就达到了4 417万吨,其中,精炼铜、原铝、铅、锌产量分别为796万吨、2 438万吨、422万吨和583万吨;铜材和铝材产量分别为1 784万吨和4 846万吨……绝大部分产品产量都居世界第一。

第2章

工业带来矿业世纪大繁荣，技术进步让资源更有价值

Industry Has Brought Great Prosperity Mining Century; Technological Advances Make Resources More Valuable

20世纪乃矿业大世纪。——中国地质调查局发展研究中心戴自希教授

对矿产资源的争夺是人类历史上大小战争的主要动因。——摘自《矿产资源与国家安全》

➢ 工业与城市化，带来矿业世纪大繁荣

城市是伴随工业化才快速发展起来的。

随着18世纪欧洲产业革命的开始、工业化的兴起和发展，城市化进程速度迅速加快。根据英国经济学家安格斯·麦迪生所著的《世界经济千年史》数据，1890年世界城市化率最高的国家和地区英格兰和威尔士为61.9%，其次是苏格兰为50.3%，也就是说英国本土在19世纪末已经完成城市化了。

美国在1860—1920年间的城市化进程发展迅速。1860年其城市人口不到20%，到1920年已超过了全国的一半以上。第一次世界大战前后，西欧的一些主要国家（大概相当于现在的欧盟）完成了城市化，即城市人口大于农村人口。

日本的城市化进程虽然比一些西方国家晚百余年，但由于其城市经济飞速发展，只用了几十年时间，已达到了西方发达国家的城市化水平。1920年，日本城市人口只占总人口的18%，但是到第二次世界大战后的1955年，其城市人口比重上升为58%。

第二次世界大战后，拉美国家普遍走上工业化和农业现代化的道路，其城市化也进入了一个高潮期。1950年拉美地区的城市人口（2万人以上的市镇居民属于城市人口）占总人口的41.6%，到1980年达到65.6%，已接近欧洲的城市化平均水平。

中国在新中国成立后的几十年间，由于种种原因城市化进程一直非常缓慢。长期的二元结构下的中国社会，享受城市生活是老百姓的梦想。

1978 年,中国结束了计划经济时代,开始了一条类似于美国、德国和英国在十八九世纪所采取的发展道路,人们从禁锢的藩篱中解放出来,喷发出无穷的创造力,经济快速增长,城市化步伐也随之加快。1978 年还只有不到 18% 的人口居住在城市里,尽管官方数据显示 2011 年才超过 50%(达到 51.27%),但 2010 年的实际城市化率已经超过 50%。

中国百姓的城市梦想基本实现了。

城市化对矿物资源的消耗是惊人的,这直接导致了一个多世纪以来的矿业大繁荣。

煤、粗钢、水泥和铝材是城市化建设以及城市消费所占比例最大的矿物资源,汽车的普及消耗了大量的石油,这些大宗商品在一个多世纪里产量及其消费量呈现指数增长。

首先以粗钢消耗为例来加以说明。

美国地质调查局的数据显示,1946 年以前,最早完成工业化的国家的城市化已经基本完成,因而表现在全球粗钢消费上没有太大的变化。1946 年后,也就是在第二次世界大战结束后,日本、韩国、中国香港和拉丁美洲等国家和地区加速城市化进程,历经 30 余年,涉及人口超过 4 亿。全球粗钢消费从 1946 年的 7 170 万吨,发展到 1979 年达到 5.32 亿吨,年均增长接近 20%。

中国涉及超过 6 亿人口的城市化,拉动了全球粗钢需求的迅速增长。2000 年世界粗钢消费 5.73 亿吨,到 2014 年全球粗钢消费量达到 16.6 亿吨,其中中国在 2000 年的粗钢消费量仅为 1.39 亿吨,到 2014 年增加到 7.44 亿吨,可见其增量部分几乎都来自于中国的贡献,年均增长接近 14%。

再回到全球范围来看,城市化对于矿物资源消耗影响到底有多大。

表 2-1 列出了 20 世纪以来世界主要矿物资源的消耗量、人口以及城市化率数据,由这些数据可以看出,人口增长和城市化率加快推升了矿物资源消耗的快速增长。

1900 年世界人口为 16.5 亿,消耗的粗钢、矿山铜、矿山锌分别为 6 650 万吨、49.5 万吨和 47.9 万吨,2014 年时消耗掉的粗钢、精炼铜和精炼锌分别达到 16.6

亿吨、2 290 万吨和 1 401 万吨，它们分别是 1900 年的 25、46 和 29 倍，而人口仅为 1900 年的 3.6 倍。这说明了人均消耗矿物资源大大增加了，二者之间具有指数效应。

表 2－1 世界主要矿物资源消耗量与城市化率对比表

年份	水泥/亿吨	粗钢/亿吨	原铝/万吨	矿山铜/万吨	矿山锌/万吨	矿山铅/万吨	世界平均城市化率/%	世界人口/亿
1900	—	0.665	0.68	49.5	47.9	74.9	13.6	16.5
1920	0.624	0.613	12.5	95.9	68.2	80.4	21	18.62
1940	0.81	1.1	78.7	240	147	174	27	20
1950	1.33	1.34	149	238	215	164	28.2	25.25
1960	3.165	2.59	449	394	309	239	33	30
1970	5.718	4.31	965	590	546	339	38.6	36
1980	8.831	5.14	1 540	720	595	352	41.3	45
1990	10.43	5.31	1 930	920	715	337	43.4	53.21
2000	16.6	5.73	2 430	1 320	877	370	47	60.67
2010	33.1	14.2	4 080	1 600	1 200	414	51.5	69.09

注：矿物资源数据来源于美国地质调查局，人口数字和城市化率的数据来源于世界银行网站（THE WORLD BANK）和《世界人口纲要》。

还有一个问题，就是城市化对矿物资源消耗的影响到底有多大。

要搞清楚这个问题，还需要利用这些数据进行一些处理，笔者用了 3 个数据来说明，一是人均资源消耗增长率，二是城市化率增长率，三是矿物资源消耗年增长率。

这 3 个增长率的计算是 1900—1920 年、1921—1940 年每 20 年作为计算对比，其他都是每 10 年做一个对比。计算的数据在文中不再列出，只是把这 3 个增长率用图来表示（图 2－1），笔者从中发现了一些非常有趣的现象。

现象一，1900 年及以前的城市化率水平很低，1900—1920 年美国和一些西欧国家跟随英国，其城市化进程加快，之后由于两次世界大战导致城市化进程放缓。

现象二，无论是矿山铜的资源消耗增长率还是人均资源消耗增长率都和城市化率的年均增长率完全同步，从世界范围来看，显示在 1900 年以来发生了三次比

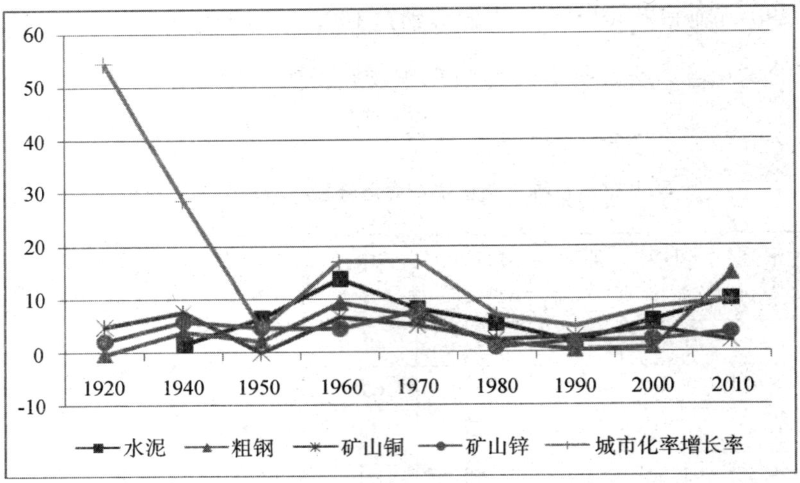

图 2－1　主要矿产品的年均增长率、人均年增长率和城市化率的年均增长率关系图

较集中的城市化快速发展进程。第一次是在 1920 年前，它代表了美国及部分东欧国家的城市化过程；第二次是在 20 世纪 50 年代以后，它明显地代表了大部分西欧国家、日本以及拉美国家的城市化过程；第三次是在 2000 年到现在，显示了中国的城市化飞速发展过程。

现象三，极为有意思的是与城市化建设有非常大关联的粗钢、水泥和锌，显示出资源消耗的超级周期与城市化的增长周期是完全同步的。也就是说，矿物资源消耗的超级周期取决于世界的城市化发展速度。

现象四，从这 3 个增长率来看，资源消耗的年均增长率高于人均资源消耗的年均增长率大约 50%，它们二者远远高于城市化率的年均增长率。这也说明了人口原因和城市化原因不能单方面解释矿物资源消耗的爆炸式增长的原因，我们还应该注意是否存在着有无节制的浪费。还有一个解释则是中国的城市化过程和基础设施建设同步进行，扭曲了它们的关系，或者说是利用资源的效率不高。

总的来看，巨量的矿物资源消耗还具有明显的超级周期性，对比各方面数据显示，这个周期与世界城市化的速率有关。也就是说，城市化是导致矿物资源大消耗的真正原因。

大家读到这里的时候也许会问一个问题：世界城市化率达到多少时，矿物资源消耗的增长才到尽头？

笔者没有做过专门的研究，大家知道的一本畅销书《增长的极限》中有很科学的模型，但即便如此，书中的预言也是错的。因此，不要预言矿物资源消耗的尽头，原因在于不同的社会发展阶段科学技术水平和人们喜好的不同，都会导致矿物之间的替代。比如，19 世纪的煤铁时代，能源主要靠煤炭来提供，工业产品基本上都是钢铁和陶瓷，而到了 20 世纪进入电气化时代，煤铁大部分被石油和有色金属所替代。

21 世纪中后期会是什么时代？哪些矿物资源会用来替代现在的这些基本金属呢？

不管用谁来替代，能替代多少，其实并不重要，但有一点是可以肯定的，矿物资源的消耗会永不停息！

➢ 20 世纪：辉煌的石油时代

让石油登上历史舞台的一项技术是一位德国人发明的“内燃机”。

早在 1876 年，德国人奥托设计并制造出世界上第一台以煤气为燃料的火花点火式四冲程内燃机，在 1878 年的巴黎万国博览会上受到了极高的评价。这种发动机体积小，重量轻，消耗的煤气少，每分钟可达 200 转。此后，越来越多的工厂都采用内燃机代替蒸汽机。

1883 年，德国工程师戴姆勒制成以汽油为燃料的内燃机，每分钟可达 900 转。1885 年，德国机械工程师卡尔·本茨制成第一台用内燃机驱动的新型交通工具——汽车。1897 年，德国工程师狄塞尔制成以柴油为燃料的内燃机——柴油机，柴油机的输出功率更大，可以用在船舶、火车机车和载重汽车上。1903 年，美国人莱特兄弟在美国北卡罗来纳州用自己制造的“莱特飞行者”双翼飞机，进行了世界上首次带动力飞行，预示着交通运输新纪元的到来，同时也迎来了石油时代。

内燃机真正得到普及已经到了 20 世纪 20 年代，此时的石油需求和贸易才开始迅速扩大。在此之前的石油主要用于照明。

石油需求的增长和石油贸易的扩大起因于石油在工业生产中的大规模使用，一是石油的炼化技术获得突破，二是以内燃机为动力的交通运输工具和机械得到应用和普及，三是大油田源源不断地被发现。

尽管在19世纪之前有很多关于石油利用的记载，但都没能普及到百姓的生活之中。一谈起它，我们可能会说那玩意早在公元400年前我们的祖先就叫它石油了，笔者沿用鲁迅先生的一句话“阿Q精神”，用现在的流行语叫作“自恋”。

发现石油固然重要，能商业化是最重要的。石油的商业化应该从原油能生产出煤油开始。因为煤油是19世纪乃至20世纪初最重要的照明用油。

从石油中提取煤油是一个叫依格纳茨·武卡谢维奇的波兰人发明的蒸馏工艺，时间是在1852年。这个发明很快就在全世界普及开了。1853年，波兰在南部克洛斯诺附近开辟了第一座现代的油矿；1859年，美国人德雷克在宾夕法尼亚州钻成第一口具有现代工业意义的油井，不久就在周围建起了很多家炼油厂；阿塞拜疆的巴库发现石油的时间更早，13世纪的马可波罗就有描述，巴库从1861年建立了世界上第一座炼油厂，到1869年巴库有了23家炼油厂，供应了当时世界上90%的石油。

这些炼油厂的蒸馏工艺和蒸馏釜都是间歇式生产。往蒸馏釜里注入原油，加热，油蒸汽出来，冷凝，把留在釜内的残余油清理出去，再蒸馏第2釜，生产效率低，成本高。首先实现原油连续蒸馏的是阿塞拜疆巴库的诺贝尔兄弟石油公司，时为19世纪80年代初。美国的标准石油公司直到19世纪90年代才开始采用连续蒸馏工艺。生产灯用煤油的蒸馏，是常压蒸馏，也是石油炼制过程最基本的工艺。直到现在，常压蒸馏塔仍然是所有炼油厂的第一道加工工序。炼油厂的常压蒸馏能力，也就是这座炼油厂的加工能力。

怎样从单位原油中提炼出更多的汽油来？第一个突破就是热裂化。

热裂化的发明者是美国的威廉·M. 伯顿(William M. Burton)。1911年，伯顿建成了世界上第一座半工业化的热裂化装置，最初得到的馏分油约占原料油的25%～30%，很快提高到65%～70%。汽油的最终采收率达到了50%。热裂化后来经过埃德加·克拉克(Edgar M. Clark)的改进，于1914年在伍德河炼油厂建立了第一套热裂化管式裂解炉,处理量增加了几乎一倍,而且更加安全。改进还在不断进行,如1920年有4项,1921年有6项。

催化裂化工艺的诞生是炼油工艺技术非常重要的成就。所谓催化裂化,就是在催化剂作用下进行的裂化反应,同热裂化相比,轻质油的产率更高,汽油的辛烷值更高,柴油的安定性也比较好,同时还产生大量富含烯烃的液化气,是很好的有机化工原料。直到现在,催化裂化仍然是炼油厂主要的二次加工工艺。

催化裂化工艺的发明人是法国工程师兼工业家尤金·胡德利(Eugene Houdry)。1937年3月15日,太阳石油公司在其马库斯——胡克炼油厂诞生了完全商业化的胡德利催化裂化装置,日处理能力达到了12 000桶,约60万吨/年,标志着石油炼化已经可以完全商业化和大型化了。

石油炼化技术的进步完全是因为受到汽车时代的刺激。

1893年亨利·福特发明了世界上第一辆以汽油为动力的汽车之后的7年,汽车开始大量生产,人们进入汽车时代。1909年福特汽车公司生产的福特T型汽车为汽车制造开创了新纪元,是20世纪美国甚至全世界让汽车成为大众交通工具的先驱。1916美国汽车销量首度突破100万辆,1920年超越200万辆。

1925年美国又一大型汽车制造商克莱斯勒汽车公司成立。在美国经济大萧条前夕的1929年,美国汽车销量冲破500万辆。二战后,汽车的销量出现爆发式增长。福特公司售价500美元的T型车成为了汽车大众消费的起点,美国从此进入汽车文明时代。1955年美国汽车生产达到顶峰的1 000万辆。70年代后,德国和日本后来居上成为汽车市场的主角。当今汽车天下,美国、欧洲、日本三强欲执牛耳,领导潮流;通用、福特、戴姆勒—克莱斯勒、丰田、大众五雄争先恐后,角逐激烈;五强之外的汽车企业,窥测方向,寻求突破。据日本汽车工业统计数据,20世纪末的1999年,世界汽车总的保有量达到7.2亿辆,年产汽车5 733万辆。

人类已经汇入汽车的洪流之中。不仅如此,在20世纪,以石油为动力的机器和交通工具达到空前的繁荣,石油成为了流淌在各类机器"血管"中的血液,支持着工业化社会这个庞大的身躯。

19世纪到第二次世界大战期间开采的那些油田显然不能满足这庞大机器的

胃口,各路资本开始追寻石油。于是,大油田不断地被发现。

1908 年英国的石油公司在伊朗发现苏莱曼油田,1927 年在伊拉克发现基尔库克大油田,1932 年在巴林发现阿瓦里油田,之后又于 1933 年到 1940 年相继发现纳夫特萨菲德、拉利、加齐萨兰、帕拉南和阿贾加里 5 大油田。

1933 年,美国石油公司把石油勘探工作延伸到沙特阿拉伯,终于于 1938 年获得突破,在沙特阿拉伯发现达蔓油田,1940 年相继发现阿布哈得里油田和布盖洛油田;1938 年在科威特发现布尔甘大油田。至此,波斯湾石油库揭开了神秘的面纱。1938 年,该地区石油年产量就已经达到 1 600 万吨。

从此,石油勘探一发不可收,在 20 世纪,全球各国对 470 个沉积盆地进行了油气勘探,在其中的 256 个盆地中发现了石油。据统计,全球已发现 14 000 个油气田,其中有 600 个大油田和近 200 个大气田。成果主要集中在 20 世纪五六十年代,即“石油大发现”时期。

勘探成果最突出的是中东地区。在世界 10 大石油资源国中,前 5 个就分布在中东地区,其中沙特阿拉伯(到 2001 年 1 月)石油剩余可采储量 2 610 亿桶,伊拉克 1 125 亿桶,科威特 940 亿桶,阿联酋 922 亿桶,伊朗 897 亿桶。

把 20 世纪发现的超级大油田罗列一下,看看笔者认为的“世纪大发现”。

沙特阿拉伯的加瓦尔油田,可采储量 100 亿吨;

沙特阿拉伯的萨法尼亚油田,可采储量 24.6 亿吨;

科威特的大布尔甘油田,可采储量 94.5 亿吨;

科威特的劳扎塔因油田,可采储量 10.5 亿吨;

伊拉克的鲁迈拉油田,可采储量 19 亿吨;

伊拉克的基尔库克油田,可采储量 27 亿吨;

伊朗的阿加贾里油田,可采储量 13.8 亿吨;

前苏联的罗玛什金油田,可采储量 24 亿吨;

前苏联的萨莫特洛尔油田,可采储量 24 亿吨;

阿尔及利亚的哈西梅萨乌德大油田,可采储量 12.6 亿吨;

欧洲艾科菲斯克、福蒂斯大油田,可采储量 24.7 亿吨。

正是这些伟大的“油库”产出的石油支撑起了20世纪伟大的电气化时代。

1859—1921年，人类用了62年才使石油产量增长到1亿吨。从1920年到第二次世界大战结束，全球石油产量逐步增长，1930年接近2亿吨，1940年接近3亿吨，1945年增长到近3.66亿吨。从第二次世界大战后到1980年，全球石油产量直线上升，1950年为5.38亿吨，1960年10.8亿吨，1970年23.2亿吨，1979年达到32.33亿吨，35年间增长近8倍。这个产量一直稳定到20世纪末。

石油生产国成为了本世纪最大的赢家，也成了战争的火药桶。

辉煌的石油时代带给了我们崭新的世纪，它所拉动的产业直接刺激了20世纪的矿业大爆发。

➢ 地质矿产勘查世纪大发现

考察人类历史上资源勘查的大发现，20世纪无疑是主角。

19世纪末，继英国之后，美国、法国、德国等许多国家实现了工业化，建立了以重工业为主导的工业体系，煤炭取代木柴成为主要能源。20世纪初内燃机的问世，汽车、飞机制造业的兴起，刺激了石油和有色金属消费的增加。

由于大工业的兴起和大发展，世界交通运输结构发生了根本上的改变，铁路、公路运输逐渐主宰了我们的社会。1870—1913年，全球铁路长度从21万千米增加到110万千米，同时，德国和美国的汽车工业发展如火如荼。经济和工业发展对矿产资源的强烈需求，为石油、煤、铁、铜、铅、锌等各种矿产资源勘查创造了驱动力。

与此同时，地质学渐趋成熟，勘查不仅有了理论指导，而且在勘查手段上也有了长足的进步。

19世纪中后叶，在1841—1900年，找矿人主要依据地表矿化露头进行找矿，地表氧化带是当时矿产勘查的主要目标，发现可供开发的矿床具有很大的偶然性，该阶段又称为“找矿人”时代。

进入 20 世纪，在 1901—1945 年，找矿依据经验和地表露头，地表地质填图得到相当程度的重视，地质填图成为此阶段矿产勘查的主要手段，该阶段又称为“传统找矿”时代。

第二次世界大战后，也就是在 1945—1972 年，由于各国普遍加强了矿产勘查活动，矿床理论影响着同类矿床的发现和勘查，出现了类比找矿的新局面。最主要的成矿理论有花岗岩成矿理论、层控矿床理论等。此时，原子吸收技术的发展促使地球化学找矿方法得到较为广泛的应用，地球物理方法尤其是电法、磁法和电磁法测量系统的发明和应用，使得矿床类比的参数增多，可以在已知的矿床上建立找矿勘查模型，大大地提高了找矿效率。该阶段又称为“模式找矿”时代。

1973 年到现在，由于地表露头矿找得差不多了，勘查者面临着寻找隐伏矿的新任务，它既需要现代高新技术，又需要多学科的综合研究。在这一阶段，随着全球构造和大陆岩石圈研究的发展，以及地球体系概念的增强，越来越多的研究者注意将成矿作用置于全球构造体系的演化过程中来考虑。该阶段又称为“科学找矿”时代。

尽管对勘查历史进行了阶段的划分，但有意思的是“科学找矿”并没有使矿床的发现超过以往。

加拿大地质学家拉兹尼卡（P. Laznicaka）在 1997 年对 1636—1995 年期间全球 337 个巨型和超巨型矿床的发现时间做了统计，1800 年前只有 38 个；1800—1900 年有 60 个；1900—1995 年有 239 个，占到历史上巨型和超巨型矿床的 71%，如果加上 1995—1999 年发现的，则超过了这个比例。

有意思的是，他所选取的 12 种巨型和超巨型金属矿床中包括 66 个金矿、33 个银矿、69 个铜矿、64 个铅矿、29 个钼矿、26 个锌矿、21 个镍矿、20 个锡矿、8 个汞矿、8 个铀矿、6 个铝土矿和 5 个铍矿，1945 年以前发现的 169 个，之后发现的 168 个，显然，模式找矿提高了效率。遗憾的是，这些矿床中 1985 年以后发现的数目明显减少，使得“科学找矿”显得有些尴尬。

无论是从哪个角度统计，地质勘查的重大发现都是在 20 世纪实现的。国土资源部信息中心戴自希和王家枢在 2004 年编著的《矿产勘查百年》一书中列出了

20世纪发现的超巨型矿床，可以参阅。

石油天然气：20世纪探明的石油储量超过50亿桶的油田有55个，其中美国2个、墨西哥5个、沙特阿拉伯11个、科威特2个、伊拉克5个、伊朗7个、哈萨克斯坦2个、中国6个、俄罗斯3个、利比亚2个。大于500亿桶的超巨型油田有沙特阿拉伯的纳伊姆700亿桶、加瓦尔838亿桶，科威特布尔甘766.5亿桶，哈萨克斯坦卡沙甘500亿桶。

与油田大部分伴生的，储量超过1万亿立方米的超巨型天然气田有27个，其中位于俄罗斯西伯利亚盆地的有13个，位于波斯湾盆地的有8个。最大的气田要数俄罗斯的鲁萨洛夫和乌连戈伊，达到8万亿立方米。

煤炭：煤炭在20世纪也有重大发现，70年代在印度古吉拉特邦北部的卡罗尔和朱萨纳的油田下部发现了估计储量超过1 000亿吨的巨大煤田；80年代巴基斯坦在执行“煤炭资源勘查与评价项目”后获知，在信德省南部塔尔地区一些煤矿床是彼此相连的，其分布面积达1万平方米，蕴藏的煤炭资源达1 750亿吨；我国特大型鄂尔多斯煤盆地（含神府—东胜巨大煤田）也是在20世纪60～80年代发现和评价的。鄂尔多斯煤盆地面积达40万平方米，跨越我国陕西、甘肃、宁夏、内蒙古和山西5个省区，已探明的神府—东胜煤田储量达2 236亿吨，远景储量达6 000亿～10 000亿吨，位列世界八大煤田之一。

铁矿：20世纪发现和勘查的铁矿床有9个的储量超过100亿吨，各国发现和勘查的20亿～100亿吨的铁矿床还有11个。这些巨型铁矿床为人类提供了近3 000亿吨的铁矿石，它们的开发也为世界钢铁工业的发展做出了巨大的贡献。

铝土矿：铝被称为“20世纪的金属”，在20世纪被大规模地开发利用，推动了航空工业的发展，并为建筑业、包装业提供了新材料。在20世纪发现和勘查的矿石储量超过5亿吨的铝土矿矿床就达20个，主要分布在巴西、印度、澳大利亚、几内亚、越南、老挝和喀麦隆。

铜矿：铜矿的勘查在20世纪成绩斐然，这个突破得益于在20世纪五六十年代成功地解决了低品位铜矿的采、选、冶问题，掀起了全球寻找大而贫的斑岩铜矿的热潮，开创了“斑岩铜矿时代”。20世纪全球范围内发现和勘查的超过500万吨金属量的铜矿床共有76个,为人类提供了总储量超过8亿吨的铜金属,其中超过1 000万吨金属的铜矿床就达25个之多。极为重要的铜矿当属斑岩铜矿和砂页岩型铜矿,在所探明的储量中这两种类型占到将近90%。前者主要是沿环太平洋分布的一系列储量极大但品位低的斑岩型铜矿带,后者则主要是指赞比亚—刚果(金)品位高储量大的砂页岩型铜矿带。

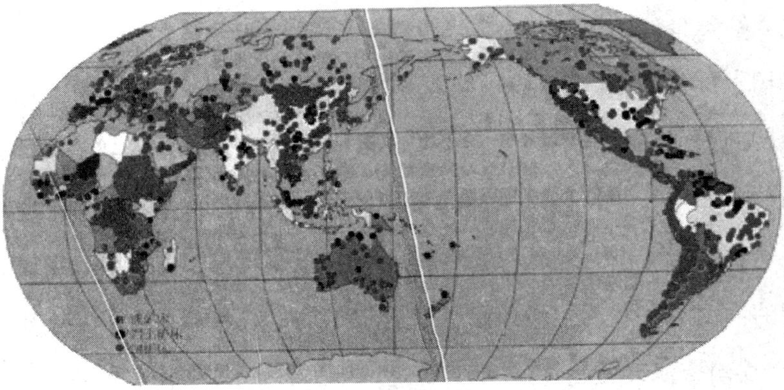

图2-2　全球探明的主要铁、铜和铝土矿矿床

铅锌矿:在大宗金属铅和锌矿的勘查方面,20世纪重大的勘查成果有32个,其单个矿床的储量都超过500万吨铅锌金属,为人类提供了超过3.5亿吨的铅锌金属。

贵金属矿:自古以来,黄金都是人们追求的财富目标,20世纪对黄金的寻找达到了顶峰。据初步统计,在20世纪百年勘查中发现,金储量在200吨以上的原生金矿达85个之多,这些矿床为人类提供的黄金超过4.46万吨。人类发现的迄今为止最大的金矿床,当属20世纪50年代前苏联在乌兹别克斯坦南天山发现的超巨型的穆龙套(Muruntau)金矿,金储量达5 000吨左右。一系列的勘查发现使全球的金储量大大增多,世界上金的可采储量已从20世纪60年代中期的3.11万吨增加到2002年的4.25万吨。

20世纪银矿勘查取得的巨大成就得益于伴生矿的开发,与铜、铅锌伴、共生的银矿占银总储量的85%以上,超大型银矿床莫不如此,如在澳大利亚勘查发现的芒特艾萨铅锌矿的共生银矿达到2.4万吨银金属量,是世界上最大的银矿床之一。20世纪以来勘探的银矿床金属储量超过1万吨的就有12个,5 000~10 000

吨的有20多个。

其他金属矿:20世纪在全球范围内还发现了许多其他重要的金属矿床,包括铬、镍、钨、钼和稀有金属矿等。

全球铬铁矿资源分布较有局限,许多大矿均是在20世纪被发现的,包括于20世纪初在南非发现的布什维尔德(Bushveld)铬铁矿,储量4.31亿吨;在津巴布韦发现的"大岩墙"(Great Dyke)铬铁矿,储量3.53亿吨。20世纪百年间发现的铬铁矿矿石储量超过1 000万吨的矿床有10个,它们为人类提供了超过13亿吨的铬铁矿。

世界上已经发现的巨型原生镍矿基本上都与铜共生。20世纪发现的超过200万吨金属的镍矿共有20个,地质储量仅为7 500万吨。最值得提及的是于20世纪50年代在我国甘肃金川发现的超巨型铜—镍矿——金川镍矿,为世界所瞩目,镍储量达548万吨,铜储量达347万吨,为世界第二大原生镍矿。而世界上最大的原生镍矿为于1856年发现的加拿大萨德伯里(Sudbury)铜—镍矿,镍储量达1 070万吨。之后发现了很多红土型的巨型镍矿,有古巴的莫亚湾(Moa Bay)镍矿,储量为611万吨;菲律宾的苏里高(Surigao)镍矿,储量达500万吨;新喀里多尼亚的戈罗(Goro)镍矿,储量达592万吨;科特迪瓦的锡皮卢(Sipilou)镍矿,储量达1 172万吨等。

20世纪发现的超巨型钨矿大部分在我国境内,且多是在20世纪50年代被发现的。有湖南柿竹园钨矿,WO_3储量为70.13万吨;湖南新田岭钨矿,WO_3储量为30.31万吨;福建行洛坑钨矿,WO_3储量为30.43万吨;河南三道庄钨矿,WO_3储量为50.24万吨;等等。

20世纪发现的巨型钼矿大部分也在我国。20世纪50年代在中国吉林发现的大黑山钼矿,钼金属储量达109万吨;河南栾川钼矿,钼金属储量达200万吨;陕西金堆城钼矿,钼金属储量达97万吨。20世纪60~70年代在美国发现的"石英山"(Quartz Hill)钼矿,钼金属储量达153万吨;亨德森(Henderson)钼矿,钼金属储量达150万吨;等等。

20世纪还在我国发现了许多规模巨大的稀有、稀土金属矿床。20世纪30年代在新疆发现的可可托海伟晶岩型大型锂—铍—铌—钽—铯矿，累计探明储量为：锂（Li_2O）15.5 万吨、铍（BeO）6.5 万吨、铌钽（$(TaNb)_2O_5$）1 314 吨。20 世纪 50 年代在我国内蒙古发现的白云鄂博岩浆型铌—稀土—铁矿，该矿床举世无双，占国内稀土储量的 90% 以上，占世界稀土总储量的 77%，还含有 14 亿吨铁矿石。20 世纪 60 年代在俄罗斯发现托姆托尔巨大的稀土—铌矿床为碳酸盐风化壳型，稀土储量达 4 000 万吨，钇储量达 300 万吨，是目前国外最大的稀土矿床和钇矿床。

20 世纪 70 年代报道的在巴西发现的莫鲁杜斯塞斯拉古什铌矿床为碱性岩型，铌（Nb_2O_5）的储量达 8 100 万吨，可能是世界已知最大的铌矿床。20 世纪 80 年代在澳大利亚发现的韦尔德稀土，稀有矿床为碳酸岩风化壳型，其储量为：稀土 740 万吨、钇 610 万吨、Nb_2O_5 2 280 万吨、Ta_2O_5 220 万吨。

20 世纪令人瞩目的还有现代深海海底金属的发现，包括太平洋、大西洋、印度洋富含铜、钴、镍的多金属结核、钴结壳、红海含金属软泥和现代大洋中脊上正在形成的许多热液硫化物矿床，这些都是 20 世纪乃至人类找矿史上最耀眼的成果。

总之，20 世纪所发现的矿产资源都是空前的。这些枯燥的数据意义深远，一方面把世界的财富集中呈现在世人面前，同时也催生了工业经济的爆发式增长；另一方面也催生了世界财富再分配过程中所发生的战争以及全球化进程。在 21 世纪的今天，我们将怀着深深的敬意，永远铭记 20 世纪地质工作者卓有成效的劳动和他们对世界经济发展最快的 100 年所做出的巨大的历史性贡献。

➢ 矿业公司群雄逐鹿，矿业巨头得以形成

前面总结了 20 世纪百年勘查的大发现，这些重大的勘查成果源自矿业开发的推动，而矿业开发的动力则来自于工业革命。

随着 19 世纪晚期矿业开发大幕的拉开，矿业企业开始野蛮生长。

1. 钢铁王国卡内基

欧洲的工业革命尤其是蒸汽机的使用，使火车成为了人们出行的主要方式，

从而带动了煤炭开采和钢铁冶炼的发展，欧美地区率先进入煤铁时代。在前后一个世纪的煤、铁时代里，该领域的垄断企业便开始形成。

大家耳熟能详的一个名字便是安德鲁·卡内基，这位具有传奇色彩的人物就是美国著名的钢铁大王。关于这个人物的传记有很多，对于矿业企业有浓厚兴趣的笔者对于他是如何做到钢铁老大的依然充满好奇。

大家都知道，19 世纪 60 年代美国掀起了铁路建设高潮，正如我国在 21 世纪初大规模地建设高速公路一样。铁路建设需要大量的钢铁，开发铁矿并炼成钢铁是当时美国最赚钱的一个行当。

于是，各个公司和个人蜂拥进入这个领域。所以，当时的钢铁生产经营极为分散，从采矿、炼铁到最终制成铁轨、铁板等成品，中间需经过许多厂家。加上中间商在每个产销环节层层加码，致使最终产品的成本很高。

卡内基深知传统钢铁企业的这些弊病，他决心建立一个面目全新的、囊括整个生产过程的供、产、销一体化的现代钢铁公司，按现在的时髦说法就是具有完整产业链的钢铁公司。

1873 年，他与人合伙在匹茨堡创办了卡内基—麦坎德里斯钢铁公司。公司共有资本金 75 万美元，卡内基投资 25 万美元，是最大的股东。

19 世纪 70 年代，英国发明家贝西默发明了成本低廉的酸性转炉炼钢法，该工艺后来扭转了整个世界的工业进程。贝西默发明的酸性转炉法可以直接将铁矿石提炼成工业用的钢材。卡内基经常去英国出差，有一次他偶然见识到了贝氏转炉炼钢法。1879 年，卡内基以 30 万美元的价格买下了这套技术并在他的钢厂投入使用。

1881 年，卡内基与弟弟汤姆一起成立了卡内基兄弟公司，其钢铁产量当时就达到了美国的 1/37。由于使用了新技术，钢铁冶炼成本急剧降低。卡内基生产每吨钢的成本降到了 56 美元，而每吨的售价为 100 美元，可以说他赚得盆满钵满。

随着产量的扩大，卡内基意识到必须解决铁矿石原料问题，否则，将会受到其他有矿山的钢铁公司的挤压。

19 世纪八九十年代，美国陆续发现了一些大型的铁矿石资源，尤其是明尼苏达州苏必利尔湖畔铁矿带的发现，为卡内基钢铁企业的发展带来了极大的机遇。但石油大王洛克菲勒先于卡内基买下了该矿山的大部分股权，于是，卡内基只好与洛克菲勒商谈原料铁矿石的供应协议，最后约定卡内基钢铁公司租用该矿山 50 年，并且每年在洛克菲勒所控制的运输线路上运输 120 万吨的矿石。这个租来的矿山为他的公司解决了大部分的铁矿石原料问题。

但是，卡内基并不满足。到 1899 年，卡内基通过租用或股权占有等形式控制了 34 家铁矿山。

反观我国的钢铁企业，有谁具有如此的远见和气魄呢？

解决了矿山和钢铁冶炼问题，接下来需要解决物流问题和产品销售渠道问题，也就是现在所说的供应链问题。

1897 年，他投资 650 万美元用于购置铁路运输设备，并在钢铁厂与五大湖之间修建了联合专线铁路。一年后，他又购买了整个科尼奥特海港并购买了船只，组建了船队，以完善属于卡内基钢铁公司的运输队伍。

为了垄断利润，加强对市场的直接控制，卡内基把触角伸向了销售领域。他改变了以往依靠代理商和代销公司的做法，开始培养自己的专业销售人员，建立起自己的销售子公司。至 19 世纪末，卡内基在各大陆建立了销售网点，构筑起巨大而完善的销售网络。

1892 年，卡内基把卡内基兄弟公司并购的另外两家钢铁公司，组成了以自己的名字命名的钢铁帝国——卡内基钢铁公司。19 世纪末 20 世纪初，卡内基钢铁公司已成为世界上最大的钢铁企业。它拥有 2 万多员工以及世界上最先进的设备，其年产量超过了英国全国的钢铁总产量，年收益额达 4 000 万美元。

美国在 1888—1910 年钢铁工业快速成长，1880 年产量为 140 万吨，到 1900 年前后美国的钢产量达到 1 320 万吨，已经是英国的 5 倍了，卡内基钢铁公司就贡献了其中的 25%。此时，卡内基生产每吨钢的成本下降至 11.5 美元，售价仅为 12 美元。

真正创造钢铁企业巨兽的时间是在 20 世纪，现在让世人惊叹的伟大企业家 J. P. 摩根成了这场游戏的主角。

当时的摩根和卡内基一样也是钢铁巨头。1898 年，J. P. 摩根进入钢铁行业，并组建了联邦钢铁公司，这也是当时最大的企业之一。

同时，摩根还拥有许多铁路权益，其中包括控股了一条沿北太平洋的铁路，他认为通过钢铁工业对铁轨的供应，能以一种很自然的方式两头获利。

卡内基帝国是钢铁工业皇冠上的宝石，他威胁要在俄亥俄开设自己的钢管厂，直接与摩根的全国钢管公司展开竞争，从而破坏主要厂家之间的非正式卡特尔协议；此外还计划建立一条运送钢铁的铁路，直接与摩根拥有大量股份的宾夕法尼亚铁路形成正面竞争。

摩根因此开始筹划对卡内基钢铁公司的收购，1900 年 2 月 5 日，J. P. 摩根买下了约翰 · D. 洛克菲勒的几家铁矿和安德鲁 · 卡内基的全部钢铁生意。并购花费了摩根 10 亿美元，创建了美国钢铁公司，从而垄断了美国钢铁市场，成功地控制了美国钢产量的 65%。之后，J. P. 摩根创建的美国钢铁公司又先后收购了其他 784 家独立公司，最后形成钢铁巨人——美国钢铁集团，它的产量曾一度占到美国钢铁行业生产总量的 75%。

20 世纪 50 年代以前，美国的钢铁产量是世界钢铁产量的 50% 左右，由此可见，美国钢铁公司成为了世界上真正的钢铁企业巨兽。

2. 石油巨头洛克菲勒与“石油七姐妹”

20 世纪前后，随着内燃机取代蒸汽机，人类进入汽车时代，至中期已进入电气化时代，从而使得石油成为 20 世纪六七十年代甚至现在的能源主宰，导致了石油企业“巨兽”的成长。

洛克菲勒集团是一个典型代表，后来西方国家一些著名的石油公司几乎都是它的“子孙”。

19 世纪 70 年代，洛克菲勒在俄亥俄州创建了股份制的标准石油公司。标准石油公司用了 20 年的时间终于成为了美国最大的原油生产商，垄断了美国 95% 的炼油能力、90% 的输油能力和 25% 的原油产量，并将对美国石油工业的垄断持续到 1911 年。

1911 年 5 月 15 日，美国最高法院判决，依据 1890 年的《谢尔曼反托拉斯法》，标准石油公司是一个垄断机构,应予拆散。根据这一判决,标准石油帝国被拆分为约37家地区性石油公司。

在标准石油被分割后所形成的几家较大的石油公司,连同英美其他几家石油公司,成为了石油史上所称的“石油七姐妹”。这“七姐妹”指的是洛克菲勒创建的石油帝国及其继承公司——埃克森(Exxon)、美孚(Mobil)、雪佛龙(Chevron),连同起家于德州的德士古(Texaco)、海湾(Gulf)、英国石油公司(BP)和英荷皇家壳牌石油公司(Royal Dutch/Shell)。

1956年,“石油七姐妹”拥有资本主义世界石油储量的82.8%,石油产量的58.7%(它们只占美国产量的30%,而当时美国控制的产量占了资本主义世界的60%),炼油能力的57.1%。

从20世纪80年代开始,跨国公司纷纷通过资产重组、企业兼并,不断壮大实力,提高竞争力。1982—1985年间,在以美国为中心的石油公司大兼并浪潮中,“石油七姐妹”中的海湾石油公司被雪佛龙兼并,一批独立的石油公司强大起来,其中阿莫科的实力使它足以同“姐妹”们平起平坐。欧洲的一些大石油公司,如法国的道达尔、埃尔夫,意大利的埃尼,实力均增长很快。20世纪90年代后期到21世纪最初的几年里,世界范围内掀起又一轮石油公司兼并重组的高潮。

1999年美国联邦贸易委员会批准埃克森兼并美孚,改称埃克森美孚石油公司,成为世界第一大石油公司(世界石油业的“大哥大”)。雪佛龙则兼并了老“七姐妹”中的德士古石油公司,成为雪佛龙德士古石油公司。“七姐妹”中的5家美国公司经过合并重组只剩下了埃克森美孚和雪佛龙德士古石油公司两家。英国的BP则在此期间先后兼并了美国的阿莫科、阿科以及本国的伯马,在若干方面超过了壳牌。2002年8月30日,美国康纳古石油公司(Conoco)和菲利普斯石油公司(Phillips)联合,成为康菲石油(ConocoPhillips)公司。法国的道达尔先后兼并比利时的菲纳和本国的埃尔夫。

如今,昔日的“七姐妹”经过轮番的重组,只剩下4个——埃克森美孚、雪佛龙德士古、英国石油和壳牌,它们和康菲、法国的道达尔公司6家销售额超过1 000亿美元以上的“超级石油巨头”,主导着世界石油工业的新格局。

尽管有很多后来者，但是依然撼动不了它们的地位。

电气化把我们带入石油时代。同时，金属行业特别是有色金属行业步入快速发展的轨道，“养育”了一批矿业企业巨头。

现在大家所熟知的也是受到“口诛笔伐”较多的3大矿业企业——力拓、必和必拓和淡水河谷，就是其典型的代表。

3. 力拓集团

力拓（Rio Tinto）是世界第三大矿业公司，最早于1873年在西班牙成立。现在说起来还与我们有关，因为出资成立公司的钱是同我国搞鸦片贸易赚来的。最早在西班牙搞锡矿贸易，之后在西班牙南部山区力拓河恢复开采了一个古铜矿。这个铜矿使得力拓公司在1877—1891年成为世界铜矿的领先者。

1883年，在澳大利亚断背山（Broken Hill）发现富铅—锌—银矿，由于受当时选矿技术所限，矿石中的锌矿不能被选出来，锌矿被排到尾矿库中不能得到利用。1905年，一位美国著名的人物胡佛（他年轻时是一位地质与采矿工程师，曾在19世纪后期来过中国，并且帮英国人搞到了我国的一个大煤矿——开滦煤矿，后来成为了美国的第31届总统）在澳大利亚看到了这个商机，聪明的胡佛和力拓合作在澳大利亚的墨尔本成立了一家锌矿公司，买下了断背山铅锌矿的尾矿库。当时的尾矿有200万吨，经过3年的选矿实验获得突破，让力拓公司大赚了一笔。

1924—1947年公司展开了一系列的并购，获得了津巴布韦所属铜矿的开采权，业务拓展到了海外；1948年在澳大利亚的塔斯马尼亚（Tasmania）库克河（Cockle Creek）建设了一座锌冶炼厂。

1954年，公司出售了大部分西班牙业务，在伦敦总部的基础上设立了澳大利亚墨尔本总部，并且成立了3个勘探公司，将业务主要放在非洲、澳大利亚和加拿大。找矿使得公司在这些地区获得了一批铀、铜、铁和其他金属矿床。1955年在澳大利亚发现了一个超巨型铝土矿床——韦泊（Weipa），并于1956年成立康明威铝业公司（Commonwealth Aluminium Corporation Pty Ltd）。1966年在澳大利亚获得了汤堡莱斯山（Mount Tom Price）铁矿和哈默雷（Hamersley）铁矿2个露天铁矿山，现在它们每年能生产7 200万吨铁矿石。

1968 年购买了美国硼砂公司 100% 的股权。美国硼砂公司在加利福尼亚州的硼城经营着最大的露天矿，该露天矿也是世界上硼酸盐矿蕴藏量最丰富的矿区之一。该矿床位于加州的死亡谷，1872 年就已经被发现。公司生产的精炼硼酸盐能够满足全世界近一半的需求量，而硼酸盐对生命体和现代生活而言都是必需的矿物。

1960—1970 年，力拓集团发展了一些非金属矿业业务，包括水泥、化工和石油天然气产品，后来这些业务在 1988 年全部被剥离，力拓集团重新回归主业。

1989 年，力拓集团花费 43 亿美元获得了英国石油公司的矿物资源业务，正是这笔当时世界上最大的交易成就了力拓成为矿业巨兽的野心。通过这笔交易，力拓集团获得了美国犹他州肯纳可（Kennecott）铜矿，加拿大魁北克铁矿，澳大利亚钛矿和焦煤、动力煤业务。

1993 年，公司耗资 11 亿美元收购能可公司，使其业务扩展到石油、天然气和煤矿领域，并介入能源业。力拓在全球拥有了 60 多家子公司。

通过整合业务，力拓集团拥有下属的 4 大子集团，它们分别是铝业集团、铜和钻石集团、能源和矿物集团以及铁矿石集团。

2007 年力拓收购加拿大铝业公司，成立了铝业集团，该集团成为了世界上最大的铝生产企业之一，主要产品包括铝土矿、氧化铝和原铝（又称电解铝）。

力拓铜和钻石集团的主要产品包括铜精矿、精炼铜、钻石、黄金、白银、钼精矿、磁铁矿和蛭石，下属的铜生产企业包括美国犹他肯尼科特铜业公司（Kennecott Utah Copper）（全资）、智利艾斯康迪达（Escondida）铜矿（持股 30%）、印度尼西亚哥拉斯伯戈（Grasberg）铜金矿（持股 40%）、澳大利亚罗斯帕克斯（Northparkes）铜矿（持股 80%）以及南非帕拉伯拉（Palabora）矿业公司（持股 57.7%）。下属钻石开采企业包括西澳大利亚阿基勒（Argyle）钻石矿（全资）、加拿大西北地区的戴亚维克（Diavik）钻石矿（持股 60%）、津巴布韦姆若洼（Murowa）钻石矿（持股 78%）。此外，力拓集团钻石公司在比利时安特卫普和印度孟买还开设了钻石销售代理机构。

力拓能源和矿物集团下属能源和工业矿物两大公司，力拓集团工业矿物公司下属两大分部，力拓矿物分部(RTM)主要负责硼砂、滑石和工业盐的开采加工以及提供配套技术，业务遍及美国、南美洲、欧洲和澳大利亚；力拓铁钛分部(RTIT)主要生产二氧化钛，业务遍及北美洲、南非和马达加斯加岛。力拓集团能源公司下属的煤和铀两个分部，主要产品包括炼焦煤、动力煤、铀、二氧化钛、硼酸盐和滑石。其中，煤分部所属矿山位于澳大利亚和美国，产品除供应美国和澳大利亚国内市场外，还出口国际市场；铀分部的主要矿山位于澳大利亚和纳米比亚，生产的氧化铀主要用于核电站发电。

力拓铁矿集团是世界第二大海运铁矿石提供商，主要产品包括铁矿石、生铁、工业盐和石膏。下属的矿山包括澳大利亚哈默斯利铁矿(Hamersley)和罗布河铁矿(Robe River)，加拿大铁矿公司所属矿山包括巴西科那木巴(Corumba)铁矿、几内亚斯曼都(Simandou)铁矿以及印度奥里萨邦(Orissa)铁矿。力拓集团还成立了力拓亚洲铁矿公司，负责哈默斯利铁矿所产铁矿石在亚太地区的运输、销售和服务。

此外，力拓集团还拥有勘探公司和技术研发公司两家技术支持企业。其中，力拓集团勘探公司主要从事地质勘探、矿藏品种鉴别以及可采矿的优选；负责新发现矿山的开采可行性研究，并依据矿山的矿种及品位分析其开采价值。力拓集团技术研发公司下属多个技术中心，拥有一支高素质的技术专家队伍。主要负责勘探、采矿、矿产品加工、矿山安全、环境保护和确保员工身体健康等方面的新技术研发，并从事设备管理，产能战略规划和项目开发、评价工作。

2011年力拓公司全球业务中，美洲(南美和北美)业务占18%，中东和非洲占16%，中国占31%，中国除外的亚洲其他国家和澳大利亚占35%。图2－3中最右上角的圆圈内表示的是按品种分类的业务占比，其中铝占3%、铜占12%、钻石和非金属矿物占2%、能源占7%、铁矿石占83%。

2013年，力拓集团(Rio Tinto Group)实现营业收入511.71亿美元，净利润36.65亿美元，在矿物资源企业中处于世界前三位，在2013年世界500强企业中排名第195位，是一个名副其实的矿业巨兽。

4. 必和必拓集团

另一家矿业巨头就是必和必拓(BHP-Billiton)集团。

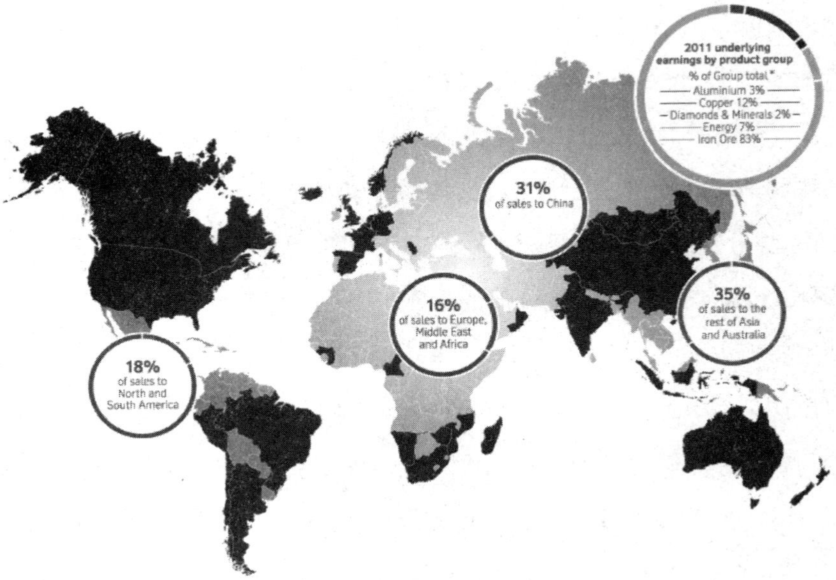

图 2－3　2011 年力拓公司的全球业务版图(图片引自力拓公司 2011 年年报)

必和必拓(BHP)于 1885 年成立于澳大利亚,公司总部位于墨尔本。BHP 悠久的历史最早起源于 1883 年的断臂山(Broken Hill)矿业公司,主要在澳大利亚新南威尔士州富产银、铅、锌矿的断臂山区采矿。1885 年该公司更名为 Broken Hill Proprietary,简称 BHP。1899 年,BHP 租赁开发位于南澳大利亚路波(Iron Knob)的铁矿山。随后公司开始投身钢铁制造业,1915 年旗下的第一座钢厂在新南威尔士投产。

第一次世界大战之后,BHP 顺应当时的潮流,实行多元化经营,建立了运输船队,收购煤矿、铁矿、石灰石矿和钢铁产成品等生产厂家。1935 年,BHP 收购了澳大利亚钢铁公司,进一步扩大钢铁生产业务。之后 BHP 又在南澳大利亚的外阿拉(Whyalla)建设了钢铁熔炉和造船厂。

1967 年,以开发澳大利亚东南海岸巴斯海峡的大油田为标志,BHP 进军石油行业。经过 20 世纪几年的发展,BHP 开始走出澳大利亚,先后收购了美国犹他国际公司、新墨西哥和昆士兰的煤矿,并在智利发现了埃斯康迪达铜矿(Escondida)。在澳大利亚,BHP 运营的项目包括西北湾的油气田和西海岸附近的液体天然气田。20 世纪 90 年代,BHP 收购了多家公司,开发了新的金属矿山和石油项目,在钢铁方面也取得了长足的进步。位于澳大利亚昆士兰的坎宁顿银—铅—锌矿（Canningdon）和克里木（Crinum）煤矿以及位于加拿大的额卡缇（Ekati）钻石矿都已投产。

Billiton公司的前身于1860年9月在荷兰海牙成立。之后不久，该公司就于同年11月收购了印尼苏门答腊岛附近的一座富含锡矿的小岛，该岛名为Billiton（现称勿里洞岛），公司因此改为现名Billiton。Billiton公司目前总部位于伦敦，在全球拥有3万名雇员。其运作的主要项目分布于澳大利亚、南北美洲和南部非洲。

Billiton公司最初的业务主要是在荷兰进行锡、铅的冶炼。1940年，公司开始在印尼和苏里南进行铝土矿的开发。1970年，壳牌石油公司收购了Billiton公司。

20世纪90年代，Billiton公司经历了飞速发展的阶段。其业务组合包括铝冶炼（南非和莫桑比克），镍矿（澳大利亚和哥伦比亚），基本金属矿（南美、加拿大、南非），煤矿（澳大利亚、哥伦比亚、南非），铝土矿（巴西、苏里南、澳大利亚），钛矿和钢铁合金（南非）。

2001年，Billiton公司与澳大利亚本土公司BHP合并成立了BHP-Billiton，成为全球金属和矿业的领先者，是铝和铝土矿、铁矿、铬锰矿和合金、能源煤、石油、铜、镍、钛金属的主要生产商。

经过合并后成立的必和必拓公司资产规模庞大，可以大手笔收购潜力巨大的矿业资源。该公司在2011年以72亿美元成功地收购了澳大利亚西部矿业公司（WMC），既为公司现有的镍、铜产品增加了世界级的资源储备，也通过新增铀矿完善了能源产业链。

2013年，必和必拓（BHP-Billiton）实现营业收入659.68亿美元，净利润108.76亿美元，在矿物资源企业中处于世界前三位，在2013年世界500强企业中排名第115位，是一个名副其实的矿业巨兽。

5. 淡水河谷公司

巴西的淡水河谷公司（VALE），简称为淡水河谷，是一个地地道道的后来者，比起成立于19世纪的力拓和必和必拓来，它的确是个小弟弟。

巴西淡水河谷公司（CVRD）成立于1942年6月1日，除经营铁矿砂外，还经营锰矿砂、铝矿、金矿等矿产品及纸浆、港口、铁路和能源。

20世纪60年代，淡水河谷CVRD成立了远洋子公司，开始纵向发展，涉足交通、市场和生铁加工。

20世纪70年代转为横向发展，到1985年时，淡水河谷CVRD拥有34家子公司和合资公司，运营范围涉及工程、地质研究、森林(森林再造)、纤维素涂料、铁铝氧石、铝、锰、铁矿石和钢铁。

20世纪90年代初，巴西钢铁业国有企业进行私有化改造，淡水河谷CVRD购买了大量的股份，这些企业包括米纳斯吉拉斯钢铁公司、全国钢铁公司、巴西图巴朗公司和米纳斯制钢公司(Acominas)。1997年淡水河谷CVRD拥有65家所属或附属公司，一举成为世界上最大的铁矿石生产商和拉丁美洲最大的黄金生产厂家。

该公司于1997年5月7日开始推行私有化并大举兼并铁矿砂企业。2000年初，淡水河谷不仅收购了SOCOIMEX公司，还收购了萨米特里矿业的全部股份。

2014年，淡水河谷铁矿石产量占巴西全国总产量的80%。其铁矿资源集中在“铁四角”地区和巴西北部的巴拉州，拥有挺博佩贝铁矿、卡潘尼马铁矿、卡拉加斯铁矿等，保有铁矿储量约40亿吨，其主要矿产可维持开采近400年。

淡水河谷公司的矿产开采及开发规划均着眼全球，其中包括在委内瑞拉开采煤、铝矾土、铜、铁和钻石，在秘鲁开采铝和铜，在智利开采铝和铜，在阿根廷开采钾、铝和铜，在加蓬开采锰，在莫桑比克开采煤、铝和铜，在安哥拉开采钻石、铝、铜、钾和铁，在巴西开采铝、铜、镍、铂族矿、锰、钻石、高岭土和铝矾土，在蒙古开采铝、铜和煤，在中国开采煤、铜、铝和铝矾土。

2013年，巴西淡水河谷公司(VALE)实现营业收入476.94亿美元，净利润55.11亿美元，在矿物资源企业中处于世界前三位，在2013年世界500强企业排名210位，也是一个名副其实的矿业巨兽。

20世纪是一个矿业大世纪，矿业公司群雄逐鹿，伟大的公司总能抓住经济结构变革时对于矿物资源需求的差异性，找到历史性的机会，在市场的培育下成为伟大的公司，我们尽管讨厌这种垄断巨兽，但是，从心底还是很佩服的。

变革的今天，我们的国家会不会涌现出一批这样的企业呢？我们在期待着。

➢ 成功勘查的秘诀，是经验还是科学

大家都知道，我们开采的矿床通常有两种，一种是矿体出露地表或矿体上面覆盖的土层或岩石层较薄，矿体厚度大时可以剥掉矿体上面的盖层，然后采矿，这就是所谓的露采（露天开采）；还有一种情况就是矿体不太厚，矿体上面的覆盖层（不含矿的土和石头）厚度远远大于矿体厚度时，我们往往采取坑采（坑道采矿）的办法。

我国最大的斑岩型钼矿——金堆城钼矿的露天采场规模宏大，其长1 800米，宽800米，面积1.44平方千米。实际上采坑并不代表矿体的大小，金堆城钼矿的矿体在平面上呈近似椭圆形的扁豆体，长为2 200米，矿体厚500～700米。北段和中段较宽大，裸露于地表，南段隐伏于地下，实际上露出地表的矿体面积不到1平方千米。要在数以万平方千米的秦岭山区找到这个不足1平方千米的矿体就好像大海捞针，可见找矿的难度之大。

其实，早在1900年前后，找矿工作的确是采用大海捞针法。西方国家19世纪的工业革命带动了对矿产的需求，当时主要是铁矿、铜矿、煤矿和金矿，那时候地质理论尚不成熟，更没有找矿理论和勘查技术。于是，一种“找矿人”出现了。“找矿人”以找矿和开矿为生，他们从未受过地质和采矿方面的教育和培训，没有任何仪器。他们背着背包带上狗在广阔的原野上行走，试图发现矿化的踪迹。当时的找矿人是依据地表红红的铁帽（地质术语为矿化露头）来进行地表取样、挖浅井和打坑道来找矿的。此时的勘查主要依赖于找矿人的经验。这个阶段发现的矿床也较多，加拿大地质学家拉兹尼卡（P. Laznicaka）在1997年对从1636—1995年间全球337个巨型和超巨型矿床的发现时间做了统计，1945年前发现的矿床有169个，占总数的50%。有些矿床构成了世界上著名的矿带。看来，这个时期是寻找地表露头矿的黄金时期。

1882年找矿人乔治·哈瑞什（George Harrison）在南非首先发现了金矿标志而

发现了威特沃特斯兰德(Witwatersrand)盆地中的中兰德金矿,后来这里成为了世界上最大的金矿带。如果你有机会去南非旅游,在约翰内斯堡可以看到当年的这个矿床,现在已经成为一个金矿山旅游地,可以聆听导游给你讲述当年的故事。

1893 年找矿人帕崔可·汉南(Patrick Hannan)在西澳大利亚发现了卡尔古利(Kalgoorlie)金矿,1923 年由艾德·霍恩(Ed Horn)发现了加拿大魁北克省诺兰达矿区的霍恩铜金矿……现在如雷贯耳的著名矿床大多是在这时候发现的,如:美国宾厄姆铜钼矿、雷伊铜矿、圣里达铜矿、苏比利尔大铁矿;加拿大拉布拉多铁矿、多母金矿、凯尔安德逊金矿;澳大利亚芒特艾萨银矿;南非除了中兰德金矿,还有布什维尔德铂矿、布什维尔德铬矿、布什维尔德铁矿;刚果(金)—赞比亚巨型铜矿带,包括恩强加铜矿、巴卢巴铜矿、恩卡拉铜矿、孔克拉铜矿、科尔韦吉铜矿等大于 500 万吨铜金属的矿床 14 个。

在漫长的“大海捞针”法似的找矿过程中,找矿人认识到可以利用“学院派”总结的岩石矿物学知识缩小找矿区域,地质填图成为了 1945 年前后经验勘查最重要的方法,这个方法一直延续至今,甚至到目前仍无法取代。

找矿人或一些组织利用经验找矿一直持续到第二次世界大战结束,这个时期成功勘查的决定因素无疑是有找矿经验的“人”。

1946—1995 年发现的巨型和超巨型矿床有 168 个,接近总数的 50%,如果加上数以万计的大、中、小型矿床,实际上远远大于 1636—1945 年 310 年间的找矿成果。找矿节奏明显加快,主要是科技创新改变了地质找矿的节奏。

第一项技术创新是航空电磁法测量探矿技术。

20 世纪 40 年代后期,饱和式磁力仪的发明与应用,使找矿开始有了技术的气息。50 年代加拿大出现了航空电磁法测量技术,到 60 年代该技术得到了广泛的推广。60 年代加拿大利用这个方法找到了 16 个大型矿床。之后,又有很多电法勘探应用于地质找矿中,它们在隐伏矿找矿中发挥了重要的作用。

第二项技术创新是地球化学测量探矿技术。

地球化学探矿方法(简称地球化学勘探)是 20 世纪地球科学最伟大的应用技术。它于 20 世纪 30 年代在前苏联和北欧发展起来,但真正得到各国普遍重视是在 20 世纪 50 年代以后，我国是在 20 世纪 60 年代以后，直到现在地球化学勘探依旧是新区找矿最有效的技术方法。前面讲过，要找到一个面积很小甚至没有露头的矿床，如何把有矿化的区域找出来，行业术语称之为圈定靶区。比如，秦岭有 8 万平方千米的山区面积，如何快速找到有矿化的靶区，先用小比例尺如取 1/20 万，在水系中按 4 平方千米 1 个样品采集水系沉积物（泥样）进行金属元素分析。根据分析结果圈出元素高值异常区，如果异常区面积还是太大，可以把有异常的这部分面积再加密采样，密度可以是每平方千米 1 ~ 8 个样品。国外所做的地球化学勘探没有比例概念，全部取决于水系发育程度，一般取到 3 ~ 4 级水系。

我国在 20 世纪七八十年代找矿成果多与此项技术有关。

第三项技术创新当属矿床模式找矿技术。

最典型的要算斑岩型矿床（铜矿、铜钼矿和钼矿）模式了。从 20 世纪 60 年代直到现在，按照该模式在全球范围内找到了一大批储量巨大的斑岩铜矿，包括美国西南部亚利桑那州等地的斑岩铜矿集中区、智利—秘鲁安第斯斑岩铜矿带、西南太平洋斑岩铜矿带、特提斯斑岩铜矿带以及中亚—蒙古斑岩铜矿带。世界上两个最大的斑岩铜矿，一个是智利的楚基卡马塔（Chu quicamata），储量达 6 935 万吨；另一个是智利的埃尔特尼恩特（ElTeni ente），储量达 6 776 万吨。我国在全球寻找斑岩铜矿的热潮中，亦于 20 世纪五六十年代发现了江西德兴斑岩铜矿床，储量达 961 万吨；西藏玉龙斑岩铜矿床，储量达 650 万吨。

图 2 - 4 为典型斑岩铜矿分带模式图，左图为蚀变分带，右图为矿化分带。最外围为青盘岩化带。中间为石英绢云岩化带，这是铜矿主要发育的区域。内带为钾化带，一些低品位矿就产于这个区域内。最下面的区域是没有蚀变的斑岩体。

目前已经总结出大量的矿床模式，如 1980 年加拿大发表了 12 种矿床模式，美国于 1986 年发表了 85 个描述性矿床模式。这些模式的应用实际上就是类比找矿法，非常有效，是科学和经验的有效结合。

第四项技术创新是地质理论中的板块构造理论、层控矿床理论、火山构造控矿理论，都被大家所接受，成为了地质找矿的理论依据。

第五项技术创新是金刚石小口径钻进技术、绳索取心钻进技术、定向钻探技

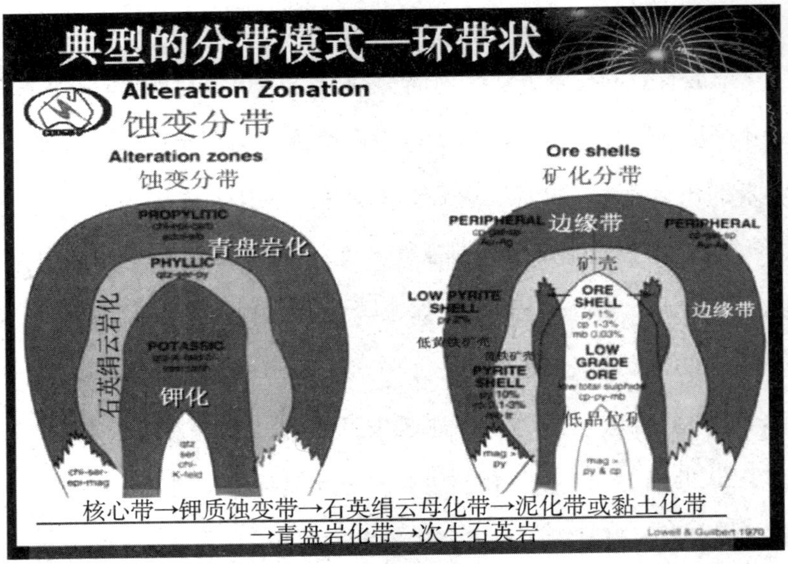

图 2－4　典型斑岩铜矿分带模式图

术、空气钻进技术等，这些技术的出现大大提高了勘探效率。

由上可以看出，科技创新对提高矿产勘查效率非常重要，尤其是对隐伏矿和半隐伏矿。在此是不是就可以下结论说经验不重要了呢？成功勘查除了科技创新还需要什么？

中国地质调查局发展研究中心施俊法教授在他的著作《信息找矿战略与勘查百例》一书中收集了 20 世纪 70 年代以来到 2000 年共 100 个大型以上规模的矿床，研究它们被发现的历史，总结成功勘查的关键因素。对 100 例矿床勘查过程中所涉及的关键性的工作方法进行了统计，发现地表地质填图在矿床发现中起作用的占 77%，地球化学方法占 69%，地球物理方法占 47%，理论找矿模型占 24%，遥感占 12% 和岩芯钻探占 11%。

在 100 个矿床发现的关键因素中，地表地质填图与地球化学勘探方法在矿产勘查中起作用的比例最大，分别占 77% 和 69%。地质填图主要是指野外矿化露头的追索，获取的是直接信息。地球化学勘探方法主要依据拟寻找矿种的指示元素勘查隐伏矿床。地质填图和地球化学勘探方法提供的信息主要是直接信息。

地球物理勘探方法对于块状硫化物矿床的勘查起作用的占 100%，这是因为块状硫化物矿床的物性极为敏感。

由此可知，深入现场做地质填图说明经验在勘查中依然起着重要作用。但这并不是唯一的，综合各种关键方法是成功勘查的钥匙，其中起作用的是“人”，而且是与1900年前后的所谓“找矿人”不一样的人。

澳大利亚西部矿业公司总地质师R.伍德尔的文章《矿产勘查的成功——关键在于“信”》，笔者印象很深。世界上最大的铀矿床——伊利列铀矿床和世界上最大的铜—铀矿床——奥林匹克坝矿床都是这个公司勘查的杰作。他总结了成功勘查的要素，而其中人是最重要的因素，人的因素又在于一个“信”字，野外的任何环节都需要亲自去做。这就要求地质人员用腿到野外去找矿，用眼去观察和发现。

坚持长期的野外实践是找矿成功的必要条件，但不是充分条件。找矿既需要一批脚踏实地的苦干家，更需要有智慧、有远见的带头人，即在实践中磨炼出来的找矿专家。

澳大利亚西部矿业公司负责地质勘探工作的领导人R.伍德尔说明了野外观测的重要性，他指出：“勘查的成功特别取决于两种技能：观察和解释。勘查，不管是老式的找矿还是现代科学勘查，都得靠看，用各种可能的手段去看。有的人看起来是看了，但没有看到；或者也看到了，但不了解或者不理解观察结果的意义，即缺乏解释技能。矿床发现者可以是首次看到找矿线索的人，但更可能是别人看到的他也看到了，而别人没有想到的他都想到了。”

找矿成功的因素很多，有理论、经验、技术方法、个人能力，也有偶然，经验与理论、科学与技术的交叉与融合是通向矿产勘查的成功之路。

➢ 技术进步让资源更有价值

有没有经济价值是区别矿与非矿的重要指标。矿与非矿本来是一个相对的问题，是一个动态的概念，是随着技术进步和市场价格变化而变化的。其中技术进步起决定性的作用，一方面技术决定了矿物资源的用途，另一方面技术又决定了矿物资源的勘查、采矿、选矿和冶炼的程度以及满足工业用途的程度。

有经济价值的矿在地质学术语中是用“矿床”来描述的。矿床(矿产资源)是指在当前的技术经济条件下可以开采利用的自然地质体。换句通俗的话说,就是指有用物质的天然富集体,其质和量在现有经济和技术条件下能够为人类所利用,具有地质、技术、经济与环境4个属性。

矿床的地质属性,是指矿床形成的天然性,即矿床是地质作用形成的,与其他地质体没有本质的区别。矿床的环境属性,是指矿床的开发不能严重地危害人类的生存条件和生存质量。矿床的经济属性,就是矿产品能够用于交易并获利的性质。矿床的技术属性,就是在现有技术条件下能够开采并分离出来而为人类所利用的属性。矿床的技术属性依赖于经济属性。之所以称之为矿床,是因为在技术上开发是可行的,同时在经济上开发是有利可图的。

矿产的经济属性和技术属性是至关重要的。

人类居住地附近的砂、石、水和泥土,能够用于建筑和生产生活,因而就是矿产品。上海和北京附近的采石场、采砂场和取土场,比西藏、青海和新疆的某些煤矿还赚钱,就是因为前者距离市场近,而后者远。中东地区的水比油贵,也是这个道理。

因此,我们在考虑未来矿产品的可供性研究时,应该基于矿产品价格的长期变化趋势和矿床开采的可行性及开采成本,确定不同类型矿与非矿的界线。

在矿床评价中,对矿石的评价常常用品位来衡量其金属在矿石中的含量。品位越高,其利用价值越大。但实际情况远非如此。例如:在非洲的某些地方,铜矿的品位要达到3%才有开采利用价值,而在中国的江西,0.5%就足够了。也就是说江西品位0.5%的铜矿和非洲某些地方3%的铜矿价值是一样的。

金属矿床是否有价值,品位只是其中的一个参数,多高品位可以开采还要取决于交通、水和电力供应。除此之外,矿石的质量对矿石是否能得到利用起决定性作用。

在陕西的镇坪县勘探出了一个金红石矿床,品位达到7%,规模巨大,而国内同类矿床的品位一般在1.8%左右。但是这个矿床在目前是不能开采的呆矿,原因就是有用矿物金红石的粒度太细,大多数为微米级,不能用目前的重选或浮选技术提出来，用化学方法提取又不经济。

无独有偶，在江苏有一个金红石矿床，有用矿物金红石的粒度达到毫米级，但它却包裹了很多微粒石榴石，在目前的选矿技术条件下不能提纯出合格的产品，因而也是呆矿，当前没有经济价值。

我们在找矿的过程中，开始时往往只注重品位，以品位这一主要指标来确定是否投入勘查和评价的人力、物力。不过，评价出来的都有呆矿，几乎所有的矿种都有。

形成呆矿的原因多种多样，有的是品位太低，在当前市场价格条件下不能赚钱；有的是金属矿物太细，在当前选矿技术条件下没法提出来；有的是有用矿物间嵌布过于紧密和复杂而不能很好地分离；还有的矿床处在地下水极为丰富或矿体围岩极其破碎的环境，处理水或破碎围岩又不经济；最后一种情况是解决水、电、路的条件不经济。

除了市场价格我们无法驾驭外，其他情况形成的呆矿都可以通过科技创新使其具有价值。

追溯矿业历史，我们发现，对资源的利用就是一个不断改进和创新技术的历史。

利用黏土生产陶器可以追溯到距今 8 000 多年前，在其后的岁月中不断创造，到唐代我们已经能制造出非常精美的瓷器了，可以说瓷器是中国古代繁荣的第一生产力。

金属的利用始于公元前 21 世纪的夏商周时期，那时候我们已经能生产涉及铜、锡和铅的青铜器。据 1939 年在河南安阳武官山出土的商代司母戊大方鼎的成分分析，青铜器含铜 84.77%、含锡 11.64%、含铅 2.79%。文献中没有发现那个时候有选矿工艺，但可以推测，古人是用 3 种矿石（肯定品位很高）不断调整配比，借助陶瓷工艺做成模具烧制而成。这就是如今的冶炼技术。按照可以入炉冶炼的条件，铜矿石的品位至少要在 20% 以上，铅矿石品位在 50% 以上。在那时候，低于这个品位是不能利用的。

铁矿石的利用大约在春秋战国时期，那时候已能使用炼铁炉生产生铁了，可以推断那时候铁矿石的品位至少在60%。

到了明代才有了磨矿的记载，开始出现重选和磁选工艺，矿石的利用品位可能有所降低。可以说中国的矿业受制于陶瓷工艺的影响，最多经过手选、重选或磁选，然后直接入炉冶炼，因而可以推断，清代以前，我们所能利用的金属铜、铅、锌、铁、锡、金、银等的开发利用的品位相当高。

发明于19世纪欧洲的浮选工艺，对矿业的推动作用是革命性的。一下把诸多金属的利用品位降低了一个数量级，铜的品位下降至5%左右。20世纪初，由于斑岩型铜矿的发现，低品位大吨位的巨型铜矿相继问世，传统的浮选工艺对这种品位在0.8%左右的氧化铜矿石没法处理。

正是由于需求推动了技术的进一步革命，矿业界发明了湿法冶金工艺，使得低于1%的氧化铜矿石得以利用。目前用湿法冶金方法利用铜矿石的最低品位降到了0.5%。

目前，有一项技术可望获得突破，那就是生物冶金技术。如果把工业革命前的金属利用称为第一次矿冶革命，那么工业革命后到目前为选冶技术革命，其核心是选矿技术的发明，可以预计21世纪应该是生物冶金技术革命。每一次技术革命就把工业利用的品位降低一个数量级。

生物冶金技术，又称生物浸出技术，通常是指矿石的细菌氧化或生物氧化，由自然界存在的微生物来进行。这些微生物被称作适温细菌，大约0.5~2.0微米长、0.5微米宽，只能在显微镜下看到，靠无机物生存，对生命无害。这些细菌靠黄铁矿、砷黄铁矿和其他金属硫化物如黄铜矿和铜铀云母为生。

适温细菌和其他“靠吃矿石为生”的细菌如何氧化酸性金属的机理目前还不得而知。化学和生物作用将酸性金属氧化变成可溶性的硫酸盐，不可溶解的贵金属留在残留物中，铁、砷和其他贱金属，如铜、镍和锌进入溶液。溶液可与残留物分离，在溶液中和之前，采取传统的加工方式，如溶剂萃取来回收贱金属，如铜。残留物中可能存在的贵金属经细菌氧化后，通过氰化物提取。

微生物冶金技术将提高矿产资源两倍以上的利用率。以铜为例，中国铜的保有储量为6 917万吨，传统的采选冶技术资源开发率只有28%左右，而利用微生物冶金技术开发率则接近100%，等于实际可利用铜将大幅增加。目前，世界上微生物冶金技术已在铜、金、铀的提取方面有所应用，预计这项技术可以覆盖所有的硫化物矿床的工业利用。

据估算，金属矿床每降低0.1%的利用品位，资源将增加10%。利用的品位越低，增加可利用的资源就越多。比如中国的铁矿石，如果按63%的品位确定储量，目前几乎没有；55%～63%的铁矿累计探明储量为11.74亿吨；如果品位降到30%，铁矿石资源储量为406亿吨；如果降到20%，铁矿石资源储量将达664亿吨。其他金属矿产也是如此。

选冶技术的突破，可以大大降低可利用的品位，扩大矿床规模，因而提高了资源的利用价值。

➢ 矿物浮选——掀起20世纪矿冶革命

前面已经介绍了古代中国在烧制陶瓷、青铜器、炼丹和炼制铁器过程中掌握了数十种矿物的性质，可以利用这些矿物生产金属及其合金，甚至还可以通过“炼丹”工艺（实际上是一种原始的化学工艺）制造一系列“丹药”，现在称之为矿物药，有的矿物药现在仍在使用中。

古人利用的矿物资源主要为氧化物型的（氧化矿），个别为硫化物型的，直接入炉是其标志。从现代冶炼经验来看，铜矿若直接入炉，其品位需要达到14%以上，铁矿品位要在53%以上，铅锌矿要在45%以上，银矿需要每吨1 000克以上。也就是说，古代人们只能利用极高品位的矿床。随着人类利用极高品位矿石的耗尽，人们不得不想办法利用稍低品位的矿床，于是聪明的古代匠人就借鉴了生活中的经验发明了一种“捣臼”来破碎岩石，然后采用手选，也就是通过人工把不含金属矿物的脉石扔掉，从而达到提高矿石品位的目的。

在笔者的家乡湖南农村有淘沙金的匠人，笔者的爷爷就是其中的一员。小时候，笔者就天天跟着爷爷下河淘洗砂金，回家后把水银和淘洗回来的含有很多重矿物的金混杂在一起，放在火上煮。这个工艺直到笔者上大学后才知道叫做"汞齐法"提金。听笔者的爷爷讲那是祖宗传下来的手艺，其实这也是我国古代延续了几千年的重选工艺。

随着矿物资源品位的降低，选矿工艺若得不到更大的突破，很多矿床也就不能再直接利用，现在很多与矿有关的地名就是我们现代找矿的一些标志。我国唐代以后铸币所用的铜矿不能满足其需要，就是因为古代中国几千年制造青铜器，极高品位的铜矿资源消耗严重甚至耗尽，品位较低的铜矿和埋藏较深的铜矿又不能开采和利用所致。

"缺钱"实际上就是缺铜，最后导致明朝银本位的上位，不得不通过国际贸易来赚取白银维持国内货币的稳定。名义上讲是货币危机，实际上则是资源危机。

至于文献记载的手选和淘洗（重选），不能从根本上解决粒度细和低品位矿的应用问题。一直到19世纪末，由于工业革命对金属的需求量不断增加，能用重选处理的粗粒铅、锌、铜等硫化物矿的资源逐渐减少，需要寻找新的途径来开发粒度较细和品位稍低的金属硫化物矿。工业革命推动了科学技术的迅猛发展，与矿业有关的地质学、矿物学、化学、物理学以及以钢铁为主的机械制造业为大规模利用矿物资源提供了契机。

19世纪末，澳大利亚、美国及一些欧洲国家的科学家和工程师发现了用水和"油"可以捕捉到金属硫化物矿物，并且以此发明了薄膜浮选法及全油浮选法。前者是将矿石粉洒于浮选机中流动的水面上，疏水性矿物飘浮于表层被回收；后者是在矿浆中拌入一定数量的矿物油，黏捕疏水亲油矿粒并浮至矿浆表面被回收。

这两种方法的效率很低，最后只能被淘汰。直到1906年，3个英国人——苏尔曼（H. L. Sulman）、皮卡德（H. F. Picard）和巴洛特（J. Ballot）使用搅拌方式进行矿浆充气分选铅锌矿，才真正产生了现代泡沫浮选法。

当时的浮选工艺是将方铅矿和闪锌矿同时回收的，后续的冶炼很难将铅、锌两种金属分开。1912—1922年，先后发现重铬酸钠能抑制方铅矿、氰化物能抑制闪锌矿和黄铁矿；1925—1926年，又先后发明了硫化矿物的捕收剂——黄药和黑药。这些浮选药剂的发现产生了能分离方铅矿和闪锌矿的优先浮选法，促进了泡沫浮选工艺的发展。

泡沫浮选法的出现，使以前用重选方法不能处理的细粒和共生矿得以利用。

浮选工艺可以说从根本上改变了矿业的面貌，它颠覆了人类几千年来对矿物选别的认识。古代人们对矿物的认识大多是矿物的颜色、比重、形态等，他们的手选和重选就是利用了这些性质。而浮选则不同，它抛开了这些观念，只需要利用各种矿物原料颗粒表面对水的润湿性（疏水性还是亲水性）的差异来进行选别。天然疏水性的矿物较少，常向矿浆中添加捕收剂，以增强欲浮出矿物的疏水性；加入各种调整剂，以提高选择性；加入起泡剂，充气产生气泡，使疏水性矿物颗粒附于气泡上，上浮分离。浮选通常能处理直径小于0.2～0.3毫米的物料，原则上能选别各种矿物原料，只需要找到与矿物相匹配的捕获药剂就可以了，不管这些矿物是金属矿物还是非金属矿物，是重的还是轻的，是红色的还是黑色的，是立方体的还是菱形体的。

1933年以前浮选工艺尝试性地进入了矿业领域，此时的矿石入选品位很高。美国著名经济地质学家米德·金森在其著作《经济地质学》中总结了自浮选工艺以来，美国露采矿山的铜矿石入选品位和选矿回收率数据，为便于理解，笔者将其做成了很直观的图，如图2－5所示。

从图中可以看出，1933年以后，美国露采铜矿山的矿石选矿品位逐年下降，从最初的2%左右一直降到1973年前后的0.55%，选矿回收率从1939年的42.5%一直提高到1973年的80%以上。

1930年以后，由于浮选工艺在药剂研究和选矿设备等方面取得了突破，到1960年，泡沫浮选不仅仅限于处理硫化物矿石，而且已经扩展应用到处理金属氧化矿石和非金属矿石的领域，成为了金属矿和工业矿物加工的重要方法。除黄药和黑药外，脂肪酸类捕收剂得到了广泛的应用，阳离子捕收剂也在生产中得到了应用，同时还出现了多种抑制剂、活化剂、分散剂和pH调整剂。

浮选工艺的发明和应用，对于我国这样一个贫矿的国家来说尤为重要。所谓贫矿就是低品位矿，是相对于富矿而言的。本书把全铁品位≥48%的称之为富铁矿，同样品位≥28%的为富锰矿，品位≥1%的为富铜矿，品位（P_2O_5）≥30%的为

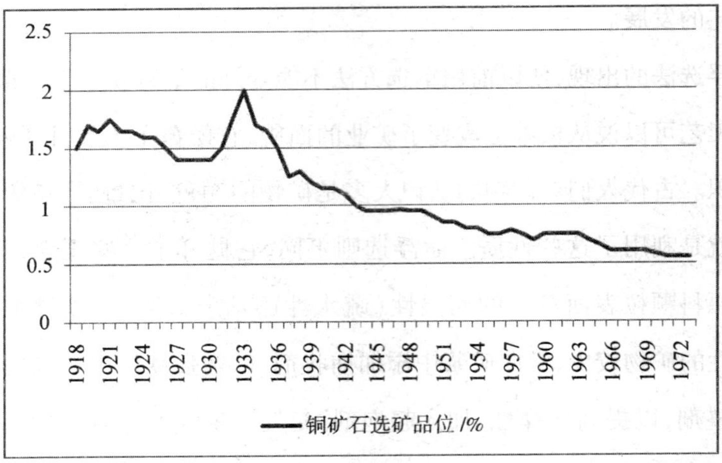

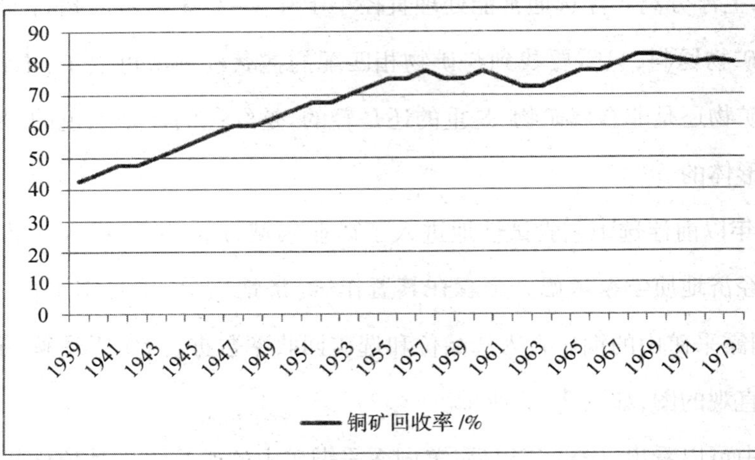

图 2－5　美国露采矿山采用浮选工艺后入选品位和选矿回收率变化曲线

富磷矿；品位≥6 克/吨的为富金矿，三水型铝土矿为铝土矿的富矿。低于这个数字的就是低品位矿或者称为贫矿。

表 2－2 列举了我国主要大宗矿产查明的资源量和贫矿资源量所占的比重。从表中可以看出，截至 2003 年年底，全国贫铁矿占全部铁矿资源储量的 98.1%，贫锰矿占我国全部锰矿资源储量的 94.7%，贫铜矿占我国全部铜矿查明资源储量的 69.5%，贫铝土矿（一水型）占我国铝土矿资源的 98.8%，贫磷矿占全部磷矿查明资源储量的 91.5%。经过 10 余年的超强度开采，截至 2014 年，富铁矿和富锰矿已基本耗尽。

有比较才有鉴别。将我国已经查明的主要大宗矿产和国外主要产地进行对比，可知我国矿物资源是如此之“贫”。

我们所熟知的铁矿石大国如巴西、澳大利亚、印度、南非和委内瑞拉等，已经查明的和正在开采的铁矿石品位都在60%以上，且大多露天开采。而我国铁矿石平均品位现在已经下降到30%以下。在世界主要锰矿资源国中，南非、加蓬、巴西、澳大利亚等均为富产含锰37%～52%的高品位矿石的国家，它们生产了世界锰矿石的60%以上。铜矿也是如此。我国斑岩型铜矿床的平均品位仅为0.55%，而智利、秘鲁的斑岩型铜矿床的平均品位为1.0%～1.6%；我国砂页岩型铜矿床的平均品位仅为0.5%～1.0%，而刚果（金）、赞比亚、波兰的砂页岩型铜矿床的平均品位高达2.0%～5.0%。

表2－2　我国铁矿、锰矿、铜矿、铝土矿、金矿和磷矿贫矿所占的比重

矿　产	单　位	查明资源量	富矿查明资源量	贫矿所占比重/%
铁矿	矿石/亿吨	576.62	10.85	98.1
锰矿	矿石/万吨	71 167.6	3 723.8	94.7
铜矿	金属/万吨	6 708.73	2 045.11	69.5
金矿	金属/吨	4 414.24	1 252.3	71.6
磷矿	矿石/亿吨	163.64	13.83	91.5
铝土矿	矿石/万吨	254 540	3 091.4	98.8

注：富铁矿品位≥48%，富锰矿品位≥28%，富铜矿品位≥1%，富磷矿品位（P_2O_5）≥30%，富金矿品位≥6克/吨，铝土矿的富矿指三水型铝土矿。数据截至2003年年底。

如果没有浮选工艺，可以说我国的金属硫化物矿床有90%左右是不能被利用的，也不可能满足飞速发展的工业之需，我们也许还处在农耕时代过着田园生活。

20世纪是矿业的大世纪，浮选是推动矿业繁荣的技术“核”动力。

由于浮选工艺药剂的改善和大型选矿设备的应用使得选矿成本不断降低，从而使得可以利用的矿石品位在不断下降。以美国为例，自1750年以来，所采铜矿的可采品位由16%降到0.5%以下，下降了32倍。据统计，西方国家和发展中国家已经查明的铜矿平均品位已由1950年的1.85%，降为1960年的1.33%，1970年的1.09%，1975年又降至0.9%，到1999年继续下降到0.55%，而当年的中国为0.45%。

另一大宗矿产铅锌矿的开采品位也是呈成倍下降态势。在1950—1980年的30年间，澳大利亚、加拿大、美国、墨西哥等国的重要多金属矿区，铅的平均品位从3% ~5%降至1.5% ~2.0%，锌从8% ~10%降至4% ~6%。到1999年中国铅锌矿的平均品位（铅加锌）从8%降至5%。

单一矿山的日处理量屡创新高。以矿业大国澳大利亚为例，该国开采历史最悠久的矿山——澳大利亚锌有限公司的布罗肯希尔（Broken Hill）（有人译为断背山）铅锌矿，据郭惠兰等著的《国外伴生金银矿山》数据，在1939年投产时日处理量是3 000吨，在当时也是世界上最大的矿山之一，矿石入选品位铅13.1%，锌10.4%，银96克/吨。到1983年扩产到日处理矿石7 000吨，矿石入选品位下降到铅9.5%，锌9.5%，银90克/吨。1995年再次扩产至1万吨/天，矿石入选品位继续下降到铅9%，锌8.7%，银68克/吨。芒特艾萨（Mount Isa）铜多金属矿也是家喻户晓，于1923年被发现，1927年开发时日处理矿石量仅3 000吨，1955年1号选厂投产，日处理铜矿石量达到6 100吨，铅锌矿矿石量2 500吨。1973年建成4号选厂，日处理矿石量达到1.78万吨。

比起这些坑道采矿，露采矿山则更胜一筹。澳大利亚必和必托集团在巴布亚新几内亚开发的布干维尔铜矿，于1972年建成投产，日处理量矿石量达到8万吨，矿石入选品位下降到铜0.46%，金0.56克/吨，银1.44克/吨。1985年扩产到日处理矿石量13.5万吨，成为当时世界第一的超大规模选厂。每天处理13.5万吨的矿石量是个什么概念呢？如果用现在最大的载重车——比利时采矿设备制造商利勃海尔公司生产的T282B重卡，载重量360吨来运矿的话需要375车；如果按当时最大载重车（1982年最大载重卡车大约在80吨）计算，需要1 688车。

如果没有浮选工艺，每天要处理上10万吨的矿石量是无法想象的天文数字，处理品位极低的矿石也不可思议，像我国有色金属矿石中多金属复杂矿是无法在选矿阶段就能得到分离的，粒度较为细粒的矿石就没有办法选别，浮选工艺开启了20世纪矿业的大繁荣。在此，笔者要向发明和推动这项工艺的所有业内人员致以崇高的敬意。

图2-6　破碎与分级车间(左图)和浮选车间(右图)(图片由金堆城钼业集团提供)

➢ 低品位金属矿物利用的突破

堆浸技术是湿法冶金的一种，西方一些学者认为其最早出现在18世纪的西班牙，当时人们采用此方法浸铜。

殊不知，早在1098年(北宋)，一位名叫张潜的江西德兴人在其著作《浸铜要略》里，总结了他一生从“胆水”里炼铜的工艺，开启了世界湿法冶金之先河。

不过，张潜的湿法冶金只是从自然形成的所谓“胆水”里用铁片还原提取铜，不是严格意义上的湿法冶金。缺少堆浸制备“胆水”这一最重要的过程，当然是局限于当时还没有酸、碱等化学产品的缘故。

堆浸技术真正得到广泛应用是在20世纪60年代前后，由于地质理论取得了突破，在板块理论的指导下，斑岩铜矿找矿取得了巨大的成果，发现和勘探了数以百计的大型和超大型斑岩型铜矿，仅超大型斑岩铜矿就占全球铜矿总储量的60%以上。可惜的是，这些铜矿尽管储量大，品位却很低(一般仅为0.5%左右)，又都是氧化矿，大部分矿床都没法利用。

堆浸技术经过不断的改进和发展得到了完善。斑岩铜矿的利用恰好给堆浸技术提供了大规模应用的平台。美国人将低品位的氧化铜矿石碎至一定粒度，堆积在由沥青、混凝土或塑料等材料铺筑的防漏底垫上，用低浓度稀硫酸溶液在矿堆上喷淋，使铜溶解，含铜的溶液从矿堆上渗滤出来，然后用萃取或电积方法回收铜等，之后的尾液还可以返回再使用。

1997 年,由堆浸—萃取—电积方法(国外称 SX-EW)提取氧化矿石中的铜的成本已经很低,铜的平均生产成本大概为 43 美分/磅。到目前为止,国际上采用堆浸处理的铜矿石品位甚至低到了 0.10%,国内降到了 0.23%。

堆浸法提金也是美国人于20 世纪60 年代发明的技术。堆浸提金是指将低品位金矿石在底垫材料上筑堆,通过氰化钠溶液循环喷淋,使矿石中的金、银溶解出来(图 2-7)。含金液用活性炭吸附、锌置换沉淀或直接电解沉积等方法回收金,提金后的尾渣经消毒后排放。

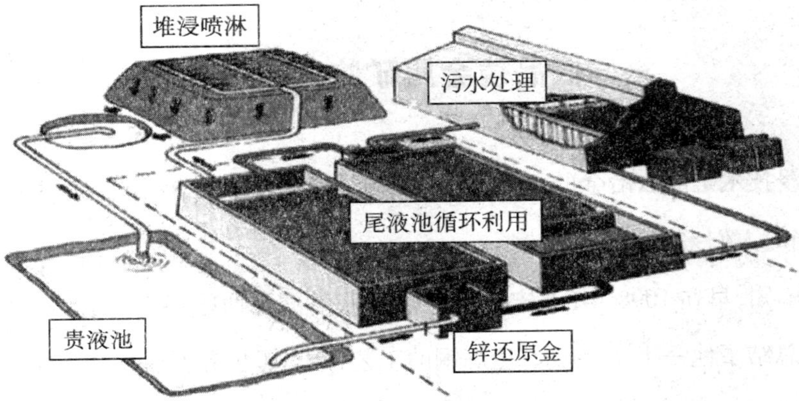

图 2-7 堆浸提金工艺示意图

一个人见人爱的漂亮金饰品,却需要一个剧毒无比的东西来提炼它,这不能不说是一个精美的传说。

20 世纪后期,氰化钠堆浸提金技术把黄金生产推向了新的高潮,汞齐法能提炼的矿石它都能提炼,汞齐法不能处理的矿石它也能处理,并且由于成本大降而使得处理的金矿石品位降到 1 克/吨以下。本世纪初,全球最大的氰化钠堆浸提金工场在福建龙岩市上杭县紫金山,每年处理矿石高达 200 万吨,品位降到 0.3 克/吨。

我国堆浸技术的创造性推广令人咋舌。本世纪初,江西的专家首先把堆浸技术应用于离子吸附型稀土矿的提取中,因为这一矿种属于我国独有,这一举动必然有创新意义。早些时候人们用异地池浸和堆浸的方法使用氯化钠(NaCl)或硫酸铵($(NH_4)_2SO_4$)浸泡离子吸附型矿石,然后用草酸溶液进行沉淀,再经过灼烧、水洗、再灼烧,获得混合稀土氧化物。

由于南方的离子型稀土品位极低，大多在每吨十几克，同金矿差不多，所以只有降低成本才能赚得一定的利润。由此他们不断摸索改进堆浸法，终于诞生了地浸法。

地浸法是不把含有稀土的矿石挖出拿走，而是在含有离子型稀土矿的矿区或地段打井，通过地表注液井加入浸矿液，经渗透和离子交换，有选择地将矿石中的稀土离子浸出并回收的工艺。溶浸液的回收有负压抽液和水封堵漏法，前者的适用性较广。收集流出的溶浸液用草酸或碳酸氢铵沉淀，得到稀土氧化物产品，稀土浸取回收率达70%～75%，这种做法不会使地貌、地表和植被遭到破坏，原地浸取与池浸相比较其成本较低，一般为1 200～3 000元/吨。铀矿的地浸工艺与此相同。

尽管堆浸工艺从走进中国的那一天起并未受到传统选冶专家的青睐，但以其投资少、成本低的巨大优势始终吸引着矿业界的新生儿们，由此以来，钒矿堆浸了、锌矿堆浸了、镍矿堆浸了……几乎湿法冶金能够涉及的矿种都堆浸了。

堆浸技术的突破，使得铜矿的入选品位下降到了0.5%以下，金矿的入选品位下降到了0.5克/吨以下，红土型镍矿的利用品位下降到了0.8%以下。仅中国德兴铜矿一家就可以新增铜金属近200万吨。

➢ 引领世界金属硫化物矿物冶炼新趋势

金属冶炼是指用焙烧、熔炼、电解以及使用化学药剂等方法把矿石中的金属提取出来，并且减少金属中所含的杂质或增加金属中的某种成分，将其提炼成所需要的金属。它分为火法冶炼、湿法提取或电化学沉积。我国古代在铜冶炼和铁冶炼上取得了惊人的成就，但是真正开启以金属硫化物为原料的冶炼技术来自于西方。

金属硫化物冶炼提取金属有两种实现的工艺，一种是烧结＋熔炼，如铅金属的冶炼；另外一种是焙烧＋电解，如锌金属的冶炼。无论是烧结还是焙烧其实都是脱硫。烧结(焙烧)技术是关键,所有的金属硫化物冶炼技术的技术进步都是围绕该阶段来展开的,用何种能源(煤、炭、油、气还是电)来烧结(焙烧)物料?如何才能使物料的燃烧更充分?用什么样的燃烧炉合适?如何减少污染?等等。后面的电解工艺其实挺简单,工艺改进也更容易,技术进步速度要慢一些。

我国的相关技术从引进、消化、吸收到现在的领先全球经过了漫长的过程。

第一代引进技术为烧结锅—鼓风炉工艺技术,该工艺技术因难以解决污染问题已相继被世界各国所淘汰。第二代为烧结机—鼓风炉工艺技术,为我国科技工作者的改进技术,该工艺技术可使污染情况大为降低。第三代为强化冶炼工艺技术,已经有了我国技术的自主知识产权,如"水口山炼铅法"炼铅工艺,可从根本上解决环境污染的问题。

"水口山炼铅法"即富氧底吹氧化—鼓风炉还原熔炼技术。铅精矿在氧气底吹炉中进行富氧化脱硫熔炼并沉淀产出一部分粗铅和高铅渣块,高铅渣块再在鼓风炉中进行焦炭还原熔炼从而产出粗铅。

该工艺主要由富氧底吹熔炼和鼓风炉还原熔炼两部分组成,其核心技术是富氧底吹熔炼。这种工艺是目前国内应用最多的直接炼铅法之一。它与传统炼铅工艺相比,省去了烧结工序,具有流程短、热利用率高、烟气中 SO_2 浓度高、硫利用率高等特点,较好地解决了环保问题。

2010 年在水口山炼铅法的基础上又诞生了豫光炼铅法,即液态高铅渣直接还原炼铅新工艺。它在"底吹熔炼"环节首创了"氧气 + 天然气 + 煤粒"相结合的底吹热还原铅的新工艺,优化熔炼条件,提高了还原效率,从而减少了烟气量,降低了烟尘率。

在"鼓风炉还原熔炼"环节用氧气底吹氧化、液态渣底吹还原两段式双底吹全熔池直接炼铅工艺来替代了鼓风炉,取消液态渣冷铸再熔化过程,缩短了工艺流程,减少了占地面积,大幅度降低了能耗和污染物的排放。

开发了卧式底吹还原炉装置,它具有熔炼强度高、密闭性好、热损失低、操作简便、安全可靠、自动化程度高等特点。

2010 年 10 月 15 日,在中国有色金属协会主持的"液态高铅渣直接还原产业化研究与应用”成果鉴定会上，由中国工程院院士张国成、中国有色金属工业协会教授级高级工程师钮因健、中国有色工程设计研究总院设计大师蒋继穆及中南大学、昆明理工大学等国内9位权威专家组成的鉴定委员会，一致认为“豫光炼铅法已经达到了世界领先水平”。

豫光炼铅法的贡献不仅仅在于发明了一套炼铅的新工艺，而且还在于对其他硫化物精矿的冶炼起到了示范作用。

这里有一组直观数字可以说明问题：

粗铅冶炼综合能耗——烧结—鼓风炉450千克标准煤/吨；富氧底吹—鼓风炉350千克标准煤/吨；富氧底吹—直接还原炉230千克标准煤/吨。

尾气二氧化硫——富氧底吹—鼓风炉800千克/立方米；富氧底吹—直接还原180千克/立方米。

尾气二氧化碳——因为直接炼铅法能耗低，使用天然气，排放量仅为鼓风炉的1/4，尾气二氧化碳减少了70%以上。

液态高铅渣直接还原炼铅技术的成功运行表明：铅总回收率97.5%，金、银入粗铅率分别为97.06%、97.61%，终渣含铅小于2.5%。

这组数据是豫光炼铅法的一些技术指标。

豫光炼铅法的粗铅能耗指标比正在推广的“富氧底吹熔炼—鼓风炉还原炼铅工艺”低40%左右，仅是传统鼓风炉炼铅能耗的60%。

受富氧底吹熔炼的启发，中国有色金属冶炼专家蒋继穆等在1991年就开始在湖南水口山做氧气底吹法炼铜实验并取得成功。后来经过半工业实验也取得了成功，从而奠定了富氧底吹熔炼铜的新工艺。可惜这项技术没有人敢用。直到2008年，黄河三角洲滨海城市山东东营的一家民营企业——山东方圆有色金属集团冒险做了“第一个吃螃蟹的人”，并且成功了。

这个工艺的好处很多，最主要有以下3点：

一是可以处理的原料来源拓广了，拓宽了企业的原料供应渠道，显著地提高了矿产资源的利用率。可处理的精矿粉有高硫铜精矿、低硫铜精矿、氧化矿、金精矿、银精矿、高砷矿、高硅矿、块矿等，且铜的回收率能达98.5%，金、银等贵金属的回收率也都超过了98%。

二是由于氧浓度高，烟气量小，热损失少，炉料中可以不需要另外配煤。不但节省了燃料及煤燃烧所用的氧气，保证了氧气的充分有效利用，而且还保证了二氧化碳烟气的最小排放量，甚至做到了无碳排放。

三是主装备底吹炉具有的一大优势：产能可大可小，调节范围大。当炉的规格一定时，实际处理料量的能力可在设计值的基础上有50%上下的波动范围。在最初设计时，大、中、小型冶炼厂（即从年产2万吨到20万吨粗铜的企业）可依据自身的情况设计不同大小的炉子，这也是从国外引进的工艺技术所无法比拟的优点。

说起氧气底吹工艺，山东方圆有色金属集团公司董事长拿出一个打火机做比喻："底吹方式相似于正持打火机，火苗往上冒，外焰温度高，直接与矿粉接触；氧枪与温度低的内焰接触，防止了高温灼烧毁坏。而顶吹方式，相似于倒持打火机，高温的外焰上飘，直接烧烤氧枪，10天左右就要更换一次氧枪，每换一次氧枪就要停产一次，直接损失加上停产形成的间接损失，好比丢失了一辆桑塔纳的钱（10万元左右）。"侧吹也与此相似。而采用底吹工艺，"一年多过去了，如今氧枪还能用"。按10天节省一批氧枪来计算，一年就能节省30多辆桑塔纳的钱。

蒋继穆先生参观完方圆公司的炼铜工艺后激动万分，为这项将近20年前研究的成果产业化而高兴。他说："我国炼铜工艺不断受制于人，目前我国常用的11种炼铜工艺技术，有10种来自国外。我还想应用恩菲公司整体技术优势，与东营方圆公司一同开发好后续的冰铜连续吹炼工艺，将该技术进一步完善进步，并将它推行到全国乃至全世界，为中国的有色金属行业复兴蹚出一条新路子。"

2012年初，当笔者再次访问这位设计大师时，他兴奋地告诉笔者，我国的金属硫化物矿物冶炼技术已经走在了世界的前头，国外一些知名的有色金属矿业公司主动引进我们的工艺。是啊，经过这么多技术才俊几十年的不懈努力，我们已经成为了金属硫化物矿物冶炼的世界弄潮儿。

➢ 生物冶金，选矿和冶金的完美结合

20 世纪初有一件奇特的事情引起了科学家们的注意：在美国和墨西哥已经开采完且被水淹没的旧铜矿中，分别发现了大量的铜！它们是从哪里来的呢？是被人放进去的还是自己跑进去的？全不可能啊！于是科学家们猜想可能是废矿渣中残留的铜在某种因素的影响下析了出来。

经过进一步的观察和研究发现，这些铜确实来自于旧矿渣，而把它们从旧矿渣中请出来也不是别人，正是一类对铜有着特别喜好的嗜硫细菌。

这些细菌在矿井中残存的含铜硫化物表面生长繁殖，以铜的硫化物（黄铜矿）为食帮助自身的代谢，同时促使铜从含铜的硫化物中游离出来，富集到一起，便导演了使废矿“死而复生”的奇迹。

以上这一发现帮了冶金业的大忙。科学家们也由此认为，细菌是可以帮助人们进行采矿和提炼金属的，并把着眼点集中于比铜值钱得多的金等稀有贵重金属上。

把含有金属硫化物的废矿渣浸泡在含有嗜硫细菌的水中，就可以达到提炼金属的目的。到哪儿去找含有细菌的水呢？其实利用废矿井中的污水即可解决问题。废水 + 废渣 = 贵重金属，这就是细菌采矿的巨大优越性，由此也解决了人们多年以来未解决的矿渣再提炼的难题。

由于发现了细菌在采集、提炼金属方面的特殊功效，从而导致了一种新兴的冶金工业——生物冶金业的发展。利用微生物发酵工程，人工制取大量的细菌浸提剂，用它来喷淋堆放在浸提池中的矿石，溶解矿石中的有用成分，然后再从收集的浸提液中分离、浓缩和提纯有用的金属。这种方法也称为湿法冶金技术。利用这一技术，可以在低品位的矿石中提取包括金、银、铜、铀、锰、钼、锌、钴、钪等在内的十几种贵重金属和稀有金属。

目前生物冶金技术已在提取低品位、难处理矿石中的金属方面得到大规模的应用，提取的金属包括铜、金、镍、锌、钴、铀等。由生物冶金生产的铜、金、铀已经

分别占世界总产量的15%、25%和13%，未来的生物冶金技术在矿业中的应用会越来越广。

我国微生物浸矿的研究始于20世纪60年代。那时中科院微生物研究所对铜官山铜矿进行了试验研究，后因种种原因而一度中止。20世纪70年代初，在湖南711铀矿进行了处理量为700吨贫铀矿石的细菌堆浸扩大试验。核工业北京化工冶金研究院在抚州铀矿厂进行半工业细菌堆浸试验回收铀1 142.14千克。2000年我国第一座规模为年产50吨的难浸金精矿生物氧化—氰化提金车间在烟台市黄金冶炼厂正式投产，这标志着我国细菌氧化技术在难处理金矿提金工艺中已经从科研阶段转向了正式工业生产。

在铜矿开采中，1997年5月，德兴铜矿采用细菌堆浸技术处理含铜0.09%～0.25%的废石，建成了日生产能力2 000吨的湿法铜厂。福建紫金铜矿已探明的铜金属储量为253万吨，属低品位含砷铜矿，铜的平均品位为0.45%，含砷0.37%。该矿采用生物堆浸技术浸出铜，并建成了年产300吨阴极铜的试验厂，目前正在进行年产20 000吨阴极铜的微生物堆浸厂建设的前期工作。

用于浸矿的细菌有几十种，按其生长的最佳温度可以分为3类：中温菌（20～40℃）、中等嗜热菌（40～60℃）和高温菌（大于60℃）。它们可以同时把铁和硫作为能源，但一些原核生物却只能氧化其中之一作为能源。

铀的浸沥工艺比较特殊，采用的是原位开采技术，不是把铀矿挖到地面上来，利用菌液浸渍，而是把菌液经地下井浸滤金属，再将液体抽回到地面，回收金属。这种“地下液体冶金”的方法，最早应用于加拿大铀矿，而且是被偶然发现的。1960年，加拿大的一个铀矿在开采两年之后，发现天然地下水中有大量溶解的铀，结果在1962年的一年中，他们从这种地下水中回收到的氧化铀竟达到了1.3万千克。这种工艺还有一个优点，就是对地表面的破坏最小且成本较低，对深层的或含量少的矿石开采起来也很容易。

目前，只有铜和铀的开采规模比较大。回收铜的方法一般是用地表堆集法。采用这种方法铜的浸出周期比较长，但浸出规模非常大，可达几十亿吨，经济效益很明显。美国在矿山山谷兴建的堆浸设施，可容纳40亿吨矿石，回收价值上百万英镑的铜。世界上的20个大矿山，每年用细菌浸出的铜可达数十万吨！

铀矿的浸出虽不像铜那样广泛，但由于核电站的需要，许多国家的采矿公司积极从贫铀矿和废铀矿中回收铀。从1977年起，加拿大每天要用细菌法处理铀矿3 000吨。在国际原子能机构的协助下，英、美、加等国组成了国际性科研协作组，分工开展研究工作。

美国还有70多亿吨硫化矿床，平均含镍0.2%，采用细菌浸出方法后，不但可以回收价值600亿美元的镍，还能回收1.8亿千克的钴，价值100亿美元。

利用微生物浓缩废水中的金属也是件一举两得的好事。第一可以回收金属，物尽其用；第二可以消除金属造成的污染。微生物为什么会浓缩废水中的金属呢？原来，微生物能使金属结合在自己的表面，再进入细胞内，越吸越多，自然就起到了浓缩的作用。

美国田纳西州橡树岭的国家实验室证明，微生物能从工业废水中消除重金属，如钴、镍、银、金、铀、镨，利用这种方法从稀溶液中回收金属是可行的，常见的面包酵母菌就能积累占细胞总重量20%的铀。而采用非生物方法则成本高，不经济。

生物工程还可用于从海水中提取铀，这和从废水中提取金属的道理相同。

著名的要数联邦德国里希核子研究所的生物浓集法，这是将蓝藻和绿藻经过专门培养，再放入海水中进行浓集铀。这种方法藻类浓集铀的速度极快，有广阔的发展前景。

本世纪以来，国外细菌冶金和精矿浸出研究日益活跃，其目标是既要回收贵重金属，又要除去精矿中的杂质。另外，工艺和设备以及在挑选更令格的细菌方面的研究也都取得了骄人的成绩。

比较成熟的生物工程再生能源技术有微生物三级采油法。常规的开采工艺对地下油层中60%左右黏滞性强的油束手无策，过去常常把含有这种油的旧井宣判为“废井”，但现在采用生物工程新工艺，实现了“微生物三级采油”，即可较彻底地开发这一宝贵资源。

利用两种真菌使煤降解为液体，实现煤液化的技术突破。1985年美国研究出利用厌氧细菌提硒技术,用一种厌氧细菌从铀矿废水中回收硒的新技术,已取得明显成效。

据中南大学邱冠周教授介绍,使用微生物冶金技术将会提高矿产资源利用率两倍以上。以铜为例,中国铜的保有储量为6 917 万吨,传统的采选冶技术资源开发率只有28%左右,而利用微生物冶金技术开发率则接近100%,等于实际可利用铜将增加数千万吨。

目前,世界上微生物冶金技术已在铜、金、铀的提取方面有所应用,国外微生物冶金处理的对象主要是次生矿和氧化矿。中国在这方面才刚刚起步,由于国内90%为复杂低品位原生硫化矿,因此这一技术的应用前景十分广阔。

生物冶金技术引起了业界和国家有关部门的高度重视。一座年产5 000 吨、年创经济价值9 000 万元的示范工程正在广东金雁铜业公司兴建。微生物冶金过程反应温和、环境友好,不产生传统选冶过程所产生的废气、废渣和废水污染,可以显著地改善生态环境。尤其重要的是将矿产资源利用率提高了34 倍,由此可使我国实际可利用的铜金属量从1 431 万吨增加至4 150 万吨以上。

生物冶金技术在经济可行性上可有效地与焙烧技术竞争,可以相信在不久的将来生物冶金技术可很好地得到应用。采矿项目中环境因素占有很大比重,这又可以加速生物冶金技术的应用,因为该技术的产品或为沉淀物或为想获得的金属。生物浸出技术充分利用了自然有机体在控制的条件下对硫化物的加速递降分解。除了电积法过程有部分氧气参与外,并无有害气体和废弃物直接进入环境。该技术的环境优势是可节省审批时间,减少项目商业化从设计到投产的时间。

日益增加的有利于环境清洁的矿业加工技术是生物冶金技术商业化的强大动力。长期半工业化实验工厂的研究和独立的经济核算证明了其技术可行性和经济可行性。大规模示范工厂的建立也将证明这些发现,并将推动生物冶金技术在提取贱金属精矿方面走向商业化。

21 世纪是生物技术的世纪,生物技术的发展与进步必将影响人类活动的各个领域,对冶金自然也会有进一步的渗透和影响。生物冶金技术为人类解决当今世界所面临的矿产资源和环境保护等诸多重大问题提供了有力的手段，显示出难以估计的巨大潜力。

➢ 钢铁机械巨兽，助推采矿与选矿大突破

20世纪大规模采矿和选矿的进行主要得益于采选装备制造业的技术进步。

美国宾厄姆—坎宁（Bingham Canyon）铜矿于1863年被发现，1906年投产，当时的日处理能力为300吨，用重选法选矿。后又不断地扩产，1908年达到日处理6 000吨，依旧是重选法。1918—1922年改为浮选，虽然日处理能力没有改变，但选矿回收率得到了很大的改善，不过铜的回收率还是不到50%，但比起重选来已有了很大改善。1966年再一次改扩建使其日处理能力达到2.7万吨，1988年达到了8万吨，回收率超过了75%。

这个著名铜矿的开发历程与采选工艺技术的进步基本上是同步的，如此看来，提高采矿和选矿效率最重要的途径莫过于采选设备的大型化，这是装备制造业技术进步的贡献。

笔者于2010年盛夏有机会参观了世界上最大的露天金矿，即位于西澳的卡尔古利金矿（Kalgoorlie Super Pit），其长3 500米，宽1 500米，深512米，露天采场极其壮观（图2-8）。

这个矿山比起矿山巨无霸来却又是小巫见大巫。举一个矿山巨无霸的例子——智利的埃斯康迪达（Escondida）铜矿。目前它有两个露天采矿场，分别是埃斯康迪达和相邻的埃斯康迪达北（Escondida Norte）。其中的埃斯康迪达（Escondida）露天采场长3 200米，宽2 400米；埃斯康迪达北（Escondida Norte）露天采场长1 900米，宽1 500米。两个露天采场日出矿量为85万吨，是江西德兴铜矿日出矿量的8.5倍。

如果用载重量40吨的普通重型汽车来运输埃斯康迪达（Escondida）铜矿的铜矿石，每天需要21 250车，这些车首尾相接将近15千米长。这是不可想象的。

图 2－8　澳大利亚著名的露采矿山卡尔古利金矿俯瞰图

对如此大规模的日采矿石，必须由一种超规模的载重汽车来运输这些矿石，同时，还必须对它们进行处理。因此，钢铁巨兽就诞生了。

该矿山使用了 T282B 型柴油—电动矿用卡车，它有巨人般的身材，高 7.4 米，宽 8.8 米，长 14.5 米；有超人般的力量，其单车净载质量为 363 吨，自身整车质量为 229 吨。若处于满载状态，该车的总质量即达到 592 吨。

这成为了目前世界上规格最大的双轴矿用卡车。该车位于左前轮上方的驾驶室离地面高度 5.2 米，驾驶员需从发动机罩的前方攀爬 16 个台阶才能够到驾驶室的地板平台；相比起该车的庞大体积，驾驶室只能算是一个真正的“蜗居”。

该车选择的 55/80 R63 型号的巨大轮胎，其宽度为 1.40 米，高度为 3.84 米，若人站在轮胎旁，即使是姚明也不过是这个轮胎的一半高而已。

在矿山的采矿机械中还有一个非常重要的机械，那就是挖掘机。

大家都看过电影《阿凡达》，影片中有一种在潘多拉星球上采矿的机械，它的名字是巴格尔 288（Bagger 288），是一台挖掘机，它是由德国克虏伯（Krupp）公司设计制造的地球上能移动的最大的机械设备。

到底它有多大呢？它足足 240 米长，近 95 米高，差不多是 2.5 个足球场的长度，其总重量达 1.35 万吨。从各方面来说这都是一台巡洋舰级的巨无霸。巴格尔288（Bagger 288）"走"起来不算快，每分钟约2～10米，但它的旋转挖矿轮每天可以吃下24万吨土石。

如果见了它，你的确会说那是一头钢铁巨兽。

多轮斗式挖掘机（图2－9）是一种效率和机械化程度较高的大型挖掘机械，它的生产率从每小时几十立方米到上万立方米。例如，美国卡特彼勒（CPE）公司的D-2500型多轮斗式挖掘机，自重为150吨，功率为1 789.68千瓦，每小时可挖掘物料2 500立方米，相当于1万名民工的工作量。

图2－9　多轮斗式挖掘机

不比不知道，一比吓一跳。

轮斗挖掘机是连续开挖的多斗挖掘机，一般不批量生产。目前日挖掘量能达到24万立方米的只有6台：288和289是几乎完全相同的兄弟机，由克虏伯公司于1978年制造；290和291稍作了改进，分别由美国的曼—塔克拉夫（MAN-TAKRAF）公司和德国的克虏伯公司制造。之后做了较大改进与性能提升的是292和293，先后由克虏伯公司与曼—塔克拉夫公司制造成功，两机技术性能基本一致，它们全部在德国的煤矿运行。德国克虏伯公司联合特雷克斯旗下的O&K公司研制的288，斗轮上配有18个铲斗，每斗容积为6.6～8.6立方米，驱动斗轮的4台电机由上至下垂直排布。装配8.6立方米大容积铲斗挖掘松方或煤时，理论生产能力为22 000立方米/小时；装配高强度6.6立方米厚壁铲斗挖掘密质硬岩或冻土时，理论生产能力为19 100立方米/小时。12条履带采用前8后4的布置形式，最大移动速度为10米/分钟，仅需5人就可以进行操作。

世界上能生产这些钢铁巨兽的公司主要是美国的卡特彼勒、美国的曼—塔克拉夫和德国的克虏伯3家公司，要购买这样的钢铁巨兽，必须定制。

钢铁巨兽解决了超大规模的采矿问题，接下来需要解决的是与超大规模矿山——巨无霸矿山相匹配的磨矿与选矿的问题。

超大规模用于粗碎的颚式破碎机需要多大就可以做多大，但是用于中细碎的半自磨机和球磨机要做成超大规模则存在技术上的问题。

随着中信重工自主研发的6组12台世界最大、最先进的12.2×10.9米自磨机和7.93×13.6米溢流型球磨机下线并交付澳大利亚斯洛铁矿项目使用，标志着西方发达国家的国际公司垄断全球高端磨矿装备和市场时代的终结。

我国大型磨机技术在短短几年内跨越了全球矿业百年发展史，并打破了全球高端磨矿装备市场被少数几家国际公司垄断的局面，使我国大型矿山装备制造业真正掌握了高端技术，进入了世界矿业的高端市场。

2008年7月，中信重工为中国黄金集团乌努格土山项目研制的国内最大的8.8×4.8米半自磨机和6.2×9.5米溢流型球磨机试车成功。

作为大型矿山的技术装备，这6组磨机的最大特点是“大”。7.93×13.6米溢流型球磨机传递功率达15 600千瓦，与其配套的12.2×10.9米自磨机相当于5层楼高，回转总重超过3 700吨，相当于3 700辆小轿车的重量，运转能力巨大。该自磨机采用世界上最先进的滑环电机驱动，驱动功率达28 000千瓦，变频调速可满足不同硬度物料，大大地提高了磨矿效率。

中国自主研发成功了大型和超大型磨矿机，宣布了我们选矿已经进入了SABC时代。

SABC是业界对一种选铜碎磨工艺流程的习惯表述。SA在工艺流程里代表半自磨机，B代表球磨机，C代表顽石破碎机，它们是该工艺流程的3个主要设备。继乌山使用的ϕ8.8×4.8米半自磨机、ϕ6.2×9.5米大型球磨机（单系列日处理

图2-10　钢铁巨兽般的巨无霸装载机

能力1.5万吨，号称当时国内最大）之后，德兴铜矿上马了ϕ10.37 ×5.18米半自磨机、ϕ7.32×10.68米大型球磨机（单系列日产能2.25万吨），已经投入使用。之后，乌山二期又上马了ϕ11×5.4米半自磨机、ϕ7.9×13.6米大型球磨机（单系列日处理能力3.5万吨）、320立方米的浮选机，均已经投入使用。之前号称世界最大的浮选机是奥图泰生产的300立方米浮选机，相比之下，我国生产的320立方米浮选机比它还大呢。

另据报道，又有一家新建钼选厂采用SABC工艺，上马了一条单系列日处理能力5万吨的生产线，使用了ϕ10.97 ×7.16米半自磨机、ϕ7.32×11.28米大型球磨机。

正是由于使用了这些巨兽般的钢铁机械，才使得低品位大吨位的超大型矿床得以开发利用，造福于社会。

第3章 21世纪新经济、新技术与资源利用新构想

The New Economy of the 21st Century, New Technologies and New Ideas of Resource Use

中东有石油,中国有稀土。——邓小平

稀土有着非常奇特的光、电、磁、催化和生理作用,只要使用一点点,就可化腐朽为神奇。—— 中科院院士徐光宪

➢ 21世纪新经济与新兴产业

如何定义21世纪，确实是个难题。

前苏联历史学界在20世纪30年代提出来，被我国历史学界所普遍接受和运用的人类社会分为5+1阶段，其中的5是指原始社会、奴隶社会、封建社会、资本主义社会和社会主义社会，1是指未来的共产主义社会。

影响人类社会文明最主要的因素是“火”即能源，所以，按照能源结构的不同，又可以把人类社会划分为柴薪时代、煤炭时代和石油天然气时代，未来可能还有太阳能时代。从原始社会到封建社会，柴薪时代伴随了人类漫长的岁月。尽管我们目前还是以石油天然气为主要能源，但水电、风电、核电甚至太阳能都已经进入了我们的生活中，煤炭发电也还如火如荼。因此，笔者认为，我们现在正处于能源多元化的时代。

还有是按制造人类使用工具的材料来进行划分的，早期经过了石器时代、青铜器时代、铁器时代，到现在的材料多元时代，未来或许还存在硅时代。

我们所关心的是所处的世纪是什么时代。笔者从事矿物资源行业，尤其关心的是按材料的分类。

从总体上来讲，我们仍然处于以钢铁为主的时代，钢铁仍然在主宰着我们的生活。然而，如今的钢铁已非往日的铁器。这个占地壳元素总量5.5%的铁(Fe)元素，以它为主的材料如今占到了世界上金属总产量中的99.5%。从过去单纯的碳钢发展到现在的合金钢，其商业品种成千上万，足可以让你晕倒。

合金钢就是在传统的生铁中加入诸如硅、锰、铬、镍、钼、钨、钒、钛、铌、锆、钴、铝、铜、硼、氮、稀土等其他金属或非金属的一种或几种，从而形成用途各异的各种钢材。

钢及合金钢是我们所有机械设备、交通工具、建筑桥梁、地下工程等的结构材料，没有它就没有我们所居住的高楼大厦，没有飞机、汽车，没有桥梁、地铁……

不可否认，信息技术获得了空前的发展，尤其是互联网技术改变了我们的日常生活。

于是，就有人提出“新经济”一词。这个词最早出现于美国《商业周刊》1996年12月30日发表的一组文章中。

新经济是指在经济全球化背景下，信息技术(IT)革命以及由信息技术革命带动的、以高新科技产业为龙头的经济。

国内外许多人把以信息、网络业为代表的所谓“新科技产业”称为“新经济”，而把其他所谓的“传统产业”称为“旧经济”。

笔者认为，在全球化背景下，信息技术根本不能独立于传统产业之外。如果把传统产业比喻为“硬体”，那么信息产业就是“软体”，二者相辅相成才真正构成了本世纪的新经济模式。把传统制造业和交通运输设施及其运输体系和信息技术的融合构成“物流互联网”，形成了我们本世纪新经济的物质流通体系；把传统的服务业与信息技术的融合构成“信息互联网”，形成了我们本世纪新经济的信息沟通体系；把传统的能源业与信息技术的融合构成“能源互联网”，形成一种新的能源消费方式，把传统的制造业与信息技术的融合构成“智能制造”，即2015年最火热的词“制造2025”或“互联网+”。

笔者定义的新经济是在全球化背景下，信息技术(IT)以及由信息技术革命带动的、融合传统产业的一种新的经济形态，也称为“三联经济”。它是一种新的工业经济形式，完成这个新经济模式需要很长的路要走，这不仅涉及传统产业的技术创新，还需要用系统的思维来规划建设基础设施平台，尤其是三联网的信息技术平台。尤为重要的是要建设我们自己，包括思维的改变、社会管理方式的改变。21世纪更应该是百花齐放、各种技术争奇斗艳的世纪。

21世纪是这个新经济的建设世纪,必然形成一批新兴产业。

在"三联经济"的形成过程中,一方面创新改造传统产业会形成一系列的新兴产业,在传统的七大高耗能产业中,通过技术创新形成新材料产业,生产各种优良的适销对路的新材料。在装备制造领域通过技术创新提升高端装备的制造水平。

另一方面,开拓新技术形成新产业,比如说生物工程技术在20世纪五六十年代或者说在更早的时候,它只是一项技术,那么现在成为了生物工程产业,让这些成果服务于社会。在美国,生物工程产业被誉为一个非常有前景的新兴产业。同样,IT产业由于数字技术的发展,也被认为是一个新的朝阳行业。

另外,我们的服务业相对比较落后,改造服务业是我们"三联社会"的一项重要任务,由此也将形成一个庞大的新兴产业体系。

以传媒业为例。在国外,传媒业是一个重要的行业,是近20年来产生百万富翁最多的行业。而我们则把传媒当作事业来看待,是贴钱的。如我们的电影产业,国内有几十家电影制片厂,需要不断地拨款。而在美国,一个好莱坞可通过几个大的传媒公司来运营,每年可赚几十亿甚至上百亿美元的利润。

还有地质勘查业,我们一直是在不断地拨款的,正是由于事业化的运作使得本来非常有潜力的产业无法产业化。这种运作方式实际上是在消耗社会的财富,而不能创造出社会财富。花国家财政的钱,成果又不能自己享用,这种花钱的效率是最低的。在国外,地质勘查业绝对是市场化的,勘查和矿业开发从来都不是分离的,勘查是矿业的一部分。而我们的勘查单位为了完成国家地质项目而忙得焦头烂额,哪有心思和矿业公司合作找矿呀!

据统计显示,我国有126万个事业单位,共计3 000多万正式职工,另有900万离退休人员,总数超过4 000万人。这是计划经济体制遗留下来的问题,它们的存在实际上破坏了服务业的市场化体系,是使我国服务业成为不了产业的根本原因。

事业单位的市场化改革必将给中国的服务业带来公平,这样才能使得中国的服务业成为名副其实的产业。

再连接装备制造业、材料产业、服务业等信息产业,必将会带动电子信息材料的迅猛发展。电子信息材料主要包括电子计算机所用的集成电路材料(半导体材料)、与电子计算机配套使用的信息存储材料、光电子材料、传感器材料、磁性材料、电子功能陶瓷、光传导纤维和绿色电池材料等。

总之,21 世纪是信息产业连接传统产业形成“三联社会”的灿烂世纪,人们将从忙碌的工业社会中部分解脱出来,进入相对休闲的新兴社会。

➢ 建立能源新坐标

让煤炭主宰我们的生活是因为英国一位叫瓦特的人发明了蒸汽机,一个以“吃煤”为主的机器很快应用到了火车、轮船、发电等上来,带来了 19 世纪灿烂繁荣的煤铁时代。进入 20 世纪后,德国人奥托发明的“内燃机”很快应用到了汽车、轮船、飞机等设备上,替代了“吃煤”的蒸汽机,这个以“吃油(气)”为主的机器让石油登上了历史的舞台,因而刺激了对石油的需求,迎来了繁荣的石油时代。

20 世纪后期由于多次石油危机以及这种化石能源分布的参差性,各国努力寻求与本国自然条件相适应的能源多元化。欧洲发展核电最为积极,世界上主要的核电国家几乎是清一色的欧洲国家(表 3 - 1)。其中法国核电占总发电量高达 77.7%,它拥有 57 座核电站,总装机容量 6 200 万千瓦。

表 3 - 1　主要核电国家核电占总发电量的比例

国家	法国	比利时	乌克兰	匈牙利	斯洛文尼亚	瑞士	瑞典	韩国	捷克	保加利亚	芬兰
核电比例/%	77.7	54	47.2	43.3	41.7	40.9	39.6	34.6	33	32.6	31.6

水电是加拿大和拉美一些水资源丰富的国家普遍采用的,巴西的水电占总发电量的 90%。

进入 21 世纪以来,面对碳排放的压力,国际社会开始不遗余力地发展更为清洁的可再生能源,一个是太阳能,另一个是风能。

美国则不遗余力地发展页岩气技术,2014年年底美国已经摆脱了对石油进口的依赖,其中页岩气功不可没。1973年,美国能源消费结构中煤炭占45.5%,石油16.9%,天然气18.3%,水电14.8%,核电4.5%。到2011年,能源消费结构中煤炭占42.2%,石油减少至0.7%,天然气增加至24.8%,水电减少至7.8%,核电增加至19.2%,风电2.9%,光伏发电1.4%。传统的煤炭和石油占比由1973年的62.4%下降到2011年的42.9%,下降了约20%,天然气和核电由1973年的22.8%上升到2011年的44%,已经和传统能源各占半壁江山了。

我国的能源结构其实很不合理,国土资源部2014年底发布的《中国矿产资源报告(2014)》显示,2013年我国能源消费结构为:煤炭占66.0%,石油占18.4%,天然气占5.8%,水电、核电、风电等占9.8%。传统能源(煤炭和石油)还是占到84.4%,刚好是美国的一半。我国煤炭和石油资源禀赋和美国相当,而人口又是美国的4倍,显然我们的能源结构需要调整。

国务院办公厅在2014年11月19日印发《能源发展战略行动计划(2014—2020年)》,提出"到2020年,非化石能源占一次能源消费比重将达到15%,天然气比重将达到10%以上,煤炭消费比重将控制在62%以内"。《能源发展战略行动计划(2014—2020年)》明确提出要"加快发展风能、太阳能、生物质能等清洁能源",要求"到2020年风能达到2亿千瓦时、太阳能达到1亿千瓦时、生物质能达到3 000万千瓦时"。要求"到2020年,核电装机容量达到5 800万千瓦,非化石能源也将占到一次能源消费比重的15%"。

对比2014年,全年光伏发电累计并网装机容量2 805万千瓦,风能累计并网装机容量9 637万千瓦,与2020年规划要求还相差甚远。要达到2020年的要求,从2015年起,风能年装机容量增长率要超过18%,太阳能年装机容量增长率要超过42%。

经过10多年来的快速发展和技术改进,风能发电和光伏发电的成本下降很快,商业价值越来越开始显现。

一个不可确定的因素是页岩气,它的开发利用取决于两个因素,一个是技术层面的,另一个是经济层面的(通俗点就是价格)。技术层面决定页岩气可采规模的大小和如何规避污染,经济层面决定开采的可行性。我国从 2011 年 12 月经国务院批准页岩气为新发现矿种以来,对其规划和勘探都极为重视。2012 年 3 月 1 日,国土资源部发布我国页岩气资源潜力首次评价成果:我国页岩气地质资源潜力为 134 万亿立方米,可采资源潜力为 25 万亿立方米。2012 年 3 月 8 日,中石化勘探南方分公司四川元坝区获高产页岩气流,从此打开了又一扇新能源之门,担心的是在距地表 1 000 米以下进行岩石压裂取气对我们赖以生存的地下水有何影响。

如果加上天然气证实储量为 3.03 万立方米和煤层气预测资源量 37 万亿立方米,合计可采储量可能达到 65 万亿立方米。2013 年我国天然气表观消费量达 1 676亿立方米,据此可以计算出现有储量可以供应我们消费超过 300 年。

城市燃气是天然气的第一大用气领域,2000—2012 年,城市燃气从 43 亿立方米增至 578 亿立方米,比重由 18% 上升至 39%;工业燃料比重由 41% 降至 29%;发电供热比重由 4% 升至 18%;化工用气由 37% 降至 14%。

汽车是石油的最大用户之一,随着天然气基础设施的进一步完善和石油价格居高不下,天然气汽车将会有爆炸式的增长。数据显示,截至 2010 年,全球天然气汽车保有量占比仅为汽车保有总量的 0.99%(排名第一的巴基斯坦为 61.14%),中国天然气汽车占比仅为 0.32%(大多是出租车),美国也仅为 0.04%。到 2014 年年底全球天然气汽车保有量超过了 2 700 万辆,预计到 2035 年,天然气在美国交通领域能源结构中的比重将超 40%。到 2020 年我国的天然气汽车保有量将达到 300 万辆,未来 5 年复合增长率估计将高达 27%。

除此之外,天然气在发电、化工等领域也会大规模代替煤炭和石油,煤炭和石油等传统化石能源消耗比例将会越来越小,21 世纪后半叶将是煤炭和石油的黄昏。

天然气(含页岩气、煤层气)、核能、风能、水电、太阳能将会分担传统能源(石油和煤炭)至少一半的负荷,成为能源多元化的新坐标。

什么样的能源结构决定了什么样的生活方式。蒸汽机时代以煤炭能源为主,火车与轮船把我们用线串起来,人口向线(火车道轨)方向集中,城市化开始加快。

内燃机时代以石油能源为主，飞机、汽车、高铁、轮船等用线把我们地球网格化和立体化，人口在网格的节点上集中，城市化加速推进，生活中所有的要素都倾向于向城市集中。

过度城市化会为人类带来灾难，雾霾开始为地球上的人类敲响警钟。

21世纪的今天，聪明的人类用电子信息技术改变着目前的生态。我们不管处在何处，走到了哪里，一部手机把我们和一切与工作有关、与生活有关的事情联系在了一起。信息互联网、能源互联网和物联网三者合并后，我们的工作和生活无需“扎堆”。快速交通以及交通网格的加密改变了我们的生活，巨大的城市轨道交通网把机场、车站、码头、社区、商场和工厂等连接在了一起，我们只需要一张卡在手，就可以非常便捷地去想去的任何地方。住在哪里已经不重要了，也就是说，城市化率不重要了，重要的是城乡一体化。

住在乡村的交通问题解决了，信息互联互通解决了，分布式发电也可以解决能源的问题，美丽的城乡一体化构建完全具备了条件。中国的城市化道路在新能源架构下一定会出现与西方发达国家不一样的模式。

以下是笔者对中国未来新的城市化的构想，也当是新能源坐标系中我们的人类生活的新方式吧。

我国的现实情况是，2014年底，全国共有657个设市的城市，其中，中等城市有239个，小城市有261个，中小城市占了全国城市总数的76.1%。全国有30个城市的常住人口超过800万人，其中13个城市超过1 000万人。全国目前有建制镇19 600多个，还有17 000多个乡镇，有260多万个自然村。

按照最小容量值进行计算，5 000人以上的乡镇36 600个，可以容纳1.83亿以上人口；超过1 000万的城市13个，可以容纳1.3亿以上人口；超过800万的城市30个，可以容纳2.4亿以上人口；239个中型城市（一般指地级市，按50万人计算），至少可以容纳1.195亿人口，小城市有261个（一般指县城，按10万人计算），可以容纳2 610万人口。从现有城市格局看至少可以容纳6.986亿人口，城市化率最小值也超过51%。

因此，中国的城市化不需要大动干戈，只需要城市化改造，也就是说把集中居住人口在5 000人以上的所有村、镇或居民点全部纳入城市规划，政府主要配套公共设施，包括道路、桥梁、供电、供水、供气、垃圾处理厂、学校、商场（超市）、医院、公园、银行网点和加油（气）站、充电桩等，把这些村、镇居民全部纳入社保。重要的是小城镇不需要高楼，生活成本低才是小城镇发展的法宝，这是一个性价比的问题。最重要的是把这些美丽的小镇用公路或铁路甚至小机场连接起来，构成大城市与大城市之间的一些“神经元”，共享城市便捷生活。

我们需要长远的城市化战略，而不是快速的“摊大饼”的为城市化而城市化，即城市化“大跃进”。对城市化率的顶礼膜拜该到头了，我们必须静下心来，把这些数以万计的“神经元”建设好才是我们的正道。

小市镇建设对大宗矿物资源的推动要比大城市小很多，也不会造成大宗矿物资源的供应问题引起价格的大幅上涨。只有这样，才不会引起世界对资源危机的恐慌。

➢ 新能源汽车离我们有多远

不知不觉我们已经进入了车轮时代，10年前似乎离我们很远的汽车实实在在地进入了我们的家庭。

能提供汽车动力的物资是石油。大家知道，我国人口超过13亿，是美国人口的4倍还要多。据奥地利交通俱乐部的统计数据，截至2014年全世界已有约12亿辆轿车，但分布很不均匀，其中中国约有1.4亿辆。

汽车烧掉了我们大部分的石油。以中国为例，2014年3大类成品油消费2.69亿吨，其中全国汽油消费全年大约为8 970万吨，基本上为汽车消费；柴油全年消费约为1.793亿吨，按汽车消费51%计算，为9 143万吨。也就是说，2014年汽车消费成品油1.8亿吨以上，折合原油3亿吨左右。而我国的原油产量2亿吨左右就已经是峰值了。

汽车让石油无法承载我们人类的胃口。改变汽车动力是人类共同的梦想，因此电动汽车就走到了我们的面前。

2010年初，杨裕生、陈清泉、陈立泉、郑绵平4位院士向国务院递交了一份关于发展电动汽车的建议，认为在燃料电池电动汽车、油电混合动力汽车与纯电动汽车中，纯电动汽车节油率最高、污染最小，与国外技术水平差距最小，最符合我国缺少石油而内燃机水平又不高的国情，发展纯电动汽车应当上升为国家战略，从而实现我国汽车工业跨越式的发展。

中国在新能源车发展思路上可谓是不惜血本。

2001年，新能源汽车研究项目被列入国家“十五”期间的“863重大科技课题”，并规划了以汽油车为起点，向氢燃料电池车目标挺进的战略。

2001—2008年，中国新能源车发展采用“全面开花”模式，混合动力、纯电动车、乙醇燃料车、生物柴油车、氢燃料电池车等新能源车型齐头并进，期望视发展成果而选择一条最适合的主攻方向。

2009年3月，国家出台了《汽车产业调整和振兴规划》，首次针对电动车提出了明确的发展要求，提出电动车到2011年形成50万辆产能的近期目标。此后，电动车被确认为中国在新能源汽车向氢燃料电池车挺进过程中的主要发展方向。

2009年下半年，电动车被列为国家七大新兴战略产业之一，电动车的发展被提升到国家战略高度。

2010年6月，此前一年公布的《节能与新能源汽车示范推广财政补助资金管理暂行办法》正式执行，确定每辆混合动力车补贴3 000元，电动车最高补贴6万元。国家把电动车作为主攻方向的意图进一步凸显。

2011年6月底，工信部发布消息显示，中国新能源车在未来10年发展的纲领性文件《节能与新能源汽车产业发展规划(2011—2020)》已基本编制完成。

以发展纯电动车来代替传统的内燃机汽车是我们的梦想。

当然，电池也就成了这场动力革命的主角。

政府十年来推动的所谓新能源汽车，其实进展并不大。2012年1月12日，中国汽车工业协会首次发布了新能源汽车的产销状况。据中汽协的不完全统计，2011年汽车整车企业新能源汽车的产销量分别为8 368辆和8 159辆。其中共生产纯电动汽车 5 655 辆、混合动力汽车 2 713 辆；销售纯电动汽车 5 579 辆、混合动力汽车 2 580 辆。这与 2009 年 3 月国家《汽车产业调整和振兴规划》中要求电动车 2011 年要达到 50 万辆产能的目标差得太多了。

2014 年情况有所改观，我国纯电动车和插电式混合动力车累计销售 7.4763 万辆，较 2013 年增长 3 倍多，但距其产业规划的年产销量还是甚远。

与此形成鲜明对照的是电动自行车的发展却极为迅速。在北京举行的"2011 中国动力电池产业应用及发展高峰论坛"上，中国自行车协会理事长马中超表示，尽管受到环保风暴的冲击，但 2011 年电动自行车行业规模以上产量仍保持了 40% 的增长速度。据马中超介绍，自 1998 年以来，国内电动自行车产量一直以年均 40% 的速度增长。2014 年全社会电动自行车保有量已超过 2 亿辆，产量和出口量均占世界总量的 95% 以上。

如果中国农村和城市低收入群体有 2 亿人将燃油二轮摩托车和三轮摩托车全部换成微小型低速电动车，这将可以为国家节约 1.2 亿吨原油。

国家不推动，市场却看好，为什么呢？这就是因为性价比！

这里可以为消费者算笔账。

我们拿两轮电动车中比较大的电动摩托车来计算。电动摩托车载重量 140 千克，时速 50 千米，充满电航程 50 千米。那么按每月行驶 1 000 千米计算，每年铅蓄电池费用约 600 元，电费约 250 元，共计 850 元。但对同样大小的汽油摩托，按 1 000 千米/月的使用量计，每年的油费大约是 3 000 元。由于两者的购置费差不多，所以明显是电动车的经济性好。由于电动摩托车通常是用于上下班，且大多数中国人上班的距离都不超过 20 千米，至于购物、买菜的距离就更短，所以 50 千米的航程就足够了。回到家后就可放在摩托车房里充电，通常晚上充电，白天使用，完全可以满足需要，根本不需要设置公用充电站。2014 年，电动自行车通过不断改进，续航里程已经达到 80 千米，并且品种更加多样化。

四轮电动车就是 2014 年非常畅销的一款。四轮电动车的载重量为 440 千克（按载 2 人计算），航程 80 千米，时速 55 千米。那么一年的电池费为 1 500 元左右，电费为 1 600 元左右。如果同样大小的汽油汽车（QQ），按 1 600 千米/月的使用量，每年的油费大约是7 300元。这样一来超微电动车的经济性就显示出来了。

如果把铅蓄电池换成锂电池呢？关于这个问题笔者走访过几家电动车商店，问的是同一个问题，锂电池电动车和铅蓄电池电动车哪个合算，答案几乎是一致的——铅蓄电池。

卖电动车的店主给笔者算了一笔账，36V的铅酸电池成本为400多元，而36V的锂电池成本则高达1 000元以上。加上其他成本，锂电池电动车的市场价基本都在3 000元以上，比铅酸的贵了1 000多元。如果要是换电池，铅酸电池以旧换新只要出300元，5年内换两次，花销在600元左右；锂电池5年换一次就要花800~1 000元，但充一次电跑的路差不多都是50千米~80千米。锂电池电动车由于电池小很多，看上去更轻便，另外锂电池的寿命长，一组电池可使用5年，而铅酸电池的寿命只有2年左右。

用于小型电动车上面的铅蓄电池有它不可替代的优势，这是因为它的性价比高。笔者曾在一个小型矿山上看到一种用铅蓄电池带动四轮车装载矿石的情况，据说装载每吨矿石的成本可以节约6~10元人民币。

大家最早认识锂电池可能是因为手机，大多数手机电池都是锂电池，笔记本电脑的电池也是锂电池的。而锂电池被认为是适用于电动汽车的最有前途的电池，这确实是一个值得研究的课题。毕竟要想达到燃油汽车的动力，电池就是个大问题，需要考虑能量密度是否足够大，续航能力是否和燃油汽车差不多，汽车提速是否快，还有充电时间是否像灌一箱油那么快、电池是否安全等。

2011年10月26日，比亚迪推出“E6先行者”纯电动车，售价36.89万元，加上上牌的费用，预计全车价格逼近38万元，扣除国家和地方补贴12万元，消费者个人还要支付26万元。最高时速为140千米/小时，续航能力为300千米，属国内最好的，但其铁锂电池组的重量为400千克。有两种充电接口——专业的和家庭的，既可以在充电站充电，也可以在家里用排插充电。专业充电1小时充满，15分钟就能充到80%，而家庭充电需要4小时才能充满。2013年底，比亚迪又推出电动汽车“秦”，性能有了进一步的提高。

2012年，成立仅10年，专门生产纯电动豪华汽车的一家美国公司——特拉斯汽车,先后在美国市场推出了双门超级跑车 Roadster 和四门豪华电动跑车 Models。据摩根士丹利分析师称,鉴于特拉斯的颠覆力量,其营业收入从 2012 到 2016 年将增长十倍,到 2020 年将增长 30 倍,到 2030 年将增长 60 倍。但 2014 年,“特拉斯旋风”并没有给公司带来业绩增长的旋风,特斯拉发布的 2014 年第四季度财务报告显示,公司第 4 季度净亏损 1.08 亿美元,同比亏损扩大 562%。

由此可知,尽管我们的纯电动汽车取得了相当好的成绩,但是,推广之路依然困难重重,一是价格太高,二是充电时间太长且充电配套设施不完备。如何去改进,是纯电动汽车工作者需要努力的方向。

而混合动力车与此不同。混合动力车属于节能汽车,据日本《读卖新闻》2011 年 12 月 27 日报道,日本丰田推出的一款最节能的混合动力车 AQUA,其燃油效率高达每升 35.4 千米,意味着百千米油耗直降 3 升以下,是目前内燃机汽车油耗的一半,节油 50%。可见,混合动力车节能也是相当不错的。在没有找到最合适的可用于纯电动汽车的电池前,发展混合动力车是一个很好的过渡型的选择。

自 1997 年以来,丰田在日本推出首款普锐斯混合动力车。丰田在全球销售油电混合动力车已达 303 万辆,其中普锐斯混合动力车销量占 72%。2010 年,丰田全球销量为 753 万辆,其中混合动力车就达 69 万辆。

以凯美瑞新一代混动车型尊瑞为例,按照其排量和配置情况,较同款传统动力车型价格高约 4 万元,如以其百千米省油约 30% 计算,如果每年普通家庭行驶 2 万千米,8 年多时间可收回多付的价格成本。实际上可以节油 50%,6 年就可以收回多付出的成本。从性价比上来看,混合动力车的商业化要比纯电动汽车现实许多。

这种混合动力车的天窗可以安上太阳能电池板,提供太阳能,节油效果还有改善的余地。

能不能生产气电混动汽车呢?大家知道,各大城市的出租车绝大部分都是油气混动的,天然气价格低成为了出租车行业汽车改装成油气混动车的动力。由于美国发起的“页岩气革命”,能源结构已悄然发生变化,但是汽车制造行业尚未做出调整。其实,从全球来看已经有企业找到了先机。2013 年 4 月 25 日,东莞市政府宣布购买了100辆清一色气电混动宇通客车作为市内公交车。从投入运营3天的结果来看，相较于传统客车，一天节省了30%的燃料费用，即每天耗油量可减25%左右。相对于石油来讲，天然气更丰富而且价格更便宜、碳排放量更少，因此，发展气电混合汽车应该是一个不错的选项。

好高骛远的中国企业又一次被纯电动汽车忽悠了，全球混合动力车从四面八方涌向中国，我们又只能望其项背了，老百姓又只好掏钱购买国外的混合动力汽车了。本来在同一个起跑线上的混合动力车，又因我们的好高骛远而付出了代价。

➢ 光纤光缆构造21世纪信息技术的神经网络

说起光纤不得不提起硅这个神奇的类金属元素。人们只知道大量消耗的钢铁、水泥和煤炭等矿物资源，其实，人类消耗的硅的数量远超过了它们。用于提取硅的矿物一般指石英(SiO_2)，但含硅的矿物不只是石英，矿物学分类中呈架状、岛状和链状结构的所有硅酸盐矿物都含有硅，如钾长石[$K(AlSi_3O_8)$]。石英和长石类矿物以及其他硅酸盐矿物构成了建筑用砂的主要成分，硅含量大多超过70%，仅建筑用砂这一项就超过了其他所有矿物资源。

硅的用途远不止如此，它的金属用途前面已有所述。我们知道，以石英矿物为原料制成的玻璃和陶瓷始终也离不开我们的生活。

制造光纤的神秘物质其实就是再简单不过的，用石英矿物所烧制而成的玻璃，而玻璃纤维就是用一种高纯度玻璃制成的。

光纤，顾名思义就是能传导光的纤维，这种纤维就是上面说的玻璃纤维，而光指的是激光，也就是说玻璃纤维是光的“良导体”，正如铜是电子的良导体一样。

光纤的发明是人类的又一大壮举。有了它，人类才真正在全球范围内构成了信息技术的神经网，使得地球上每一个角落的通信设备都能连接起来，且成本更为低廉。

光纤一般由两层组成，里面的一层称为内芯，是玻璃纤维，通俗地说就是玻璃丝，直径一般为几十微米或几微米，比一根头发丝还要细；外面一层称为包层，也是玻璃纤维。为了保护光纤，包层外往往还覆盖着一层塑料。光纤内芯的折射率通常大大高于包层，光在内芯通行无阻，而由于包层光的反射作用能使光束集中，因此光纤无论怎样弯曲，在其中通过的光线所受到的影响都非常微小。

与电缆通信相比，光纤通信有许多优点：传输的信息量大、传送距离远、体积小、重量轻、绝缘性能好、力学强度高、保密性强、成本低。它不受无线电频率的干扰，可以在同一条通路上进行双向传输。

光纤的最大特点是传输信息的容量非常大。按理论推算，一根光纤在一秒钟内能够传输 2.5×10^{12} 比特（比特是指二进制数字中的位，为信息量的最小单位）。美国国会图书馆所藏书刊拥有的信息量超过 500×10^{12} 比特，如果按 500×10^{12} 比特来计算，这座世界著名的图书馆的全部信息，用一根光纤只要花 200 秒钟的时间就能传送完毕。但实际上光纤通信容量通常受到端机速率的限制，远远达不到理论的数字。

漫长的激光通信线路将把世界各大洲的各种通信设备连在一起。传送模拟信号力不从心的光纤却能快速传送数字信号。光纤已成为数字通信网中理想的传输介质，在局域网和用户网领域，光纤将成为与数据库以及与干线—支路连接的宽带通道与入口。

1983 年美国电报电话公司率先建成了从纽约到波士顿全长为 6 000 千米的长途光纤通信干线。光纤通信不仅可在陆地上使用，而且广泛使用在海洋上。全长为 2 200 千米的澳大利亚至新西兰的海底光缆，已于 1992 年 3 月投入使用。这条光缆能同时供 9 万路电话通话或进行可视电话、彩色传真、高清晰度电视、宽带数字通信和高速信息传输。之后，全球光纤光缆投资如火如荼。

2014 年，全球光纤光缆制造商出货量达到 3.17 亿芯千米，其中中国光缆出货量达 1.41 亿芯千米，占全球光纤光缆总量的 48%。这个数字远远高于烽火通信科技股份有限公司熊向峰在 2011 年所做的预测（表 3－2）。

表 3－2　2008—2015 全球光缆需求量（单位：万芯千米）

地区	2008	2009	2010	2011	2012E	2013E	2014E	2015E
北美	2 945	2 654	2 853	3 565	3 482	3 293	3 252	3 141
西欧	1 638	1 453	1 903	2 099	2 262	2 333	2 397	2 444
东欧	861	574	789	824	893	986	1 072	1 157
中国	4 211	8 000	8 047	8 553	9 084	9 590	9 972	10 259
亚太	2 887	3 027	3 046	3 402	3 309	4 042	4 139	4 255
其他	1 390	1 561	1 668	1 883	1 989	2 096	2 217	2 376
合计	13 931	17 269	18 305	20 326	21 519	22 339	23 050	23 632

注：2012 年后的数字是烽火通信科技股份有限公司在 2011 年曾对光纤光缆所做的预测。

国际电信联盟最新发布的报告显示，2014 年全球互联网用户由一年前的 27 亿人增至 30 亿人。5 年前，全球的互联网用户仅为 20 亿，今天全球 40% 的人都在使用互联网。

在通信领域光纤是否可以全部替代铜缆呢？

目前光进铜退的技术主要是 PON 技术（EPON/GPON/APON 等）。PON 是无源光网络的英文缩写。无源光网络与传统的铜网络不同，其网络中除了局端设备（OLT）和用户端设备（ONU）之外，其余全部是光纤，也就是无源器件。因此，不存在网络设备供电、设备损坏维护和雷击等问题。

而且，由于光纤光缆的价格持续下降（1 千米单模光纤的价格从 2000 年的 1 000元下降到 2014 年的不足 100 元），所以与铜缆比起来，光纤几乎可看作是免费的线路。

我国缺铜，光进铜退还可以节省大量的铜消耗。

以长度为 1 千米、直径为 0.4 毫米的通信电缆为例，1 对电路需要使用 2.237 千克铜。如果按 2012 年 9 月的铜价为 6 万元/吨计算，1 对电路 1 千米的铜成本为 134 元。也就是说，600 对电路 1 千米的铜成本达 8 万元。从带宽来看，如果以每对电路 64K 的普通固话基本带宽来计算，600 对电路为 38.4M。即使 600 对全部使用 1M 的 ADSL，整体带宽也仅为 600M。与铜相比，1 千米光纤的价格大约为 85～90 元，该价格已低于同里程的铜成本，即使 2014 年底的铜价降至每吨 5 万元，光纤电缆的成本还是低于铜电缆的，且节约的铜金属为 33.47 万吨。

单根光纤的带宽至少可以达到 155M 的水平，一般可以达到 2.5 ~ 10G，最高可达 40G。让我们来做一个粗略的估算：同样 100 米长的铜电缆和光缆，若传递信息的频带宽同为 4×10^3M，则铜电缆需直径 58 毫米的铜缆 656 股，总重量为 219 760 千克，电缆外部的总直径为 1 458 毫米，其价值为 131.2 万美元。而光缆只要一根直径为 8.7 毫米的光纤，其总重量仅为 6.6 千克，价值只有 680 美元。再做一个比较，一根长 1 千米、直径 125 毫米的光导纤维，仅重 30 克。它的重量是铜电缆的千万分之三，价格为铜电缆的万分之五。

李克强总理多次提出的我国的“网费贵、网速慢”的问题，主要原因还是在于有的铜电信电缆没有完全被光纤通信电缆所替换。2014 年，全国互联网用户接入数达到 2.04 亿户，光纤到户的用户占比仅为 38.4%，8M 以上，包括 10M、20M、50M、100M 的用户占到宽带用户的 46%，也不到一半。

显而易见，光纤通信代替普通电缆通信，既可以节省大量的金属材料，也可以解决李克强总理所担心的网速慢的问题。光纤通信已经逐渐代替普通电缆通信，信息技术已经产生了革命性的变革。

➢ 硅与太阳能，上帝送给人类的礼物

大家都知道，最近几年，在城市的道路上电动自行车突然间多了起来。政府一直鼓励发展电动汽车，出乎意料的是电动自行车却发展得异常迅猛。

究其原因，省钱是最主要的。由于其价位低、维护费用低，迎合了庞大的低收入群体的需求。

太阳能发电呢？我们总是关注大规模发电厂，而忘却了一个最需要的群体，那就是电网覆盖不到的地方。

2013 年夏天笔者出差到内蒙古鄂伦春县的一个偏僻山村考察一个钼矿床。由于矿区距城镇较远，我们找了一个农家吃午饭。主人姓赵，一家 4 口人，有 400

亩地，种的是黄豆。他家用的是一个太阳能电池板发电，供自家照明。我感到非常好奇，在笔者的印象里，太阳能发电的成本每度超过1元钱，他家为什么还用这种方式发电呢？赵先生给笔者算了笔账，买电池板（100瓦规格）花了1 700元，铅蓄电池400元，其他材料和安装费300元左右，一共花了2 400元。天气好的时候每天可发电1度左右，遇到下雨天也能发电0.5度左右。一块电池组件完全可以供一家人的照明和电视机的用电。安装太阳能电池板的费用最多8年就可以回收，以后的电就是免费的了。

如果要从镇上拉电线，每度电需要1元钱电费，拉电线杆还要一大笔钱。由此还是太阳能发电合算一些，所以他们这个组（大约有10多户人家）用的都是太阳能发电。

图3－1　家庭太阳能光伏发电

无独有偶，2011年夏天笔者到莫桑比克一个叫木马的城市考察钛砂矿，说是城市，其实就相当于我国南方的一个村子吧。离开这个小城市就没有电了，农民晚上在他们各自的草屋前点上篝火（他们那儿不缺柴火）做饭、聊天。偶尔会发现有的农家屋子前安上了一块太阳能电池板，晚上可以看见灯火。当地人说，能安得上太阳能电池板的是当地的富裕人家。

于是笔者就在想，无论是发达国家还是我国这样的发展中国家，利用太阳能发电的路子是不是走偏了。

从目前来看,小型化和分布式发电应该是主流,而不是大型的太阳能发电厂。分布式发电(包括小型电站、户用和商业屋顶发电)可以覆盖到没有电网的乡村,城市中的学校、车棚、地面以及其他设施。

太阳能市场需求要想爆发还要解决另外一个拦路虎——净计量。净计量是指消费者在有阳光的情况下利用太阳能发电系统供应家庭用电,如果有额外的电力,电表就会回转。这样消费者只需支付净电力消费量。实际上,小型分布式太阳能对电网来说不存在问题,相反,太阳能发电系统的装机规模越大,电网处理的难度就越大。

问题是电网公司是否愿意这么做,因为老百姓的用电是他们的真正财源。

太阳能发电技术是成熟的,如果只讨论用不用是无聊的事情。不管是煤炭发电、石油天然气发电、核能发电还是风力、水力发电,只有太阳是上帝给人类最好的礼物。

太阳能发电的优点太多了,无燃料消耗、无噪声、无污染,发电不用水,可在荒漠地区建设;运行可靠,无机械转动部件,使用安全,免维护,无人值守;太阳能资源永不枯竭,各地区差异不大,可实现分布式电站,生产资料丰富,硅材料储量丰富;不单独占地,可以安装到建筑物上,规模大小皆宜(可为10瓦(W)~100吉瓦(GW)),可以“搭积木”式建设和安装,安装容易,建设周期短,安装成本低,能量回收期短(只有10年左右),能量增值效应明显(达8~30倍);规律性强,可预测,调峰效果明显,调度比风力发电容易;降价潜力大。

人类真正的清洁能源舍此无他。

尽管太阳能发电所使用的多晶硅是一个高耗能的产品,但产能远大于其耗能。根据测算,多晶硅的光伏生产耗电与产品发电比是1:12.2,多晶硅的光伏发电效率为18%~20%,单晶硅的光伏发电效率为20%~22%。数据显示,2014年全年多晶硅现货市场最高价格仅为20美元/千克,而长期协议合同价格更低,这个价格已经不到最高价的6%了。

据此计算的发电成本不超过1元/度,在日照时间长的拉萨每度电成本仅为0.61~0.68元。

图3-2 太阳能发电场

光伏发电成本的降低得益于我国多晶硅产业和光伏电池产业的迅猛发展。自2006年以来，受市场虚高价格与短期暴利诱惑，我国掀起了一波多晶硅项目的建设高潮，规模与投资堪称世界之最。我国多晶硅产量2005年时仅有60吨，到2009年底我国多晶硅已建成项目的设计总产能为4.4万吨，2014年中国多晶硅生产规模就达到了13.14万吨。

2014年全球晶体硅太阳能电池市场需求约为40GWp，其中我国内地太阳能电池制造商年产能为30~32GWp，加上中国台湾地区的年产能9~10GWp，两岸总产能高达39~42GWp。有专家预测，2015年全球市场需求将达57GWp，我国（包括台湾地区）足以满足全球市场的需求。

中国光伏产业的快速崛起，大量产品外销导致欧美等发达国家无所适从，纷纷向中国提出"双反"调查。在美国、欧盟先后向中国光伏产品举起"双反"（反倾销、反补贴）大棒之后，作为光伏产业新兴市场的印度，也加入了这一阵营。

市场倒逼我们做出选择，要么倒闭我们的企业，要么发展自己的太阳能事业。

不是我们做不到，我们能把太阳能热水器做到天下第一，同样也可以把光伏发电做到天下第一。

2015年2月中国国家能源局发布《2015年光伏发电建设实施方案》拟定2015年全国新增光伏发电并网容量目标为15GWp。如果按照2013年电池产量30GWp

不增加来计算，那么国内就可以消化掉一半的产量，破解了90%出口外销的尴尬局面。

中国光伏行业协会秘书长王勃华在中国光伏行业协会新闻发布会上表示，我国光伏装机容量在2030年之前每年新增将达到30GWp以上。全国工商联新能源商会中国新能源产业研究院顾问王会东预计，2015—2020年，全球太阳能新增装机容量可望达到369GWp，光伏新能源大市场已经形成。

由于中国的加入和光伏企业的技术进步，光伏发电的装机成本逐年下降，由2007年的40元/瓦，下降到2014年的4元/瓦，2015年可能降到3.6元/瓦。发电成本也下降很快，由2007年的8元/度，到2014年的1元/度。笔者相信随着技术的进步和中国市场的打开，光伏发电成本会进一步下降，如果再加上其分布式发电的优势，普及将是迟早的事。

没有哪个能源是没有污染的，但是太阳能是性价比最好的能源，它是上帝给我们人类最好的礼物，如果我们不加以珍惜也是一种犯罪。

➢ “山寨”时代的来临：有感于三维激光扫描和3D打印技术

笔者最早接触三维扫描技术是在澳大利亚。

有一家矿山企业需要寻找合作者，我们以潜在合作者的身份参观了他们的新选厂。介绍矿山建设情况的是一位选矿工程师，据他介绍，他们为了节约矿山建设成本，以非常低廉的价格买下了另一家选厂的所有设备。他们拆卸、运输，然后“原封不动”并且快捷地安装在了新矿山的场地上，并且安装工程还不需要太多的技术人员。这是如何做到的呢？

技术人员给我们描述并展示了整个过程。

首先对原选矿厂的各种设备进行编号和登记，然后用三维扫描仪将原来的厂房和设备进行扫描，复杂的部位还要单独进行扫描，形成数字档案加以保存。技术人员非常风趣地说，上万平方米的厂房和数以万计的设备构件、零件的资料只需要小拇指大小的移动硬盘就能装下。完成这项工作后就可以进行拆卸和装运了。所有设备和零部件运回新矿山以后就只需按照计算机扫描数据来计算、绘制矿山的图件和三维可视化图进行安装。

由于三维扫描是实景图像，还有编号指引，所以装配起来极为方便。

笔者真正看到三维扫描仪是在2010年的天津中国国际矿业大会上。代理美国法螺三维激光扫描仪的是北京咏归科技有限公司，展台非常大。他们给笔者做了演示，神奇极了。笔者对它的兴趣不仅仅在于其设备的实景扫描，更重要的是可以解决我们矿山企业坑道和露天采场的三维立体测量问题，这个技术和矿山的三维可视化结合对矿山的全面数字化将起到重要作用。

大家都知道，在传统的测量概念里，所测的数据都是二维结果（如CAD图），在现在测量仪器中全站仪和GPS比重居多，但测量的数据都是二维形式的。

现在的三维激光扫描仪每次测量的数据不仅仅包含X、Y、Z点的信息，还包括R（代表红色）、G（代表绿色）、B（代表蓝色）颜色信息，同时还有物体反色率的信息，如此全面的信息能给人一种物体在电脑里真实再现的感觉，是一般测量手段无法做到的。其次是测量的速度。在常规测量手段里，每一点的测量较为费时，都在2～5秒不等，更有甚者，要花几分钟的时间对一点的坐标进行测量。而三维激光扫描仪的最大测量速度已经达到每秒5万个点，相位式三维激光扫描仪最高速度可达每秒120万个点。野外有的地方，人员到达不了，使用三维扫描仪就可以，比如测量人员进不去的溶洞等。

其实，我们在医院检查咽部和胃部疾病时用到的一种窥视仪器就是三维扫描仪。

三维激光扫描技术实际上就是实景复制技术，是在测绘领域继GPS技术之后的又一次技术革命。它能够提供扫描物体表面的三维点云数据，因此可以用于获取高精度、高分辨率的数字地形或物体模型。

目前世界上生产三维激光扫描仪的公司较为典型的有瑞士徕卡公司、美国三维数字（3D DIGITAL）公司及宝和马斯（Polhemus）公司、奥地利力吉尔（RIGEL）公司、加拿大光技术（OpTech）公司、瑞典峰眼（TopEye）公司、法国门思（MENSI）公司、日本米卢塔(Minolta)公司、澳大利亚伊斯特(I－SITE)公司等,经过近20年的发展,这些公司的产品技术已经非常成熟。

成熟的三维扫描技术不仅仅是为了获得三维可视化图件,更重要的应该是像二维扫描技术一样可以将扫描的东西“原封不动”地打印出来,也就是实体打印技术,现在称之为3D打印。3D打印机与普通打印机的工作原理基本相同,3D打印机内装有液体或粉末等“打印材料”,与电脑连接后,通过电脑控制把“打印材料”一层层叠加起来,最终把计算机上的蓝图变成实物。

3D打印机的优势在于,仅需几个小时或一夜时间即可将样品打印出来,而不必花费数周时间来等待工厂制作样品。

模具的生产是其最容易实现的商业用途。传统的二维打印机靠的是墨盒中的墨粉或墨水(粉体和液态两种),若要打印彩色的,除了黑色外还需增加红色和绿色墨盒。三维打印也是一样的,把有机物做成粉体可以很容易实现,温度也不需要太高。所以,利用有机物做成的东西是最容易实现的。英国《经济学家》周刊认为,尽管仍有待完善,但3D打印技术势必会成为引领未来制造业趋势的众多突破之一。这些突破将使工厂彻底告别车床、钻头、冲压机、制模机等传统工具,改由更加灵巧的电脑软件主宰。这种机器对所有制造业的设计部门都将是个福音。

除了服务于设计以外,3D打印是否可以用于制造呢?

美国人安德森,以前是杂志《连线》的主编,当他接触到3D技术后,便投身到3D打印创业中。他认为3D打印是一件比互联网更大的事情。他在新书《创客》里这样畅想新工业革命的未来:利用开源设计和3D打印技术实现全民创造,硬件将在更小的生产线上以更小的批量制造出来。这次互联网与制造业的深度融合,使得实体产品创业准入门槛降低,按需生产成为常态,它将会冲击和重组全球制造的产业链和价值链。《经济学人》杂志刊文指出,3D打印技术对制造业的意义是颠覆性的,就像1750年的蒸汽机、1450年的印刷术和1950年的晶体管,3D打印也将在漫长的时光里改变这个世界。

发挥一下想象吧!

越来越多的电影开始使用3D打印技术制造道具。

越来越多的汽车公司开始使用3D打印技术制造汽车模具和配件。

越来越多的飞机公司开始使用3D打印技术打造航模和零件。

越来越多的电脑公司开始使用3D打印技术设计电脑鼠标和键盘。

越来越多的医疗设备机构开始使用3D打印技术为用户定制助听器和牙套。

越来越多的建筑师开始使用3D打印技术复制建筑模型。

越来越多的食品公司或家庭开始使用食材打印饼干、苹果派等。

越来越多的陶瓷公司开始使用3D打印技术打印陶瓷器胚胎,生产陶瓷器。

越来越多的年轻人开始使用3D打印技术进行创意设计。

越来越多的年轻家庭开始使用3D打印技术进行玩具设计并打印出来。

更有甚者,越来越多的人开始使用三维激光扫描所有他们认为感兴趣的东西并打印出来。

……

三维打印能够代替传统制造业吗?

笔者的回答是:不可以。但是,三维打印技术和激光扫描技术为传统制造业提供了一个发展的思路,那就是智能化制造。它们还将为智能化制造提供不可或缺的服务。

三维打印技术最大的“软肋”表现在打印材料的制造上,打印材料主要是粉体,包括金属的和非金属的。打印材料供应商必须是规模化的生产商。

其次是打印尺寸的大小,不可能把打印机做得比房子还大,也不可能做得比大飞机还大。也就是说,一些大型的机械设备和建筑物是不可能用这种三维打印机打印出来的。

第三个软肋是尽管很多功能性的金属合金也能够被打印出来,但用于飞机引擎内部的高性能零件仍然无法使用这种方法制造,比如在制造过程中,需要对温度进行精确控制的零件目前还无法打印出来。GE公司将使用这种新技术打印涡轮叶片等零件,不过,打印出来的涡轮叶片仅用于测试其特定性能,诸如测试其空气动力学方面的属性等,这种涡轮叶片无法承受高温和高压条件。

第四个软肋是成本高与速度慢,即使打印批量的小物件依然要消耗数小时甚至一天多的时间,因此尚不适用于大规模生产。同规模化生产的产品相比,用三维打印机打印出来的产品必然要贵很多,正如现在每个家庭也没有必要购置二维打印机一样的道理。

尽管如此,三维打印技术依然存在着广阔的市场。因此,研究三维打印机和新兴打印材料是将来一段时间内非常重要的课题。

粉体材料制造技术和激光烧结技术是能否将三维打印从高分子材料向金属材料延伸的关键技术。有一种粉末冶金技术,就是制取金属粉末并通过成形和烧结等工艺将金属粉末或与非金属粉末的混合物制成制品的加工方法。使用这种技术既可制取用普通熔炼方法难以制取的特殊材料,又可制造各种精密的机械零件,省工省料。它主要用于汽车核心零部件制造中,比如发动机的进排气门、发动机连杆、变速箱齿轮中的同步器锥环和油泵主从动齿轮等。如果解决了三维打印的材料以及激光烧结技术,那么,粉末冶金的缺点就完全可以克服了,比如模具和尺寸大小的局限问题等。

可以看出,随着三维打印技术的成熟,金属与非金属的粉体技术将是关键。有了打印材料,材料的烧结成型又是另外一项关键技术。

当前可以用于三维打印的烧结技术有选择性激光烧结(SLS 工艺),这项技术是由美国得克萨斯大学奥斯汀分校的提哈德(C. R. Dechard)于 1989 年研制成功的。它的原理是预先在工作台上铺一层粉末材料(金属粉末或非金属粉末),激光在计算机的控制下,按照界面轮廓信息,对实心部分粉末进行烧结,然后不断循环,层层堆积成型。SLS 工艺最大的优点在于选材较为广泛,如尼龙、蜡、ABS、树脂裹覆砂(覆膜砂)、聚碳酸酯、金属和陶瓷粉末等都可以作为烧结对象。

是否能将粉末冶金中的放电等离子烧结(Spark Plasma Sintering,简称 SPS)应用于此,还不得而知。

三维激光扫描可以把各种尺寸的物件和地形地貌精准地测量出来,但是只能有尺寸合适的物件才可以通过三维打印机打印出来。它们二者的结合,将会重塑制造业的新秩序,"山寨"也会由此更加普遍。

3D 打印技术未来能否继续扮演新一轮产业革命的主角,人们将拭目以待。

专家认为,随着3D打印技术日趋完善,对它的应用将是想象力的问题。

➢ 发光二极管(LED)是否成为引领具有划时代意义的照明革命

德国之声电台网站2012年9月1日报道:从即日起,欧盟范围内禁售白炽灯泡。白炽灯泡的发光效率仅为5%,其余95%全部为热量消耗。现在照明灯市场上,节能高效的LED灯具无疑是一个绝佳的选择。

欧盟率先淘汰白炽灯,推广LED灯具。

LED灯是什么?LED是发光二极管的英文缩写。它是一种由铟、镓、砷和磷组成的如GaAs(砷化镓)、GaP(磷化镓)、GaAsP(磷砷化镓)、InGaP(磷镓化铟)等制成的电致发光的半导体二极管,其制造是一个非常复杂的过程。

取代白炽灯成为照明灯的LED,它是一种白光LED。白光LED发光的方式主要按其使用发光二极管的数量可以分为单晶型和多晶型两种类型。

一种是单晶型,即一只单色的LED发光二极管加上相应的荧光粉,就如同日光灯的发光方式一样,采用LED发光二极管激发荧光粉来发光。这种单晶型通常也有两种方式,一种方式是蓝光LED发光二极管激发黄色荧光粉产生白光,另一种方式是紫外光LED激发RGB三波长荧光粉来产生白光。多晶型使用两个或两个以上互补的2色LED发光二极管,或把3原色LED发光二极管混光形成白光。采用多晶型产生白光的方式,由于不同色彩的LED发光二极管的驱动电压、发光输出、温度特性及寿命各不相同,因此会比单晶型LED产生白光的方式复杂,同时因LED发光二极管的数量多,也使得多晶型LED的成本较高。若采用单晶型,则只要用一种单色LED发光二极管元素即可,而且在驱动电路的设计上会较为容易。目前,多采用单晶型。

这样一来,就需要两种材料,一是构成芯片的发光二极管和微电子级硅(一种由复杂工艺生产的微电子级别的多晶硅,然后在高温高压的洁净环境空间里由多晶硅生长出单晶硅，之后切成电子硅片），发光二极管大多是由铟、镓、氮或磷组成的半导体构成的；二是荧光粉。它具有特殊的能级跃迁和发光性能，可以制成多种荧光发光材料。1974 年 PHILIPS 公司首先合成了含有铈、铽、铕等稀土金属的三基色荧光粉。在新型电光源中，目前用量最大的是稀土三基色荧光灯，它与普通的白炽灯相比，节电率可高达 80%，是一种绿色照明产品。

这两种材料精准绝伦的配合，就制造成了用作照明的白光 LED。

随着各种颜色的 LED 相继研制成功，LED 从最初仅用作仪器仪表的指示光源，发展到了交通信号灯、高位刹车灯（汽车上的第三刹车灯）、显示屏（单色、双色、全色，户内、室外全天候）、手机、彩灯装饰（轮廓灯、椰树灯、烟花灯），再到现在的城市亮化工程中的各种照明与装饰灯。2010 年以后已经进入了普通百姓家，成为了普通照明灯。

大家可能会问，节能灯只比 LED 灯消耗的能量多一点点，且价格目前比 LED 灯要便宜得多，为什么替代的照明工具不是节能灯呢？节能灯的最大问题是内含水银，一种蒸汽状的汞金属，很不环保而且打开开关之后，经常发生开灯时间延迟，另外它的亮度和寿命也不及 LED 灯。

2012 年，我国的一项规划把 LED 灯照明引向风口浪尖。我国 2011 年发布的《关于逐步禁止进口和销售普通照明白炽灯的公告》规定，从 2012 年 10 月 1 日起，按照功率大小分阶段逐步禁止进口和销售普通照明白炽灯。

《公告》明确我国逐步淘汰白炽灯的路线图分为 5 个阶段：

2011 年 11 月 1 日至 2012 年 9 月 30 日为过渡期；

2012 年 10 月 1 日起禁止进口和销售 100 瓦及以上普通照明白炽灯；

2014 年 10 月 1 日起禁止进口和销售 60 瓦及以上普通照明白炽灯；

2015 年 10 月 1 日至 2016 年 9 月 30 日为中期评估期；

2016 年 10 月 1 日起禁止进口和销售 15 瓦及以上普通照明白炽灯，或视中期评估结果进行调整。

LED 具有其他光源无可比拟的节能环保优势，在同样的照明效果下，LED 的耗电量仅相当于普通灯泡的 1/10。将我国 1/4 的照明灯换成 LED，1 年可节约相当于1个三峡电站的发电量。在特殊照明领域，景观照明（替代霓虹灯）可节能70%，交通信号灯（替代白炽灯）可节能80%，工矿用灯（替代金卤灯工矿灯）可节能78%。此外，LED的使用寿命也比普通灯泡长100倍，光线质量高且稳定。因为LED运用的是冷光源，因此眩光少、无辐射，使用中也不会发出有害物质，而且废弃物可回收，没有污染。

图3－3　精美绝伦的LED画卷——2008年奥运会开幕式的精彩画面

但是，LED光源的致命弱点就是价格。三星LED中国区总经理唐国庆在2014年9月16日中国LED照明产业网组织的无封装LED研讨会上表示："今天量产正装LED的光效可以达到每瓦150流明，而我们目前的CSP封装LED的光效还只能达到每瓦110流明，不过到今年底有希望做到每瓦130流明。"同时还透露他们最大可以做出288瓦的FCOM，而且成本只有每瓦0.6元。也就是说，家庭用灯40～60瓦的灯具价格可以下降到24～36元，和节能灯的价格差不多了。

据统计，我国的照明用电占全国年用电量的13%。按这种水平计算，到2020年，照明用电量将达到6 500亿千瓦时，相当于6～7座三峡水电站的发电量。如果到那时，全部换成LED照明，每年可以节约的电量将相当于6～7座三峡水电站的发电量。所以，发展高效、环保并节能的白光LED照明光源是非常必要的。

几个小小的金属铟、镓和稀土中金属铕通过高新技术将它们科学而巧妙地组合在一起，所产生的效益和能源节约是多么的巨大呀！按每吨煤发3 000度电计算，全国如果都改用LED灯照明，则每年节约的电就将达到6 500亿度，折合成煤炭为2.16亿吨。也就是说，我们每年可以少烧2.16亿吨煤炭。

LED 灯将是划时代意义的照明革命。

但问题是，制造 LED 灯的材料中所用到的金属镓和铟的地质储量极少且还都是伴生组分，它们的产量不会很高，一旦出现供应紧张，它们的价格将会出现疯涨。从资源角度考量，LED 要全面战胜稀土节能灯还任重而道远。

➢ 发现矿物的新用途

朋友们经常问笔者一个有意思的问题："玉和宝石有什么区别？"

笔者常常用极为通俗的语言回答他们，玉是美丽的石头，宝石就是美丽的矿物了。矿物是构成石头的成分，也就是说石头是矿物的集合体。

我们一刻也离不开它们，小学老师就已经告诉了我们。

尽管人类在很早就发现了矿物并加以利用，但这毕竟还是少数，几乎是沧海一粟。

据杨凤英在《如今矿物知多少》中介绍，截至 1998 年底，全世界已发现且命名的矿物就有 3 800 多种，还不包括那些亚种呢，但在 18 世纪以前不超过 300 种。

工业革命之后，不断发现了新的矿物，由此还诞生了"矿物学"。1880—1899 年发现的矿物 87 种，1900—1919 年为 185 种，1920—1939 年为 256 种，1940—1959 年为 347 种。20 世纪 80 年代平均每年发现新矿物约 40 ~ 50 种。

对于矿物资源的利用，除了主要利用其成分外，另一方面就是利用其各种物理特性。

冶炼是利用矿物的化学成分的主要技术手段。利用最早也是最重要的是从磁铁矿、赤铁矿中提取铁，从方铅矿中提取铅，从闪锌矿中提取锌，从黄铜矿、斑铜矿中提取铜，从锡石中提取锡等。我国产量最高的矿物为黑钨矿，从中提取的钨金属占世界第一位；我国湖南省是世界著名的辉锑矿产地，可从中提取大量的锑；内蒙古白云鄂博的稀土矿床中用于提取铈族稀土元素的氟碳铈矿在世界上也属最丰富。国防工业中所需的金属如铌、钽都是从铌铁矿、钽铁矿中提取的。

矿物中除了主要元素外还会混入一些微量元素，如闪锌矿中常有镉、铟、锗混入，这些元素称为分散元素，而这些金属在电子工业上有重要的用途。我们也在提取主要元素时提取这些分散元素炼成金属。

还有一种利用矿物化学成分的方法就是化学工艺，包括直接制取和合成。从矿物萤石中可提取制成氢氟酸，从黄铁矿中可提取制成硫酸等。可以利用钾盐矿合成钾肥，利用磷灰石合成磷肥，利用方解石合成水泥，等等。

利用矿物的物理特性也是矿物利用中非常重要的方面，我国古代深谙此道。从《神农本草经》到《本草纲目》，历代本草著作中都收集了矿物药。其中明代李时珍的《本草纲目》集历代本草著作之大成，书中列有矿物药266种之多。

此外，利用矿物物理性质的还有如金刚石、刚玉、黄玉、石英等，由于这些矿物的硬度大于莫氏7度，因而可以用作研磨及切割材料。熔点高的矿物如莫来石等可做耐火材料的原料。沸石、凹凸棒石、蒙脱石、坡楼石、海泡石等许多有吸附性和阳离子等交换作用的矿物可以清除废水中的有毒元素和重金属元素，是一种过滤材料，可吸附气体、液体中的杂质，如制造啤酒时可用于除去杂质，是用于处理水污染的重要原料。

对于石头的利用，可以追溯到远古时期的石器时代，玉依旧是我们的钟爱之物，利用黏土制作的精美陶器依旧是我们生活的必需。

利用矿物的光学性质和电性是20世纪电气化时代的必然，同时也为电子时代开辟了矿物的新用途。

最早是在光学仪器上利用方解石、石英、萤石作为棱镜，随后又发现许多矿物具有光学特性。1960年发现宝石级的刚玉可作为激光发射材料，是产生激光的关键材料。硫镉矿单晶具有特殊的光弹性，可以用在雷达上。彩钼铅矿具有声光效应，在声波的作用下可以产生光的衍射。白钨矿、全绿宝石有光色作用。白钨矿在日光下呈白色，在紫外线下呈紫色；全绿宝石在日光下呈绿色，在灯光下呈红色，可用于激光全息记录和存储。闪锌矿的单晶体还可用于紫外半导体激光材料。

矿物电子性质的利用，最常见的是用铜作为电线中的导电材料。金刚石Ⅱ型是重要的半导体仪器材料。方铅矿可作为近红外线的主要光电变换材料，用于卫星探测、军事侦察、医用热图像仪等领域。石英具有压电性，多用于雷达、通信、微处理机等方面。云母、滑石则可作为绝缘材料。

图 3－4　辰砂（左上的深色的柱状矿物）、方铅矿（右上呈立方体结构的矿物）、重晶石（左下的矿物）和黑钨矿（右下呈柱状结构的矿物）

（图片引自中国地质博物馆）

进入本世纪后，科学家们发现了石墨和辉钼矿具有神奇的电子性质，可以作为半导体材料。2004 年发现石墨烯材料的是来自英国曼彻斯特大学的两位教授安德烈海姆和诺沃肖洛夫，瑞典皇家科学院把 2010 年诺贝尔物理学奖授给了他们。瑞士洛桑联邦理工学院（EPFL）的纳米电子与结构实验室在 2011 年 1 月 31 日英国《自然·纳米技术》刊登了最新研究成果：单层的辉钼材料显示出良好的半导体特性，有些性能还超过了现在被广泛使用的硅和研究热门的石墨烯。

一旦这个材料获得突破，有可能在将来会取代硅晶和薄膜太阳能电池的染料敏化纳米晶太阳能电池。这种融合了纳米技术和新材料工艺的全新光伏电池的成本仅为硅晶电池的1/10，被认为将对成本下降已趋极限的传统光伏电池构成巨大的挑战。

实际上，科学家们对石墨烯和辉钼烯潜力的挖掘可谓不遗余力，其进展也似乎超乎寻常的顺利。

2008年3月28日，美国马里兰大学宣称，碳晶体管将会成为最快的晶体管，可以超越包括锑化铟在内的所有芯片材料。

2008年12月25日，IBM宣布研发出号称全世界速度最快的石墨烯场效晶体管，可在26G赫兹频率下运作。

2009年3月27日，美国麻省理工学院的科研人员展示了一款由单一石墨烯晶体管打造的倍频器，通过采用石墨烯晶体管可以利用相对简单的架构来实现复杂的新型电路。

2010年2月4日，美国宾州大学研究人员声称，他们已成功制造出可生产纯碳半导体组件的100纳米石墨烯晶圆。

2010年5月10日，美国斯坦福大学研究人员表示，较之目前普遍用于有机LED显示器透明电极的稀有且昂贵的ITO，石墨烯可以提供成本更低、更薄、速度更快的替代方案，从而规避ITO短缺的问题，并为柔性显示器的开发铺平道路。

2010年7月20日，美国普林斯顿大学的研究人员指出，若采用石墨烯电极，锂电池的充电时间将能从2小时缩短到10分钟。

2011年12月6日，据美国物理学家组织网报道，瑞士洛桑联邦理工学院（EPFL）的科学家宣称，他们制成了首个辉钼芯片原型。该芯片在实验中表现良好，证实了其在半导体芯片制造领域内的突出性能，这也意味着商用辉钼芯片距离现实又近了一步。

看来石墨烯材料离商业化生产已是咫尺之遥，令人羡慕。但令人担心的是，石墨也好、辉钼矿也好都是自然矿物，在形成过程中会有一些天生的缺陷，比如位错、类质同象杂质和同质类象杂质，自然矿物的除杂纯化是否适用于规模化生产呢？笔者甚感诧异。

金属材料的新用途是矿物新用途的延伸。

我国古代利用的金属有7种，分别是铜、铁、铅、锌、锡、汞和银，由其组合的合金材料成百上千种，它们构成了人类文明进步的基石和里程碑。所以说，人类发展的历史也就是材料发展的历史，连续不断地开发和利用新材料也就构筑了今天的文明。

在漫长的历史长河中，人类经历了石器时代、青铜器时代和铁器时代，这些时代都是以当时标志性的材料来命名的。在石器、青铜、钢铁(工业革命)、硅(信息时代)等材料研究上的重大突破无疑是“人类进步的里程碑”。

何谓“金属材料”？就是指金属元素或以金属元素为主构成的具有金属特性的材料的统称，包括纯金属、合金、金属间化合物和特种金属材料等。金属材料通常又分为黑色金属、有色金属和特种金属材料。

黑色金属又称钢铁材料，包括含铁90%以上的工业纯铁，含碳2%～4%的铸铁，含碳小于2%的碳钢，以及各种用途的结构钢、不锈钢、耐热钢、高温合金、精密合金等。广义上的黑色金属还包括铬、锰及其合金。

有色金属是指除铁、铬、锰以外的所有金属及其合金，通常分为轻金属、重金属、贵金属、半金属、稀有金属和稀土金属等。有色合金的强度和硬度一般比纯金属高，并且电阻大、电阻温度系数小。

特种金属材料包括不同用途的结构金属材料和功能金属材料。其中有通过快速冷凝工艺获得的非晶态金属材料，以及准晶、微晶、纳米晶金属材料等；还有隐身、抗氢、形状记忆、耐磨、减振阻尼等特殊功能合金，以及金属基复合材料等。

半导体材料和超导材料也被归入金属材料范畴。

研究发现，有些金属具有非常奇异和特别的功能，正因如此，我们人类才会创造出丰富多彩的工业文明。这些金属主要集中在有色金属品种中。

奇妙的硅金属除了有半导体功能外，还具有光伏效应的功能，即太阳光射到硅材料上会产生电流而直接发电，其光电转化率可达20%以上。目前，对硅材料的应用开发形成了一条绿色的产业链，称之为光伏产业。这种技术不需要水，不需要燃烧其他物质，只要太阳能照到的地方就能发电。这也应该是未来具有颠覆性的技术革命。

21世纪还有一项技术，它颠覆了传统的照明方式，这就是前面介绍的LED照明技术。

如今，LED灯不再是一种舞台奢华，已经走进了普通百姓家。虽然它的制造工艺非常复杂，但由于它与其他照明技术相比省电（与白炽灯比可节省80%～90%的电能）、寿命长（可超过10万小时）、耐用、环保和用途广而将成为未来主要的照明技术。

笔者担心的是铟、镓金属的资源极其稀缺，其稀缺程度甚至远高于黄金，如果LED大规模民用，金属铟和镓的价格会超过黄金，那么，它的制造成本将会加大。

值得一提的是除了以上两种主要的新能源材料外，与新能源有关的新材料还有很多且非常关键。

用于笔记本电脑、手机、数码相机、MP4、游戏机等的高效锂电池，性能优良，现在也是电动汽车最常使用的能源方式。

以钕铁硼为代表的稀土永磁材料，不仅磁性能高，而且价格低廉，它的问世给磁体带来了革命性的变化。稀土永磁被广泛应用在各种规格的电机上。和传统电机相比，稀土永磁无铁芯电机具有高效节能、重量轻、体积小、控制调速性好、可靠性强等特点，可广泛应用于风力发电、电动汽车、工业电机、家用电机等领域，可以为电机“减肥”30%～40%。

在所有的金属材料中，结构材料是绝对的主体，其主要功能是承担如火车、汽车、飞机及其各种机械动力的负载。

结构材料的主体有钢铁、铝合金、镁合金和钛合金。位于老大位置的钢开始动摇，汽车用钢近年来已从一般钢铁发展成为使用高强合金钢、铝合金或特殊的高强镁基合金，高强钛合金等将有取代碳钢的趋势。用于军用飞机的铝合金及一般钢材则被先进的钛合金及高分子基复合材料所取代，进一步还需要发展碳纤维增强复合材料或铝基复合材料来取代它们。铝、镁、钛的合金部分取代钢是为了给笨重的机械和交通工具“减肥”，从而达到节能减排的目的。

此外，还有一些重要的稀有小金属，也有非常特殊的功能。

钨主要用于硬质合金、特种钢等产品，并被广泛用于国防工业、航空航天和信息产业，被称为“工业的牙齿”。

锗主要用于夜视仪、热成像仪、石油产品催化剂、太阳能电池等生产，并被广泛用于光纤通信领域。

金属锆主要用于核工业反应堆、航天航空工业和武器制造，其中全球90%的锆在中国加工。

钴是军用飞机和导弹的关键材料，制造一部喷气式发动机需要使用408千克钴，这是因为喷气发动机使用的超耐热合金中含有65%的钴。

写到这里，笔者还是觉得有必要对非金属矿物的利用做一些介绍，以示其完整性，尽管笔者对非金属矿物的研究并不是很专业。

在我们的生活中，非金属矿物的用量其实是相当巨大的。非金属材料包括陶瓷、水泥、玻璃这些建筑材料和能源材料、薄膜材料、粉体材料以及各种非金属纳米材料等。其中非常重要的首推陶瓷，其次是水泥，然后才是玻璃。有的非金属矿物也是极其神奇的，比如前面所讲的石墨。

对非金属材料的研究与突破是在20世纪90年代开始的，很多传统的非金属矿物产品出现了意想不到的新用途。陶瓷纤维就是一个很好的例子。

笔者记得在读研究生的时候，一位同学要报考西北工业大学张立同院士的博士研究生，有机会一起拜访了这位材料界大师。在那里笔者才知道有科学家在研究一种称为陶瓷纤维的东西，张院士介绍她的这项成果时显得非常自豪，要知道，陶瓷纤维是用在高端武器装备上的。

30多年后的今天，我国已经有了很多陶瓷纤维厂生产这种产品，虽不知道现在生产的这种产品与当年张院士研究的是否一样，但这是一个难以置信的产品，脆脆的陶瓷竟然可以做成纤维，太不可思议了。

实际上，有关陶瓷的新技术、新产品还有很多。陶瓷构件就是一个比较大的门类，Al_2O_3 陶瓷和 ZrO_2 陶瓷材料是制作陶瓷构件的材料，它们在在国防、冶金等领域有许多特殊的用途。如用它们制造用于钢铁冶金工业中的 ZrO_2 陶瓷喷嘴，还可以大量地用作陶瓷轴承。

在玻璃材料上也有很多发现和突破。现阶段国内大量使用一种能够发射红外线的节能玻璃,例如将其大规模地应用于一些高档建筑。另外,智能玻璃也是近年来新型玻璃技术的一项热门研究领域,智能玻璃通过电压的调节达到改变玻璃的透光度或对光谱的选择性。

发现矿物新用途是材料研究领域的终极目标,每一次重大的突破都可能会引起一次技术革命,同样会导致一种矿物资源替代或部分替代另一种矿物资源,从而引起矿业领域的一次洗牌。

➢ 粉体技术与矿物新资源

实际上我们早就认识并使用了矿物纤维,这就是“石棉”。

早在汉唐时期人们就从西域、四川等地挖掘“火烷布”作阻燃、绝热之用。岩石学告诉我们,地壳的9/10是硅酸盐物质,其中约有25%是结晶态,这些结晶态物质中包括30种不同的纤维状硅酸盐物质,统称为石棉,是一类水合硅酸盐的总称。

石棉具有良好的化学稳定性,不燃烧,耐热性和耐气候性良好,抗拉强度和弹性模量较高,是良好的增强材料;石棉电阻大,是良好的电绝缘材料;石棉纺织加工性能良好且价格便宜,所以在工业领域得到了广泛的应用。

石棉纤维可以分裂成极细的元纤维,其直径一般为0.5微米,长度5微米以下,在大气和水中能悬浮数周甚至数月之久,持续地造成污染。长期吸入一定量的石棉纤维或元纤维能引起石棉肺、肺癌、胸膜间皮瘤、腹膜间皮瘤和胃肠癌等。正是因为如此,许多国家选择了全面禁止使用这种危险性物质,包括大多数欧盟成员国(所有成员国在2005年禁止一切石棉的使用)和越来越多的其他国家(冰岛、挪威、瑞士、新西兰、捷克共和国、智利、秘鲁)。中国已通过国家经济贸易委员会令(2002年第32号)的形式自2002年7月1日起淘汰角闪石石棉(即蓝石棉)。

从此,石棉退出了历史舞台。那么什么可以成为石棉的替代品呢?这就是人造矿物纤维。

早在1871年，德国人在1 600℃的高温下把石头融化，在鼓风机的吹拂下，工人们像现在制作棉花糖般从矿石中抽出纤维，然后迅速冷却。这样矿棉就被生产出来了。

此后，人类又发现了玻璃纤维、陶瓷纤维和矿棉纤维等。这些材料可耐受的温度为：玻璃纤维230～250℃，矿棉纤维700～850℃，陶瓷纤维则达到1 200℃。

大家知道，玻璃纤维在光纤领域得到了极大的应用，前面专门介绍了这种划时代意义的材料，这里就不再赘述了。

1941年，美国巴布考克—维尔考克斯公司就利用天然高岭土矿物经电弧炉熔融后喷吹成了陶瓷纤维。20世纪40年代后期，美国有两家公司生产硅酸铝系纤维，并第一次将其用于航空工业；进入50年代，陶瓷纤维已正式投入工业化生产；到了60年代，已研制开发出多种陶瓷纤维制品，并开始用于工业窑炉的壁衬。1973年全球出现能源危机后，陶瓷纤维获得了迅速的发展，其中以硅酸铝系纤维发展最快，每年以10%～15%的速度增长。

在陶瓷纤维中，各种制品的比例大致为毯和纤维模块45%，真空成型板、毡及异形制品25%，散状纤维棉15%，纤维绳、布等织品6%，纤维不定型材料6%和纤维纸3%。

2014年，全球市场需求量就已突破136万吨，主要是发展中国家应用在工业领域，其中中国市场需求量在40%～50%、也就是60万吨左右。陶瓷纤维在冶金工业中的应用比隔热砖与浇筑料等传统耐材节能达10%～30%。

大家都知道，用矿物粉体（把矿物磨成粉末）来烧陶器和瓷器，还可以用来制造水泥和玻璃。那么若把金属也磨成粉末，则可用高压做成各种形态的金属器件，称为粉末冶金。

粉体在工业应用中主要作为填料使用，无非是省一点比起矿物材料来说贵得多的有机材料而已。然而，超细粉体则不同。什么是超细粉体呢？目前对于超细粉体尚无一个严格的定义，一般认为，从几个纳米至几十微米的粉体统称为超细粉体。一般超细粉体的粒径分布呈正态分布规律。例如，一种超细粉体，有70%小于1微米属于亚微米粉体，还有30%大于1微米属于微米粉体。

超细颗粒与其一般粉末比较，现已发现了一系列奇特的性质，如熔点低、化学活性高、磁性强、热传导好、对电磁波的异常吸收等。这些性质的变化主要是由于“表面效应”和“体积效应”所引起的。

尽管超细颗粒的有些特性和应用尚待进一步研究开发，上述的奇特性质已为其广泛应用开辟了美好的前景。超细颗粒的粒径越细，熔点就降低得越显著，如银块的熔点为900℃，其超细颗粒的熔点可降至100℃以下，还可溶于热水。金块的熔点为1 064℃，而粒径为20A的超细颗粒的熔点仅为327℃。

所以，在超细颗粒状态下，由于熔点降低，则可在较低的温度下对金属、合金或化合物的粉末进行烧结，制成各种机械部件，这样不仅节省了能耗，同时还降低了制造工艺的难度，更重要的是可以得到性能优异的部件。如高熔点材料碳化钨（WC）、碳化硅（SiC）、氮化硼（BN）、氮化硅（Si_3N_4）等作为结构材料使用时，其制造工艺需要高温烧结；当使用超细颗粒时，就可以在很低的温度下进行，且无需添加剂就能获得高密度烧结体。这将对高性能无机结构材料开辟更广的应用途径具有重要意义。

超细颗粒的直径越小，其总比表面积就越大，表面能相应增加，具有较高的化学活性。由此可用于化学反应的高效催化剂，还可用于火箭固体燃料的助燃添加剂。已有的实践表明，超细颗粒的镍和铜——锌合金为主要成分制成的催化剂，在有机物氢化方面的效率是传统催化剂的10倍；在固体火箭燃料中加入不到1%重量的超细颗粒的铝粉或镍粉，每克燃料的燃烧热量可增加一倍左右。

超微细 r-Fe_2O_3 磁粉用在录音带或录像带中，信息储存量比普通磁粉高10倍。在海湾战争中，美国的隐身战斗攻击机 F-117A 号由于在其表面涂敷了钨钴—铁氧体超微细粉体材料制成的吸附层，使其在执行1 200多次空袭中无一损伤。

铜是良导体，但纳米级的铜则不导电，而绝缘的二氧化硅在20纳米时则开始具有导电性。

超细颗粒正在催化、低温烧结、复合材料、新功能材料、隧道工程、医药及生物工程等方面得到应用，并取得了令人振奋的结果。

超细粉体技术是20世纪80年代发展起来的新兴学科，它几乎应用于国民经济的所有行业，是改造和促进油漆涂料、信息记录介质、精细陶瓷、电子技术、新材料和生物技术等新兴产业发展的基础，是现代高新技术的起点。

矿物超微细粉体材料未来的发展具有以下4大趋势：

一是微细化。随着颗粒度的变小，使其本身的性能增强，并可使光、电、磁特性兼于一身。比如，日本电子公司开发的纳米级压电陶瓷材料的强度是传统压电陶瓷材料的3倍。

二是高纯化。高纯化是为了实现物质本身的特性，防止外来杂质的干扰，如精细陶瓷的光、电、磁材料及超导材料等均需高纯度。高纯度产品可产生巨大增值，99.998%的ZrO_2价格为普通耐火材料用ZrO_2的300多倍，是电子材料用ZrO_2的50多倍。

三是功能化和复合化。它是人们对材料性能追求的结果，也是高新技术发展的需求。如新型毛细管状苯乙烯—二乙烯基本离子交换树脂中r-Fe_2O_3构成的磁性材料，不仅是一种超顺磁材料，在室温下不仅具有极强的磁性，而且还具有良好的光透明性。由于具有这种特殊功能，使其在彩色成像和印刷中显示出非常好的效果。功能是材料的核心，科技的发展需要各种功能的材料，而复合的目的是人为地赋予材料新功能、改进老功能。比如在氧化锆中添加少量的稳定剂，会使其强度和韧性大大提高，可使过去只能做耐火材料的ZrO_2陶瓷，一跃成为结构陶瓷中的佼佼者，抗断裂强度大大提高。再如，含有氧化锑的亚微米级氧化锡，不但导电而且透明。

四是精细化。材料的精细化是指粉体性能的精细化，如对其颗粒度、粒度分布、颗粒形状、比表面、孔容、孔径、晶相、导电、磁性、光吸收、光导等一系列性能，不同的粉体有着不同的要求。如对不同类型的纸张要求不同晶相的碳酸钙；封装SiO_2不同的形状，会产生不同的效果。

超细粉体技术开启了矿物资源利用的又一扇窗户。

➢ “上天入海”，钛金属的新角色

2012年6月24日，我国载人潜水器“蛟龙”号，在西太平洋马里亚纳海沟创造了载人深潜新纪录，达到了7 020米。该载人潜水器完成了一系列的科学考察任务，包括海底航行、布放标志物、取水样和海底摄影摄像。

中国的载人飞船被命名为“神舟”。中国第一艘试验飞船，于1999年11月20日首航太空，称为“神舟一号”。真正载人的飞船是“神舟五号”到“神舟九号”。2012年6月16日18时37分，“神舟九号”飞船搭载航天员景海鹏、刘旺和刘洋等飞上宇宙，执行载人交会对接任务。

中国人民可以自豪地说，我们“下五洋捉鳖，上九天揽月”的伟大理想实现了。

要知道，不管是上天还是下海，其“飞船”和“潜水器”的材料要求都极高。而性能优越且极具个性的钛金属就成为了它们的宠儿。

钛金属的力学强度与钢相差不多，比铝大2倍，比镁大5倍。钛金属耐高温，熔点为1 942℃，比黄金高近1 000℃，比钢高近500℃。

钛金属在-253～500℃这样宽的温度范围内都能保持极高的强度。这个正是太空金属所必备的。正因为如此，所有的火箭发动机的壳体及人造卫星、宇宙飞船都必须是由钛合金制作的。

钛金属由于其表面极易生成一层极薄且致密的氧化物保护膜，因而表现出极强的抗腐蚀性。一般金属在酸、碱、盐的溶液中会变得“千疮百孔”，而钛金属却“安然无恙”。这个可爱的金属甚至可以抵抗强酸乃至王水的作用。它还有一个极其特殊的性质，液态的钛几乎能溶解所有的金属，因此可以和几乎所有金属形成合金。将钛板加入钢中制得的钛钢坚韧而富有弹性。钛与金属铝、锑、铍、镉、铁等生成填隙式化合物或金属间化合物。

1954年，美国研制成功了第一个实用的钛合金Ti(钛)-6Al(铝)-4V(矾)合金。Ti-6Al-4V合金在耐热性、强度、塑性、韧性、成形性、可焊性、耐蚀性和生物相容性方面均达到了较好水平，其使用量已占全部钛合金的75%～85%。许多其他合金均可看作是 Ti-6Al-4V 合金的改进型。

钛合金比其他金属制成同样重的飞机可多载旅客 100 多人。制成的潜艇，既能抗海水腐蚀，又能抗深层压力，其下潜深度比不锈钢潜艇增加 80% 。同时，钛无磁性，不会被水雷发现，具有很好的反监护作用。

钛具有“亲生物”性。在人体内，能抵抗分泌物的腐蚀且无毒，对任何杀菌方法都适应，因此被广泛用于医疗器械，人造髋关节、膝关节、肩关节、胁关节、头盖骨，主动心瓣和骨骼固定夹。当新的肌肉纤维环包在这些“钛骨”上时，就开始维系着人体的正常活动。

尽管钛元素在 200 多年前就被发现了，但它作为一个工业性材料得到应用是在 160 年后的 20 世纪 50 年代，这应归结于 20 世纪 50 年代飞行器的快速发展。

因此，这个美丽而神秘的金属一开始应用就显得那么的高贵。

近几十年来，钛合金一直用做航空发动机压气机的主体材料，是利用了钛合金比强度大的特性。比强度是指强度与密度之比，比强度大说明体积虽小但强度大，类似于小个子能扛起大重量的物体。产生巨大推力的发动机要驱动飞机在天空飞行，所用的钛合金材料是 Ti-6Al-4V（主要成分为钛、铝、钒），它的比强度高于钢和高温合金，同样也高于铝合金。

钛在飞机及其发动机中通常扮演着减轻重量（主要取代钢和镍基合金）、少占空间（主要代替铝）和适应温度（主要代替铝）的角色。这也是利用钛合金比强度大的特性。

钛在军用飞机机体上的用量也十分可观。

在早期，最突出的实例是美国的高超音速侦察机 SR71“黑鸟”，由于其飞行速度高达音速的 3 倍，飞机表面温度已高于铝合金的极限工作温度；钢则密度太大，无法达到飞行速度 1 000 千米/小时左右和飞行高度 2.4 万米等设计要求，因此必须大量使用钛合金，钛用量占飞机总结构重量的 93%，号称“全钛飞机”。

后来，美国及其他国家发展的军用飞机再没有打破这一纪录。然而，先进军用飞机的钛用量仍引人注目。例如，法国幻影 2000 战斗机的钛用量为 23%，美国 B2 轰炸机的钛用量为 26%，美国借以保持 21 世纪空中优势的第四代战斗机 F22

的钛合金用量高达41%（该机的树脂基复合材料、铝合金和钢的用量分别为24%、15%和5%）。

图3－5 美国“黑鸟”战机

显然，民用飞机机体结构中钛用量不像军用飞机那么大，其主要原因是飞机速度一般较低和更多地考虑成本的因素。然而，总的发展趋势是钛用量所占比例在不断提高。例如，波音公司第四代干线客机波音777的钛用量已占结构总重量的7%（波音707、波音747和波音757分别为0.2%、4%和6%）。另外，由于干线客机的结构总重量要比军用战斗机大得多，因此每架干线客机用钛的绝对重量是很可观的（表3－3）。

表3－3 波音公司飞机的钛材采购量

飞机型号	B737	MD-80	A320	B757	B767	A330	B747	B777	B777E
钛用量/（吨/架）	3.9	6.1	7.1	16.6	16.6	17.8	38	57	68

由于纤维增强的树脂基复合材料、金属基复合材料、金属间化合物和陶瓷材料的用量逐渐增加，致使铁、镍、钢的用量都会有所减少，但其递减量不大。因此，钛合金、镍合金和钢在发动机中的相对地位不会发生大的变化。

钛金属在人类的上天和入海中将会扮演越来越重要的角色。

➢ 稀土，是制造工业的“主菜”“配料”还是“味精”

我们一直把稀土金属比喻为工业的“味精”。现在的一些高科技产品的问世推翻了这种认识，稀土不仅已经成为工业制造领域的“味精”，还可以充当“配料”，甚至是非常重要的“主菜”。

1. 稀土“主菜”之钕铁硼

钕铁硼就是其中的一道稀土“主菜”，利用钕铁硼稀土永磁材料制造的各种电机已经应用到机械设备的各个方面，可以减轻相同性能的各种传统电机的重量30%以上，从而达到了节能减排的效果。以稀土金属为主导的这种合金不能算是“味精”吧，甚至也不是“配料”，而是实实在在的“主菜”。

2. 稀土“主菜”之稀土超磁致伸缩材料

以稀土金属为“主菜”的产品还有很多，最主要的应用是在高科技领域，其中稀土超磁致伸缩材料和稀土荧光材料就是其中最重要的两个方面。

稀土超磁致伸缩材料（GMM）是制造高端精密控制设备和器件的无可替代的材料。它是一种铽镝铁合金，该合金中有一半成分为镝和铽，有时加入钬，其余为铁，是一道地地道道的稀土“主菜”。该材料具有以下特性：伸缩系数是传统伸缩材料的40倍；响应速度快，达到毫秒级（快于人脑的反应速度）；控制精度达微米级；能量转换率高达70%（传统材料为30%左右）；产生能量大（直径10毫米的GMM可产生约200千克的推力）；驱动电压低，只需几伏电压即可驱动；频带宽达1～10 000赫兹；耐压（可承受200兆帕以上的压力）；具有逆磁致伸缩现象，即传感功能；稳定性好，不随时间变化而变化，无疲劳、无过热失效问题。

它能实现磁电能与机械能的高效转换，通过与计算机自动控制技术相结合，创新出一系列新型技术和设备。

铽镝铁大磁致伸缩材料在军事方面的应用是这种材料最早的用途之一，用这种材料制作的应用于军事和海洋工程的水声声呐显示出目前世界上最好的性能，探测距离近10 000千米，而压电陶瓷的声呐小于300千米。

在工业方面的应用包括各种精密控制和超声应用，涉及机械工业、电子工业、石油业、纺织业、医疗业等方面。在高精密度控制方面的应用，如超精密机床、机器人、主动减振系统、线性马达、高速阀门、伺服阀、汽车燃油电喷阀、超声清洗、打孔、破碎、超声医疗器具、各种精密仪器、计算机光盘驱动器、打印机等。

在超大规模集成电路的制作上，使用该材料制作精密定位系统，可使集成电路成几十倍增加，而体积则大大缩小，这对电子工业将产生深远的影响。

在民用方面，主要应用的领域有照相机快门、编织驱动器、助听器、高保真喇叭、超声洗衣机、家用机器人等。

有专家认为，稀土超磁致伸缩材料的应用可诱发一系列的新技术、新设备和新工艺。它是一个可以提高一个国家竞争力的材料，是21世纪的战略性智能材料。

3. 稀土“主菜”之稀土荧光材料

稀土元素原子具有丰富的电子能级，因为稀土元素原子的电子构型中存在着4f轨道，为多种能级跃迁创造了条件，从而获得多种发光性能。稀土是一个巨大的发光材料宝库，在人类开发的各种发光材料中，稀土元素发挥着非常重要的作用。

自1964年掺铕氧化钇（Y_2O_3:Eu）被用于制造荧光粉以来，稀土发光材料得到了迅猛的发展，大多数稀土元素或多或少地被用于荧光材料的合成，稀土发光材料已成为显示、照明、光电器件等领域中的支撑材料，并不断有新的稀土荧光粉出现。

稀土三基色荧光灯，它含有钇、铕和铽稀土荧光粉，能发出更亮的光，比标准荧光灯更接近太阳光谱。同时这种光可以节省50%的能耗，三基色荧光粉是将3种发射窄带红（611nm）、绿（545nm）和蓝（450nm）色光谱的3种荧光粉混合而成。在灯管上先涂一薄层卤磷酸盐荧光粉，然后再涂一薄层三基色荧光粉。每支三基色荧光灯管平均含4.5克荧光粉，其中包括60% Eu^{3+}（三价铕）掺杂的氧化钇（红粉）、30% Tb^{3+}（三价铽）激活的铈镁铝酸盐（绿粉）和10% Eu^{2+}（二价铕）激活的钡镁铝盐（蓝粉）。

我国已经能够生产多品种稀土三基色紧凑型节能荧光灯，如 H 型、U 型、M 型、2D 型、菱型、球型、螺旋型、伞型和异型等，成为世界上款式最多、品种最全的紧凑型荧光灯生产国。稀土三基色节能荧光灯除紧凑型外，还有直管型、环型和方型；同时还有稀土特种荧光灯的加盟，功率 1 ~ 120 瓦，分别有冷阴极荧光灯、外电极荧光灯、无极荧光灯、低压霓虹灯、保健灯、植物生长灯、水族灯和紫外灯等。我国稀土紧凑型节能荧光灯的产量占世界总产量的 80% 以上，且 70% ~80% 出口国际市场，以 OEM 为主，然而出口价格却十分低廉。我国对世界的绿色照明事业做出极大贡献的同时也付出了巨大的代价。

随着 T5、T8 高光效稀土节能荧光灯需求量的逐年增长，稀土荧光粉也保持逐年增长。从 1986 年的 1.2 吨/年发展到 2010 年的 8 000 吨/年，且粉的质量普遍提高。据统计，2014 年我国稀土荧光粉产能已达 3 万吨/年。年产量从 2010 年的 40 多亿支发展到 2015 年可达 60 亿支，将消耗灯用稀土荧光粉近 1 万多吨，折合成三价铕和二价铕 7 000 吨，三价铽 3 000 吨。

4. 稀土“配菜”之磁致冷材料

磁致冷材料是用于磁致冷系统的具有磁热效应的物质。磁致冷首先是给材料加磁场，使磁矩按磁场方向整齐排列、磁熵变小，然后再撤去磁场，使磁矩的方向变得杂乱、磁熵变大，这时材料从周围吸收热量，通过热交换使周围环境的温度降低，从而达到致冷的目的。

磁致冷材料是磁制冷机的核心部分，即一般称谓的制冷剂或制冷工质。

磁致冷材料基本上都是以稀土金属为主要组元的材料或化合物，尤其是室温磁致冷几乎全部采用稀土金属钆（Gd）或钆基材料。这种材料有 $Gd_3Ga_5O_{12}$ GGG 石榴石，GGG 还可用作磁泡存储器晶体材料 Dy∶Al_5O_{12} DAG 石榴石等。另外还有 $Dy_2Ti_2O_7$、$GdOH_3$、Gd_2PO_{33} 和 $DyPO_4$ 等其他材料。

由这些材料的构成来看，稀土成分大概占到材料总质量的 30% 左右（有的比 30% 还低一点），稀土在其中的作用非常大，但含量又相对少一些，所以称之为“配菜”。

目前一种新型的磁致冷材料 $Gd_5Si_4Ge_2$ 已被开发出来，其优点是磁热效应大，且使用温度可以从30K(-243℃)左右调整到290K(17℃)。美国已成功开发出第一台室温磁致冷样机。用磁致冷材料代替传统制冷剂,不仅可以减少环境污染,还可以节约电能,且致冷材料可以重复使用。

也许有一天冰箱和空调机中也会采用磁致冷机。低温磁制冷装置具有小型化和高效率等独特优点,广泛应用于低温物理、磁共振成像仪、粒子加速器、空间技术、远红外探测及微波接收等领域,某些特殊用途的电子系统在低温环境下,其可靠性和灵敏度能够显著提高。磁致冷是使用无害、无环境污染的稀土材料作为制冷工质,若取代目前使用氟利昂制冷剂的冷冻机、冰箱、冰柜及空调机等,可以消除由于生产和使用氟利昂类制冷剂所造成的环境污染和大气臭氧层的破坏,因而能保护人类的生存环境,具有显著的社会效益。

迄今为止,在这方面的有关研究开发中,发现磁致冷是制冷效率高、能量消耗低、无污染的制冷方法之一。从目前美国室温磁制冷技术的研究进展情况看,预计2015年以后,室温磁致冷技术有可能在汽车空调系统中得到实际应用之后,并将进一步开发家用空调和电冰箱等磁制冷装置。美国和日本在磁致冷材料、技术和装置的研究开发中居领先水平,这些发达国家都把磁致冷的技术研究开发列为重点攻关项目,并投入了大量资金、人力和物力,竞争极为激烈,都想抢占这一高新技术领域。

5. 稀土"配菜"之稀土激光材料

激光是一种新型光源,它具有很好的单色性、方向性和相干性,并且可以达到很高的亮度。与激光技术相应发展起来的各种晶体,如非线性晶体,能对激光束进行调频、调幅、调偏及调相作用;能修正传输过程中激光图像的畸变;热电探测晶体能灵敏地探测到红外光等。

激光与稀土激光材料是同时诞生的。据专家估计,自21世纪以来,大约90%的激光材料都涉及稀土。

自从1960年在红宝石中出现激光以来,同年就发现用掺钐(Sm)的氟化钙($CaF2:Sm^{2+}$)可输出脉冲激光。1961年首先使用掺钕的硅酸盐玻璃获得脉冲激光,从此开始了具有广泛用途的稀土玻璃激光器的研究。

1962 年首次使用掺钕的白钨矿（$CaWO_4$:Nd^{3+}）晶体输出连续激光，1963 年首次研制出稀土螯合物液体激光材料，使用掺铕的苯酰丙酮的醇溶液获得脉冲激光，1964 年找出了室温下可输出连续激光的掺钕的钇铝石榴石晶体（$Y_3Al_5O_{12}$:Nd^{3+}），它已成为目前被广泛应用的固体激光材料，1973 年首次实现铕一氦的稀土金属蒸汽的激光振荡。

由此可见，在短短的十多年里，稀土的固态、液态和气态都实现了受激发射。在激光工作物质中，稀土已成为一族很重要的元素。这均与其具有特殊的电子组态、众多可利用的能级和光谱特性有关。

稀土激光材料可分为固体、液体和气体 3 大类。但后两大类由于其性能、种类和用途等远不如固体材料，所以一般所说的稀土激光材料通常是指固体激光材料。固体激光材料又分为晶体、玻璃和光纤激光材料，而激光晶体则占据了主导地位。

稀土材料是激光系统的心脏，也是激光技术的基础。由激光而发展起来的光电子技术，不仅广泛用于军事，而且在国民经济的许多领域，如光通信，医疗，材料加工（切割、焊接、打孔、热处理等），信息储存，科研，检测和防伪等方面也得到了广泛应用，形成了新的产业。在军事上，稀土激光材料广泛应用于激光测距、制导、跟踪、雷达、激光武器和光电子对抗、遥测、精密定位及光通信等方面，提高和改变了各军种和兵种的作战能力和方式，在战术进攻和防御中起到了重大作用。高功率激光材料可装备激光致盲武器，以及光电对抗等武器。光发射二极管（LED）的激光晶体制成的激光器输出光束质量好，非线性移频效率高，可把毫瓦级的激光移频到蓝光、绿光和红光区，用于光存储、显示、遥感、雷达和科研等。

6. 稀土“配菜”之稀土储氢材料

人们很早就发现，稀土金属与氢气反应生成稀土氢化物（REH_2），这种氢化物加热到 1 000℃以上才会分解，有点类似于“可燃冰”。而在稀土金属中加入某些第二种金属形成合金后，在较低温度下也可吸、放氢气，通常将这种合金称为储氢合金。

$LaNi_5H_5$，即 $LaNi_5$ 的合金氢化物，其中氢的密度与液氢密度相当（约为氢气密度的1 000倍)的特点是在20世纪60年代由荷兰菲利浦公司首先发现的,代表着稀土储氢材料进入新纪元。

本世纪以来,在La-Ni二元系稀土储氢材料的基础上正向多元化发展,其性能也偏向于使用。结构决定性质,一般通过改变化合物的元素比来改变其性能,多元化发展是指通过添加或置换不同性能的储氢合金在化合物元素成分上得到改变从而获得不同性能的储氢材料,如以混合稀土元素取代高价铁元素得到混合稀土镍合金;以钕元素代替镧元素获得多元合金抗氧化性能极高的镍氢二次电池。作为储氢材料则需吸、放氢的性能优异,所以在近几十年来发展出金属氢化物储氢材料,且其所属功能齐全。

储氢合金最显著的用途就是制成储氢容器,并且是需要研制大容量的储氢容器。利用镍铝系稀土储氢合金制成的储氢容器,与等容积的高压氢气瓶相比,在一定程度上减轻了容器的质量,其最明显的优势即是容器体积大大减小。

储氢合金还有一特点就是具有良好的提纯效果,在一次吸、放氢的循环中,可使得氢的纯度大大提高。有具体数据显示,在吸进纯度为4位的氢放出之后纯度的有效数字则为7位,且国家正致力于研制高度提纯氢气的装置。

稀土镍氢电池是近几十年来发展的二次电池,因负极用的是稀土镍储氢材料而得名,其具体组成正极为氧化镍或镍,负极稀土为镍储氢材料,是$LaNi_5$型结构,其电解液为KOH溶液。$LaNi_5$作为负极材料时因为在碱性溶液中发生可逆的电化学反应大量吸放氢气,从而实现镍氢二次电池的充、放电,且此过程中不产生如水类活性物质的转化。

稀土储氢电池具有高容量、能够快速充电、没有记忆效应等优点。21世纪以来有专家学者发现在混合稀土镍氢合金中,加入锰可扩大储氢材料的晶格和吸氢能力,合金性能大为提高。

7. 稀土“味精”:添加所产生的奇妙效果

稀土和有色金属极其亲密,添加少量的稀土金属可大大改善有色金属合金材料的功能。

6063稀土铝合金是一种最常用的变形合金,多用于工业和民用建筑,其成分中 Mg 占 0.67% ~0.70%,Si 占 0.45% ~0.48%,Fe 占 0.20% ~0.21%,其余为铝。在该合金的熔炼过程中加入 0.20% ~0.25% 的稀土金属,可以使抗拉强度提高 24%,挤压速度提高 50%,成材率提高 3%,并可改善表面质量。

一般轴瓦材料用的是锡青铜(即巴氏合金),但价格却较贵。用稀土耐磨铅青铜合金(RPH)的使用寿命是巴氏合金的 1.5 倍,而其成本比后者还降低了 5 000 ~6 000 元/吨。

硬质合金用于金属的切削、钻头、模具等方面,其硬度大、强度高,但抗弯性差、易打损。稀土添加剂同黏结剂与硬质相 WC、TiC 一起球磨钛,制备硬质合金原料粉,再经压型烧结工艺过程生产的硬质合金,抗弯强度提高约 15%,硬度提高 50%,使用寿命提高一倍以上。

稀土镁合金比强度高,对减轻飞机重量,提高战术性能具有广泛的应用前景。中国航空工业总公司研制的稀土镁合金包括铸造镁合金及变形镁合金约有 10 个牌号,很多牌号已用于生产,质量稳定。稀土元素在镁合金中溶解度大,因而有明显的热处理强化作用。在铸造和变型镁合金中加入金属钕、钇可显著提高强度和工艺性能。目前已工业化生产的铸造镁合金有 ZM2、ZM4、ZM6,变型稀土镁合金有 BM6、BM25。

高导电铝电线的成分为 Al-RE,稀土的加入量为 0.15% ~0.3%。在较高温度下(<150℃)使用的高导电稀土铝导线其成分为 Al-Zr-RE,载流量为纯铝线的 1.6 ~2.0 倍,用作大电流导线。

钴基合金中加入 0.1% ~0.2% 的钇,镍基合金中加入铜或铈,能使材料的耐腐蚀性能提高 10 倍。在镍铬合金中,稀土对提高合金的抗氧化性能有着明显的作用,如在 Ni -30Cr 合金中加入 0.3% 的 Y;0.05% 的 La 和 Ce,合金在 1 200℃ 和 1 300℃ 下的寿命分别为 2 970 小时和 613 小时,而未加稀土的同一镍铬合金,在上述温度下,其寿命仅为 1 518 小时和 270 小时。

稀土的这种奇妙无比的具有“味精”或“调料”般的性质决定了它可以添加在任何金属和非金属中、有机和无机化合物材料中,可以产生一些意想不到的效果,由此我们可以发挥无穷的想象力来研究和发现各种奇妙的功能材料。

8. 稀土“味精”之催化剂

催化剂是一种能够改变反应速度但自身不发生化学变化的物质。它不参与反应，但有少量存在就能加快反应，即可改变化学反应的速度。稀土催化剂及助催化剂的种类繁多，但目前形成产业化的只有石油裂化催化剂、汽车尾气净化催化剂及合成橡胶催化剂。

石油在催化裂化加工过程中采用稀土沸石裂化催化剂，由于其特异的催化性能，使催化裂化工艺发生了一场革命性的变化。它可以大幅度提高原油裂化转化率，增加汽油和柴油的产率。在实际使用中，原油的转化率可以由35%～40%提高到70%～80%，汽油产率提高7%～13%。运用稀土分子筛催化剂进行石油裂化催化，具有原油处理量大、轻质油收率高、产品质量高、活性高、生焦率低、催化剂损耗低和选择性好等优点。

随着汽车的普及和人们对汽车尾气污染危害认识的加深，要求控制汽车尾气污染的呼声也越来越高。汽车尾气净化催化剂是控制汽车尾气排放，减少汽车污染的最有效的手段。含稀土的汽车尾气净化催化剂较贵金属催化剂具有价格低、热稳定性好、活性较高、使用寿命长的特点。汽车尾气中的有害成分主要有一氧化碳（CO）、碳氢化合物（HC）和氮氧化物（NOx）。稀土汽车尾气净化催化剂所用的稀土主要是以氧化铈、氧化镨和氧化镧的混合物为主，稀土汽车尾气净化催化剂由稀土与钴、锰、铅的复合氧化物组成，是一类三元催化剂，具有钙钛矿、尖晶石型结构，氧化还原活性较高，其中氧化铈是关键成分。由于氧化铈具有氧化还原特性，能有效地控制排放尾气的组分。净化汽车尾气的催化剂在汽车排气管内，借助于排气温度和空气中氧的浓度，对尾气中的CO、HC和NOx同时起氧化还原作用，使其转化成无害物质CO_2、H_2O、N_2。用于汽车尾气净化催化剂的载体通常有陶瓷、金属蜂窝体、氧化铝小球和金属网状骨架等。稀土可作为陶瓷载体的稳定剂，也可作为活性组分。

20世纪发展起来的高分子材料工业给人类社会带来了巨大的物质文明。橡胶作为高分子材料的重要组成部分，具有其他材料不可替代的特殊性能，成为国民经济和日常生活中不可缺少的重要物质。橡胶就其来源而言，有合成橡胶和天然橡胶之分。目前,合成橡胶的产量及应用范围已大大超过了天然橡胶,成为重要的合成材料品种并获得了迅速的发展。

合成橡胶是以石油为原料发展起来的新兴石油化学工业。在石油炼制和催化裂化过程中,生成大量有价值的单体如乙烯、丙烯、丁二烯和异戊二烯等,这些均为合成通用橡胶品种的重要单体,这些单体通过聚合的方法能够合成高分子化合物。

我国在稀土催化合成橡胶方面的研究工作起步较早,不仅将稀土催化剂应用于丁二烯定向聚合,也首次公开报道了稀土催化剂定向聚异戊二烯。由于各国科学家的共同努力,稀土催化剂的活性在不断提高,催化剂的应用范围也在不断扩大。稀土催化聚合的稀土顺丁橡胶在抗疲劳寿命、动态磨耗及生热性能等方面均优于传统的顺丁橡胶品种。稀土异戊橡胶的性能也达到或超过了同类橡胶的水平。

稀土催化剂是一种有独特性质的合成橡胶催化剂。我国的稀土资源丰富,随着石油化学工业的发展,可提供大量的双烯类的单体。我国是一个天然橡胶资源贫乏的国家,每年要从国外进口大量的橡胶,这也为稀土催化合成橡胶工业提供了极好的发展机遇。

➢ 节能减排——有色金属的新使命

在我们心里,有色金属是一个高耗能的行业。

耗能大户当属电解铝。从我国总体来看,2011 年现有铝冶炼企业的电解铝综合交流电耗为 14 000 千瓦时/吨左右,2014 年虽然降到了 13 800 千瓦时/吨左右,但还是高耗能。如果考虑电解铝的原料氧化铝,则耗能就更高。

当然,从单向产业链来看,有色金属的确是高耗能的行业。

为了描述方便,下面以有色金属中的铅为例。铅的单向产业链较短,从铅锌矿山开采到选矿,再到冶炼和加工。铅的加工 90% 应用于铅蓄电池。

铅锌坑采矿山原矿综合能耗为6.5～7.1千克标准煤/吨矿、露采矿山铅锌矿综合能耗为1.1～1.3千克标准煤/吨矿。铅锌选矿综合能耗为12～14千克标准煤/吨矿。矿石耗用电量低于45千瓦时/吨。现有铅冶炼企业，粗铅综合能耗为600～650千克标准煤/吨，电铅直流电耗为120千瓦时/吨左右。如果不考虑物流电耗或能耗，从采矿到电铅的能耗总量为660千克标准煤/吨左右，和钢铁的综合能耗差不多。

大家想一想，如果考虑这些金属的循环呢？也就是说从循环经济的角度来考量，它们还会是高耗能的吗？

从发达国家的经验来看，用于铅蓄电池的铅是可以全部回收利用的，在再生过程中的消耗几乎为零。也就是说，从矿山生产出来的铅，经过许多过程生产出各种产品，其总量的90%是可以回收的，并且是可以无限次的循环利用。

从现有技术来看，再生铅冶炼的能耗应低于130千克标准煤/吨铅，电耗低于100千瓦时/吨铅。通过无限次回收利用，其电耗最终接近再生铅的电耗或能耗。

如果从减排的角度讲，你还会认为这个金属是高耗能的吗？

再举一个新的有色金属的例子——多晶硅。

据陕西天宏硅材料有限责任公司对光伏电池全寿命进行的能量平衡测算，以原料硅砂为起点，到制成晶体硅光伏发电系统，光伏制造产业链总能耗为2.6千瓦时/瓦，折标煤为888.2克标准煤/瓦。按我国每瓦晶硅太阳能电池年发电1.5千瓦时计算，晶硅太阳能电池在电池寿命期内，平均发电量可达45千瓦时。将制造环节的能耗与发电量结合测算，光伏发电的平均能耗折标煤为19.73克标准煤/千瓦时。而2014年全国发电煤耗平均为330克标准煤/千瓦时，光伏发电的能耗还不到煤电的6%。

如果再考虑晶体硅的再生利用，其结果又是如何呢？

有色金属在节能减排中扮演的角色远不止这些，轻量化可能更为重要。

一般说来，当汽车每减轻1千克时，每升汽油可多行驶0.011千米。如果该车行驶10万千米，则减轻1千克可节省11升汽油；若减轻500千克，则可节省燃油5 500升。德国专家称：如果汽车减轻质量10%，则可降低油耗5%。对行驶10万千米的汽车来说，材料、制造和行驶所消耗的总能量比例为：汽车材料所耗能量为15%，制造汽车所耗能量为7%，汽车行驶所耗能量为78%。由此可见，汽车轻量化与节省燃油的关系十分密切。

汽车轻量化必须研究和使用轻质材料，铝镁合金成了最佳的选择。铝合金的比重仅为钢的1/3，与其他材料相比，轻量化效果好、成本较低、耐腐蚀性、可回收利用，被广泛应用于发动机、传动系统、车身和底盘部件。镁合金的比重为1.8，比铝轻1/3，强度和刚性也较好，作为轻量化材料一直备受业界的关注。

镁铝合金同样已经用于高铁以减重。

航空航天中使用的飞行器，其中的飞机是交通工具中油耗最大的，它的轻量化对于节能减排至关重要。前面在钛金属的应用中已经讲到了。

有色金属的节能还表现在照明领域的节能上。LED就是一个典型的例子。LED是一种由铟、镓、砷和磷组成的如砷化镓（GaAs）、磷化镓（GaP）、磷砷化镓（GaAsP）、磷镓化铟（InGaP）等制成的电致发光的半导体二极管，它具有小巧、可靠、寿命长、低压、节能、无污染等特点，与白炽灯相比可节省80%~90%的电能。

进入21世纪的今天，科学技术让传统的有色金属焕发出新的光辉，光伏发电的晶体硅、交通工具上用于轻量化的镁铝钛以及照明革命中的可作为半导体的有色金属，它们肩负着节能减排的新使命。

➢ 吃干榨净，将循环经济进行到底

参观陕西有色集团金堆城钼矿给笔者留下了深刻的印象。

金堆城钼矿床是一个矿石储量近10亿吨的单一钼矿床，所有的伴生组分都达不到综合回收的标准。据勘探报告资料介绍，含量稍高的伴生元素有硫2.8%，铜0.028%，全铁7.9%（其中黄铁矿2.8%、磁铁矿0.7%），银3克/吨，铼35.9克/吨。回收利用研究查实铼分布在辉钼矿中，银主要分布在铜矿物中。所以铼不需要另外的工艺回收，银的回收依靠铜的回收能否实现。

但是,实际上金堆城钼业公司却做到了对远低于伴生组分含量的铜、铁、硫进行了回收。由于铜钼伴生密切,在钼的粗选段铜钼一起上浮,精选后铜矿物富集到了钼精矿的尾矿中,铜含量大约为0.5%~1%。然后采用浮选法回收铜,获得铜品位在22%以上、回收率超过80%的良好效果。同时,银也富集到了铜精矿中,银在铜精矿中达到100克/吨以上,可以计价销售。

在进行铜的回收实践中发现选铜尾矿中含硫4%,且大部分为黄铁矿,于是决定对这部分黄铁矿进行回收,经过多次实验获得硫精矿品位48%、回收率63%的较好回收效果。此外,对含量仅0.77%的磁铁矿也进行了回收利用。真正做到了对矿石中有用组分的“吃干榨尽”,也为公司创造收益超亿元。

除了矿山综合利用外,节水和减排是矿山循环经济的另一项重要内容。

笔者参观过南非很多的矿山企业,由于南非的金矿大多位于平原地区,找尾矿库是个难题,并且南非还缺水。因此,南非的大多数矿山对尾矿的处理都是干堆。如果你从约汉内斯堡出发,向西或向南沿公路可以看见很多梯形山上长满了草,已经看不出那是尾矿堆或废石堆。其实那就是开采金矿留下的尾矿堆或废石堆。

尾矿脱水(尾矿干堆)是指由选矿流程输出的尾矿浆经多级浓缩后,再经脱水振动筛等高效脱水设备处理,形成含水少、易沉淀固化和利用场地堆存的矿渣,将其转运至固定地点进行干式堆存。尾矿脱水干堆在西方国家由于环保的要求实现得较早,在我国是最近几年才兴起的。

世界著名的白云鄂博矿床的西矿体是由巴润矿业公司开发的,它采用的就是干堆技术,即将尾矿浆经过处理后挤压成为干片状的尾渣饼,然后传送到尾矿干堆场里分层堆放。为防止粉尘污染,对进入干堆场的尾矿推平并进行碾压。每逢干旱季节,还在场内喷雾洒水,使其经常保持湿润状态。这样一来,压滤处理后的尾渣中含有的微量氰化物等有害物质,已被封闭在干堆场里,避免了外渗和扩散,经过长期的露天曝晒和自然降解,已基本消除了对环境的危害。

在白云鄂博这样十年九旱的地区,干堆工艺显著的节水优势尤为突出。据初步统计,采用浓缩堆放,理论上每年可节水约400万吨。

遗憾的是，这样一个利国利民的好事在我国一直拿不出一个国家标准来。矿山企业干堆工艺往往通不过国家环保和安全部门的验收，企业只能建两套，一套是按环保和安全部门的标准建设的尾矿库，一套是按干堆的技术方案进行堆放，不仅增加了企业的建设成本，还增加了企业的维护及安全成本。虽然节水了，也减少了环境保护方面的担忧，但是庞大的尾矿库建设成本让大多数矿山企业依旧采用传统的工艺进行排放。

除了在矿山选矿工艺中尽可能地回收有用矿物外，其冶金过程中的综合利用则更为重要。

金属冶炼必须以产业园为承载，构建一体化的产业链条，实现企业循环式生产，资源循环式利用，实现减量化，提高资源利用率和资源综合利用率，确保资源被"吃干榨净"。在这方面，我国已处于世界领先水平。

以富氧底吹炼铅为例。它是通过底吹熔炼炉将硫化铅精矿熔化、氧化脱硫、造渣，冶炼出粗铅，然后利用电解精炼工艺生产出精铅。与传统的氧气侧吹或顶吹等工艺最大的区别是，富氧底吹熔炼是将氧枪置于炉体的底部，氧气由底往上吹，原料由上往下落，原料和氧气接触充分，能够实现原料的充分燃烧。该工艺还可用来处理副产品阳极泥生产金银，底吹炉烟气制成酸，烟化炉处理鼓风炉渣回收氧化锌。利用余热锅炉实现高温废气再利用进行余热发电，废气可实现零排放。而过去被视为"负担"的炉渣也可以变为氧化锌产品。

铅精矿通过该工艺可以生产电解铅，同时回收黄金、白银、硫酸 15 万吨以及综合回收铜、锌、锑、铋、碲等 10 多种元素。与烧结机冶炼工艺相比，吨铅综合能耗降低 56.9%，各种排放标准都优于国家标准规定。该工艺经过不断改进，现在还可以用于其他硫化物的冶炼，如铜冶炼。

东营方圆有色金属有限公司把氧气底吹工艺应用于铜的熔池熔炼领域，一改国内外大力发展闪速熔炼和各种顶吹、侧吹熔池熔炼技术，成功发明了氧气底吹炼铜工艺，把国内外铜冶炼技术甩在了后头。该工艺的好处很多，前面已有总结，在此不再赘述。

还有一种冶炼工艺不得不提，那就是湿法冶金工艺。这种工艺最早应用于处理铜氧化矿石中，现在能用该工艺处理的矿石类型很多，如锌、锰、钒、铜、铀等。

云南冶金集团公司自主研发的绿色冶炼工艺即硫化锌精矿加压浸出、长周期电解工艺是对传统湿法冶金的突破，尤其是在处理高铁硫化锌精矿中。该项技术包括加压浸出技术、装备的集成创新和湿法炼锌设备等，在国内的锌冶金领域首次实现了不产生二氧化硫尾气，率先开发成功48小时锌电解技术和自动剥锌技术。

应用加压浸出技术，硫化锌精矿冶炼中锌的一次浸出率可达98%以上，锌总回收率为94.25%，均达到国际先进指标；应用长周期电解技术，实现了48小时电解自动剥锌，实现人均年剥锌量8 333吨，比人工剥锌人均年剥锌量327吨高出了8 006吨，效率提高了20余倍。并且通过技术攻关，对生产的废水、废气和废渣实现了综合利用，利用二氧化硫烟气制酸，对污水循环利用，从废渣中可以提取镉、铜、铅、铁等10多种有价金属。

图3-6　南非南深井金矿俯瞰图，其中亮色为废石和尾矿干堆场

2008年以来，一些企业把铝电解生产适度延长了产业链，一方面向上游延伸，实现了煤-电-铝一体化；另一方面，向下游产品伸延，积极发展铝合金及铝大板锭产品，减少了铝的二次熔化损失，提高了利用效率。在循环链条中充分利用余热发电和炼渣的综合回收，从而达到节能减排的目的。

对于高能耗的有色金属工业来说，再生利用可以大大减少资源和能源的消耗。据统计，再生有色金属的生产费用大约只有从矿石生产有色金属费用的一半。生产每吨再生铝比从矿石生产每吨铝节约投资87.5%，生产费用降低40% ~ 50%。金属再生利用已成为实现节能减排的重要结构性措施。

根据《2013年中国再生有色金属产业发展报告》，2013年中国再生有色金属产业主要品种（铜、铝、铅、锌）总产量约1 073万吨。其中再生铜产量约275万吨，再生铝产量约520万吨，再生铅产量约150万吨，再生锌产量约128万吨。2014年，我国主要再生金属产量超过了1 200万吨，据此计算可以年节约矿产资源2 000万吨以上（金属量），节约能源4 680万吨标准煤，节水47亿吨，减少排放二氧化硫120万吨，少排尾矿、赤泥、炉渣等固体废物2.6亿吨以上。

“吃干榨尽”也就是尽量做到接近零排放。实际上，现在能做到接近零排放的矿业企业中可能也只有冶炼企业，而矿山企业要做到零排放还任重而道远。这里主要是尾矿，尾矿的综合利用是未来矿业必须解决的重要难题。

➢ 寻找开发海底矿物资源的新钥匙

中国载人潜水深度进展神速。

2009年，中国在南海成功进行了20次下潜，最大下潜深度达1 109米。

2010年8月26日，“蛟龙号”深海载人潜水器在南海取得3 000米级海试成功，最大下潜深度达到3 759米。这也标志着中国成为继美、法、俄、日之后第5个掌握3 500米以上大深度载人深潜技术的国家。

2011年7月26日，“蛟龙”号首次下潜至5 038.5米，顺利完成了本次5 000米级海试的主要任务。

2012年6月27日，“蛟龙”号下潜最深达到水下7 062.68米，创造了中国载人潜水器的新纪录。

“蛟龙号”拥有世界上同类型载人潜水器的最大下潜深度——7 000米，这也意味着“蛟龙号”可在占世界海洋面积99.8%的广阔海域自由行动。

图3－7　蛟龙号潜水器（图片来自人民网）

海底漆黑一片，“蛟龙”号不是去旅游的。它的任务多，尽管这东西不大（长、宽、高分别只有8.2米、3.0米与3.4米），速度也不快（最大速度为每小时25海里，巡航每小时1海里），海底探索仿佛是瞎子摸象。但是，如果技术成熟，它将担负起运载科学家和工程技术人员进入深海，在海山、洋脊、盆地和热液喷口等复杂海底有效执行各种海洋科学考察任务，开展深海探矿、海底高精度地形测量、可疑物探测和捕获等工作，并可执行水下设备定点布放、海底电缆和管道的检测以及其他深海探询及打捞等各种复杂作业。

笔者记得在2008年参加加拿大探矿者年会上，总部设在加拿大的鹦鹉螺矿业公司（Nautilus Minerals）正在准备实施世界上首个大型深海采矿项目。这个项目位于巴布亚新几内亚的巴布亚岛附近1 600米深的海域，鹦鹉螺矿业公司正在进行谈判，希望在2011年或2012年投入运营。这家公司的海底采矿融资项目引起了笔者的好奇。

石油的深海采油可达1 500米水深，但是矿物资源的深海采矿能否可行？

时隔不到4年的2011年1月，巴布亚新几内亚政府向鹦鹉螺矿业公司授予了世界上第一例深海采矿租约，矿山开采权时间为20年。允许其实施在太平洋西南部俾斯麦海域（Bismarck）海的“Solwara 1”项目。该租约涵盖面积约59平方千米。鹦鹉螺矿业公司拟在水深约 1 600 米的海底进行高品位铜和金矿石的开采。据公司网站信息报道，该采矿区金矿储量为 10 吨，铜矿储量为 12.5 万吨。折合铜品位 2.6% 以上的推定硫化矿石量 103 万吨，铜、金、银和锌品位分别为 7.2%、5 克/吨、23 克/吨和 0.4%。

海底采矿从概念发展到了现实可行，海洋矿物资源的瓜分游戏已经开始。

我们知道，海底最常见的金属矿物要数锰结核（锰块团）。据初步调查，每平方米的海底约有 60 千克的锰结核，它所含的金属成分有锰 27% ~30 %，最高可达 55%，镍 1.25% ~1.5 %，铜 1% ~1.4 % 及钴 0.2% ~0.25 %。其他成分还有铁 6 %，最高可达 37%。

仅就太平洋底的储量而论，这种锰结核中含锰 4 000 亿吨、镍 164 亿吨、铜 88 亿吨和钴 98 亿吨，其金属资源相当于陆地上总储量的几百倍甚至上千倍。

如果按照目前世界金属消耗水平计算，铜可供应 600 年，镍可供应 15 000 年，锰可供应 24 000 年，钴可满足人类 130 000 年的需要，如果把它们全部开采出来，锰可供人类使用 3.33 万年，镍 2.53 万年，钴 34 万年，铜 980 万年。这是一笔多么巨大的财富啊！而且这种结核增长很快，每年以 1 000 万吨的速度在不断堆积。因此，锰结核将成为一种人类取之不尽的“自生矿物”，真可谓是一个人类金属资源的大仓库。

我国开展大洋海底资源勘查活动始于 20 世纪 70 年代。1978 年，“向阳红 05 号”海洋调查船在太平洋 4 000 米水深海底首次捞获锰结核。此后，从事大洋锰结核勘探的中国海洋调查船还有“向阳红 16 号”“向阳红 09 号”“海洋 04 号”“大洋一号”等，它们先后在太平洋赤道水域、中太平洋海盆和东太平洋海盆进行了数十个航次的科学考察，调查面积达 200 万平方千米。

经过长达 20 余年的深海调查取样筛选，于 1999 年在太平洋圈定了一个 7.5 万平方千米的海底专属采矿区，在本世纪可预期的回采率条件下，可满足年产 300 万吨多金属结核矿开采 20 年的需求。在这块“丰产田”里，初步估算有 4.2 亿多吨金属结核，其中含锰 11 175 万吨、铜 406 万吨、镍 514 万吨和钴 98 万吨。

深海矿物资源的开发利用涉及哪些海洋技术呢？按照海底资源研究开发工

作的先后顺序，可以将深海技术归纳为勘查技术、开采技术和加工技术。

深海矿物资源勘查与陆地矿物资源勘查有很大不同，深海环境极其恶劣，高压、黑暗、低温、缺氧，加上海水的腐蚀性和破坏性都很大，所以对深海勘查技术的要求很高。

勘查离不开地形、地质测量，海底地形测量的难度不大，可以通过拖曳侧扫声纳以测绘大片海底，或用于勘查个别潜在矿区周围的详细地形。地质图的测量可以借助石油勘探的地震测深技术来解决，即通过地震测深设备获得声学图像，再利用计算机绘制海底地图。

地质勘查的基础图件是可以解决的。接下来就是如何进行资源勘探，由于海底矿物资源大多分布在水下3 000米以下，大量的人工作业是不可能的，只能依靠深海运载技术和深海机器人来完成。

深海运载技术是指运载各种电子装置、机械设备及人员到深海特定区域的超常环境中，进行特定作业的深潜技术。深海运载技术包括无人自治运载器（AUV）、有缆无人遥控运载器（ROV）及载人深潜器（HUV）。深海运载技术是人类进入地球海域内层空间，认识深海，勘探和开发深海资源必不可少的手段。同航天运载技术一样，深海运载技术是一国综合国力的象征，是意义深远的战略与前沿高技术。

深海运载技术是深海勘查技术与未来开发技术及装备的基础性技术，涉及系统通信、定位、控制、能源和材料等各种通用基础技术。因此，深海技术体系从内容上说应是深海运载技术与资源勘查技术、资源开采及加工专有技术的有机组合；从适用性上说应是既能提供适用深海多种资源勘查开发的技术基础，又能适应不同阶段技术继承与发展的需要。

深海运载技术涉及的高新技术范围很广，其关键技术包括深海运载器复合材料耐压仪表舱技术、深水耐压浮力材料技术、高精度定位技术及水下目标跟踪技术、水声通信和图像传输技术、高效生命维持系统技术和高比能量（瓦时/千克）动力装置技术等。

最典型和最重要的设备应属潜水器。它可以直接到达深海指定矿区，和深海机器人配合进行深海探矿、海底高精度地形测量等。可以开展对多金属结核资源按要求的网度进行勘查，包括对小区地形地貌以及勘探线的精细测量；可以定点采集样品（包括水样、沉积物样等）；还可以通过摄像、照相对多金属结核覆盖率、金属含量等进行评价；对多金属硫化物热液喷口进行温度测量，采集热液喷口周围的水样，并能保真储存热液水样等；对钴结壳资源的勘查，利用潜钻进行钻芯取样作业，测量钴结壳矿床的覆盖率和厚度等。

深海勘查是否成功还取决于遥感设备和技术。

海洋遥感技术主要包括以光、电等信息载体和以声波为信息载体的两大遥感技术。海洋声学遥感技术是探测海洋的一种十分有效的手段。利用声学遥感技术，可以探测海底地形、进行海洋动力现象的观测、进行海底地层剖面探测，以及为潜水器提供导航、避碰、海底轮廓跟踪的信息。卫星遥感技术的突飞猛进，为人类提供了从空间来观测大范围海洋现象的可能性。

深海开采技术经过几十年的发展和完善已经不是一件难度非常大的技术了。一般认为有 3 种方法比较经济、实用。

一种是空气提升采矿系统，由高压气泵、采矿管和集矿装置 3 部分构成。高压气泵安装在船上，采矿时，首先在船上开动高压气泵，气泵产生的高压空气通过输气管道向下从采矿管的深、中、浅 3 个部分输入，在采矿中产生高速上升的固、气、液三相混全流，将经过集矿装置的筛滤系统选择过的锰结核提升到采矿船内，其提升效率为 30% ~50%，这种采矿系统已于 1970 年试验成功，它能在 5 000 米水深处达到日产 300 吨锰结核的采矿能力。

另一种是水力提升式采矿系统。主要由采矿管、浮筒、高压水泵和集矿装置 4 部分构成。采矿管悬挂在采矿船和浮筒下，起输送锰结核的作用；浮筒安装在采矿管道上部 15% 的地方，中间充以高压空气，以支撑水泵的重量；高压水泵装置在浮筒内，其功率为 8 000 马力，通过高压使采矿管道内产生每秒 5 米的高速上升水流，使锰结核和水一起由海底提升到采矿船内。集矿装置起挑选、采集锰结核的作用。1975 年采矿试验已获成功，现能达到日产 500 吨的采矿能力。

还有一种是连续链斗采矿系统。它是在高强度的聚丙二醇脂材料编成的绳上，每隔25～50米安装一个采矿戽斗。采矿时，船上的牵引机带动绳索，使戽斗不断地在海底拖过挖取锰结核并将其提升到采矿船上，卸入船内储仓。这种采矿法是由日本人发明的，1970年8～9月在希塔提岛以北400千米、水深4 000米处进行试验并获得了成功。这种装置结构简单、适应性强、采矿成本低。

深海矿产资源加工技术的研究包括大洋多金属结核冶炼加工中间试验、富钴结壳冶炼加工实验室扩大试验、前瞻性冶金方法探索、资源的非传统应用技术及选冶尾渣的综合利用等，形成技术先进、可靠高效、节能低耗、环境友好的深海矿产资源加工技术体系，为我国圈定多金属结核商业开采矿址和圈定满足商业开发规模所需资源量的富钴结壳矿区提供技术经济评价依据。

深海矿产资源加工可以放在地面上进行，传统的一矿和加工方法都可以使用。需要特别指出的是海底矿物即使是提升至地表，矿物颗粒表面还是会附着一层盐壳，需要后续处理。

深海采矿还必须有一项技术需要突破，那就是海水淡化技术。因为长时间在海上作业，不可能带足够多的淡水，需要在海面上进行海水淡化以满足海上采矿人员的需要。

随着陆地矿产资源开发成本的提高，使得深海资源的开发从经济上来讲越来越可行，海洋技术尤其是深海技术已经成为深海矿物资源开发的关键因素，是一把开启海洋矿物资源利用的金钥匙。

第4章

资源新战略与投资新逻辑

New Resource Strategy and Investment Logics at the 21st Century

谁掌握了资源,谁就能控制世界。——美国巴黎和谈代表团顾问、地质经济学家利思

➢ 中国制造，全球离不开的产品标签

一位美国作家萨拉・邦焦尔尼在 2008 年所著的《离开中国制造的一年——一个美国家庭的生活历险》一书中描写了一位住在路易斯安那州的美国人萨拉，在清理圣诞礼品时，忽然发现“中国制造”的货物正在源源不断地侵入她家——39 件圣诞礼物中“中国制造”的有 25 件。而家里的 DVD、鞋、袜子、玩具、台灯……也统统来自中国。萨拉是一名记者，她产生了一个好奇的想法：如果过一年没有“中国制造”的日子会怎样呢？在接下来的一年中，全家人果然把萨拉的想法付诸实施。萨拉说服了她的丈夫凯文，还拉进了两个懵懵懂懂的孩子，一个 4 岁，一个 1 岁，共同做了这个“试验”。

的确，没有“中国制造”的日子有很多烦恼。就像萨拉所说的，以前再平常不过的购物在那一年里都变成了一种煎熬。没有中国的塑料轮子，凯文没有办法给儿子做一个漂亮的木头赛车。为了给孩子买鞋子，萨拉跑遍了商场，最后只好忍痛订购了一双价格 68 美元的意大利童鞋。孩子们眼巴巴地看着“鳄鱼医生”、充气游泳池、塑料光剑，掰着手指头盼望这一年早点过去，这样就可以尽情地买中国的玩具了。凯文穿着一只深蓝、一只橙色的拖鞋，似乎在嘲笑萨拉的古怪念头。蜡烛、打印机墨盒、太阳镜、咖啡机、捕鼠器……所有这些购物，都让萨拉一家大伤脑筋。

得出的结论是：没有“中国制造”，尽管美国人仍然可以活下来，但会活得麻烦很多，也昂贵很多。

可见,中国制造的商品已经深入到了美国人生活的各个方面。

其他国家是否也如此呢?

笔者记得2010年到过澳大利亚一个非常偏僻的小镇,这个小镇离澳大利亚繁华城市墨尔本300余千米。100多年前,那个地方以盛产金矿闻名,素称“小金山”,为澳大利亚的发展曾经做出过非常重大的贡献。近些年来,由于金价暴涨,又刺激了该地区金矿的勘查。

笔者去考察这个地方的金矿是在那年的11月份,正值当地的夏天。从矿山下来正好在一个路边小店休息,于是笔者便乘隙逛了逛这家路边店,它相当于一个小超市,小食品、玩具、服装、鞋帽等应有尽有。令笔者无限惊奇的是,除了小食品外,其他轻工产品几乎都清楚地写着“Made in China(中国制造)”。

巴西、南非以及欧洲莫不如此。

中国制造古已有之,那时候,开放的中国造就了富强的中国。汉唐以来,中国的“三大件”出口产品,瓷器、茶叶和丝绸几乎垄断了全球市场。在欧洲和中东,“三大件”是地地道道的奢侈品,正如中国喝的法国“拉菲”葡萄酒和时髦女士们喜欢拎的“LV”箱包一样。也正是这“三大件”造就了中国的富有,靠它换来了世界上几乎一半以上的白银。

目前的中国制造尽管非议重重,但有一点可以肯定。截至2014年年底,3.84万亿美元的外汇储备都是“中国制造”创造的。

据美国研究机构HIS数据,2010年世界制造业总产出达到10万亿美元。其中,中国占世界制造业产出的19.8%,略高于美国的19.4%,成为世界第一。而这第一的“宝座”美国从1895年一直占据至2009年。

其实,有更详尽的数据可以佐证中国制造能力“第一”是名副其实的。

2014年,我国工业增加值为22.8万亿元,占GDP的比重达到35.85%,制造业产出占世界比重约21%,在500余种主要工业品中,我国有220余种产量位居世界第一。

比如,从基础工业数据来看,2014年中国粗钢产量8.23亿吨,占世界总产量的44.3%,超过第2至第20名的总和;水泥产量24.8亿吨,占世界总产量的

60%；电解铝 2 435.8 万吨，占世界总量的 65%；精炼铜 764.4 万吨，占世界总产量的 24%，而消费量占世界的一半；煤炭产量 38.7 亿吨，占世界总产量的 45%；化肥产量占世界总产量的 35%，化纤产量占世界总产量的 42.6%；玻璃产量占世界总产量的 50%。除了石油、乙烯，中国的基础工业产能大多名列前茅。

在具体产品上，中国的成绩单同样出众——汽车产量 2 372.5 万辆，超过美国，占世界总产量的 25%；船舶产量占世界总产量的 41.9%；工程机械产量占世界总产量的 43%。中国还为世界生产了 68% 的计算机、50% 的彩电、65% 的冰箱、80% 的空调、70% 的手机、44% 的洗衣机、70% 的微波炉和 65% 的数码相机……有趣的是，随着黄金投资热在中国的兴起，从 2010 年起中国生产的黄金超过南非，排名世界第一。

高铁、核电、重型装备、工程施工等具有了和全球竞争的核心竞争力。

我们在欢欣鼓舞似乎"重回大唐"的时候，一个严峻的问题摆在了我们的面前，那就是资源的约束。石油不够了，铁矿石不够了，铝土矿不够了，铜矿石不够了，钾盐矿不够了……

中国制造在巨大的成就背后，也付出了惊人的代价。几乎所有的矿石和能源在我们创造制造业 80 多个世界第一的过程中价格出现了飞涨。

由于国内矿产资源尤其是大宗商品——石油、铁矿石、铝土矿、铜铅锌矿石、钾盐矿相对缺乏，于是不断地进口，进行加工，做成廉价的产品销往世界各地，挣了美元后又花更高的价格购买矿石，再加工销往各地……如此循环往复，这种循环值得我们深思！

➢ 社会发展的资源约束

党的"十八大"提出了在 2020 年前建成小康社会，也就是说需要在 2010 年的基础上人均国内生产总值再翻一翻。

根据世界货币基金组织公布的经济数据显示，2010 年世界各国 GDP，以国际汇率计算的 GDP 总量中国为 5.75 万亿美元，人均 4 283 美元。据此可以算出到 2020 年，我国人均 GDP 将超过 8 000 美元。其实我国人均 GDP 在 2014 年时就已经接近 8 000 美元，达到 7 800 美元了。

如果我们还是以前十年中国经济发展所消耗的资源速度来预测未来十年，资源的消耗将是非常恐怖的。2020 年，中国预计消耗掉的矿产资源要在 2010 年的基础上至少还要增加 1.5 倍。到时，我国钢铁的消耗量将超过 15 亿吨，水泥的消耗量将超过 45 亿吨，原铝的消耗量将超过 4 000 万吨，铜的消耗量将超过 1 500 万吨……那将是一组多么恐怖的数字啊！能源的消耗量更为恐怖，将达到 45 亿吨石油当量。

即使在 2010 年，中国主要大宗矿产品中原油的进口接近 3 亿吨，对外依存度超过 50%，铁矿石进口超过 6 亿吨，对外依存度超过 60%，铜矿石对外依存度超过 85%，铝土矿对外依存度超过 50%，铅锌矿石对外依存度超过 40%，钾盐矿对外依存度超过 55%，各种大宗矿产频频告急。2014 年，我国原油、铁矿石、铜矿石、铝土矿、钾盐和铅锌矿的对外依存度再一次扩大，分别达到了 56%、72%、88%、65%、60% 和 45%。

预计到 2020 年，以上大宗矿产品的对外依存度保守估计除了钾盐矿外都会超过 70%。

可以看出，中国经济发展的资源约束是显而易见的。

当然，据经济学家们研究发现，经济发展过程中人均能源和矿产资源消费增长遵循“S”形演变规律，即伴随着经济的增长，人均能源与重要矿产资源消费不会无限增长，当经济发展到一个较高水平时，人均能源和重要矿产资源消费达到顶点，之后不再增长或呈缓慢下降的态势。

一些主要矿产资源钢、铜、铝等分别在人均 GDP 水平达到 10 000 ~ 12 000 美元、17 000 ~ 19 000 美元和 18 000 ~ 20 000 美元时出现消费峰值或到达拐点，而能源则在 20 000 ~ 22 000 美元左右。不同种类的资源，由于功能和作用不同，其到达顶点或峰值点的时间不同。如钢和水泥消费与一个国家的城市化水平和基础设施完备程度密切相关，其消费的零增长点则主要集中在人均 GDP10 000 ~

12 000美元；铜和铝由于其在国民经济建设中的作用更加广泛，其消费零增长点到来的时间稍晚，主要集中在人均GDP18 000～20 000美元左右。

我国在2011年的城市化率才突破50%，当然有2.13亿人是被城市化的。按照中国的户籍制度，中国的实际城市化率才38%。如果从城镇人口的住房面积角度来分析，我们可能有另外一个结论。

据《中国民生发展报告2011》来看，2010年，中国城镇人均住房面积达到36平方米，平均每个家庭为116.4平方米。全国家庭住房完全自有率84.7%，远高于发达国家的70%。全国有75.2%的已婚子女不与父母同住。

大家别忘了，中国还存在一个所谓“小产权房”的情况，小产权房一直被认为是非法房产而不被政府认同和统计。国土资源部有一个不完全统计，2007年全国有小产权房66亿平方米，2008—2011年，每年建设的小产权房多达10亿平方米，据此可以推算，小产权房平均到每个城镇人口有14平方米。中国城镇人口的实际住房面积平均超过50平方米。这个数字均超过了英国、法国、德国、日本等发达国家，而这些发达国家的城市化率都超过80%。

根据国家统计局数据计算，2011—2014年人均住房面积又增加了将近2平方米。

由此是否可以这么理解，中国的城市化所需要的设施已经完成，只是人口没有进得了城。从这个角度来看，钢铁和水泥的消耗确实已经到达了峰值，而其他的矿物资源和能源矿产远未达到峰值，相反，需求将会更加旺盛。

我国的矿物资源供应又当如何呢？

笔者总结了几个词来描述中国矿产资源的特点：总量多，人均少；贫矿多，富矿少；种类全，结构差；难选矿多，易选矿少；共生矿多，单一矿少。贫矿是中国大多数尤其是大宗商品的矿产资源最重要的现实情况。在第三章关于我国铁矿、锰矿、铜矿、铝土矿等有一个列表（表3－2），这些大宗矿产的贫矿所占比重均超过了70%，铁矿、锰矿、铝土矿和磷矿更是超过了90%。

有鉴如此，我们必须找到一条资源消耗与经济发展同我们的实际情况相匹配的道路，及早筹划国家的矿物资源战略就显得尤为重要。

纵观全球各国，一些制造业大国都有其矿物资源国家战略，以保证国家的经济安全。

美国是个自然资源丰富的国家，但也是资源消耗量极大的国家。据有关资料统计，1994 年美国人均能源消耗就是世界人均消耗的 5.5 倍。随着经济的发展，美国对世界资源和资源性产品市场的依赖程度越来越高。因而，从 20 世纪 70 年代前期开始，美国就设立了各种专门委员会进行资源战略研究，并将资源保证看作是国家的战略安全问题。

美国全球战略重视从全球角度解决矿产资源的安全供应，在国家一级解决。矿物原料政策进程由总统直辖的矿物原料政策委员会和以内政部部长为首的国家资源和环境委员会制定。其特点是力求从全球范围审视矿物原料问题。内政部公告指出，必须放眼世界来看待战略和急缺矿产的存在和分布。认为由矿物原料丰富的国家如加拿大、南非、澳大利亚、墨西哥、委内瑞拉、巴西、牙买加、几内亚、扎伊尔、赞比亚等供应相关的矿物原料具有特殊意义。

日本在明治维新后的 100 多年间就迅速完成了工业化，本国的资源也消耗殆尽。第二次世界大战以后，日本根据自身的特点选择了“贸易立国”战略，大量进口国外的廉价资源和资源性产品，加工后再销往国际市场，使日本经济得到了迅速发展。为了保证日本经济发展对矿物原料的需求，日本政府早就制定了完善的全球资源战略，即利用国外资源进行长期规划。日本的矿产战略储备始于 1983 年 10 月，开始时储备对象为石油和稀有金属中的镍、铬、钨、钴、钼、钒、锰，后来逐步扩展到稀土原料甚至煤炭。矿产储备分国家储备和民间储备两种，迄今为止已由国家预算支出 307 亿日元。稀有金属储备目标为国内 60 天的消费量，国家和民间各占 70% 和 30%；石油（包括原油和成品油）的储备目标为 5 ~ 6 个月的国内消费量，其中国家石油储备基地有 10 座，5 座建在陆地上，2 座建在海上，还有 2 座是利用地下岩穴储油，总容量达 4 000 万立方米，真可谓“财大气粗”。

中国和美国、日本的情况不同。美国既是资源储量大国，又是生产大国，也是消费大国，而日本只是个消费大国，资源储量和生产都是贫乏国。但是，美国凭借其强大的军事力量和美元的霸权地位实现了全球资源的配置战略。日本说到底是美国的跟随者，在美国的庇护下实现的也是全球化配置资源战略。很显然，中国与它们二者均不同，中国缺“粮”（如果把大宗商品比成粮食），而不缺“调味品”（如果把小金属比成调味品），很显然，我们既不能成为美国的附庸，也没有强大的军事做保障，因而短时期内不可能将全球化配置资源战略作为我们的国家资源战略。

笔者认为要搞好国家的矿物资源战略，必须从以下几方面入手：

一是矿物资源观的教育。我国长期以来都是教育我们的学生“地大物博，人口众多”。如果我们停留在农耕社会，这八个字无疑正确，但问题是全球范围都进入了工业社会，很多国家已经进入都市社会，我们不能“独善其身”吧。近十年来，我国经济飞速发展，城市化水平也还勉强达到世界平均水平，资源约束就已经突出地表现出来。我们还要建设现代化强国，步入发达国家行列，显然就是“人口众多，地大物薄”了。我们要教育国人必须树立强烈的矿物资源忧患意识，有了这种忧患意识，才会有创新的动力和节约的动力。

二是要体现国家创新意志。体现意志，就是要长期坚持、永不放弃。国家层面上将主要是营造科技创新的良好氛围，不是几个所谓的“计划”就能实现科技强国的。据媒体报道，由于2013年国家公务员考试的招录人数突破2万人，2012年报名参加2013年公务员考试的人数超过200万，而2003年时才12.5万人。如此火爆的公务员考试在世界上也是绝无仅有的。如果我们建立了一个人人创新的环境，企业是创新的主体，企业的吸引力超过了公务员（政府），那么这种国家创新意志就体现出来了。要体现国家的创新意志，首先要着实建立以企业为科技创新的主体体制，摒弃那种计划经济体制下的科学院制；其次是要改革科技创新的考核制度，科技创新过程就是一个不断试错的过程，要允许科学家们失败。完全摒弃以国外所谓权威杂志发表论文数来考核和评价科学技术人员的体制。再次是要改革科技创新成果的分配机制，让有科技创新成果且带来企业效益的科技人员优先富起来。

三是要有长远的国家能源战略和节能减排路线图。能源是一个国家经济发展的命脉，长远持久而有效的能源战略是经济可持续发展的动力。中国缺乏石油的现实以及全球节能减排的压力迫使我们不得不选择一条可持续和结构合理的能源消费体制。与科技创新一样必须要体现国家的能源意志。

四是要强化矿物资源的节约与保护战略。开源与节流是矿物资源利用和保护的两把钥匙,开源就是一方面要立足于国内尽量寻找可供利用的矿物资源,另一方面还要加强研究做到尽可能地开发利用好资源,尤其是综合利用。节流当然就是资源的节约了,节约是一个非常广泛而深远的命题,它几乎涉及我们生活的所有方面,大到一座建筑物的去留,小到随手的关灯。我们必须有一种矿物资源的忧患意识,才能养成节约矿物资源的良好习惯。

五是要加强我国有独特优势的新技术矿产的保护战略。都市经济迫使我们必须不断创新才能满足人们日益增长的物质和文化生活的需要。新经济所需要的新技术矿产就成为了全球争夺的主要目标。我国独特的地质条件决定了其独特的矿物资源优势,我们必须学会在全球背景下交换的规则和技巧,保护好我们那些具有独特优势的新技术矿产就是保持了我国与他国进行交换的基础。

六是加强海洋矿物资源探查和开发战略。实际上这是海洋战略的一个方面,笔者所要强调的是中国必须强化海洋战略意志。一方面也是为了保护矿物资源和能源供应链的畅通无阻,另一方面保证矿物资源等海洋利益。强大的海军是加强海洋矿物资源探查和开发战略得以实施的基础,走向蓝海是我们的必然选择。

七是要逐步实现矿物资源的全球配置。我国要想真正实现矿物资源的全球配置,要有强大的军事实力作为保证才行。民族资源主义永远是横在矿物资源全球配置面前的一道无形的墙。

➢ 解决工业“缺粮”问题

如果一个国家矿产资源极其丰富,人口又少,怎么也挖不完,老百姓坐在矿车上就能生活得很富足,那当然是很惬意的事情。

可我们不行呀,工业化过程中所需要的大宗矿产品如石油、铁矿石、锰矿石、铝土矿、铜矿、钾盐矿等资源都非常缺乏，2014年，原油、铁矿石、铜矿石、铝土矿、钾盐和铅锌矿的对外依存度分别达到了56%、72%、88%、65%、60%和45%。这些矿产资源都是工业的粮食，也就是说我们“缺粮”。

然而，需求量或消耗量较少的新技术矿产如稀土矿、钨矿、锡矿、钼矿、镓铟锗等储量又极为丰富。如果把新技术矿产比作诸如油、盐、味精、葱姜蒜之类的调味品，我们则是不缺“调味品”。然而一个健康的“人”，既需要足量的“粮食”，又需要适量的“调味品”。

我们的大宗矿产不仅仅是量的缺乏，而且还存在质量不好，贫矿多，富矿少；难选矿多，易选矿少；共生矿多，单一矿少。

贫矿是中国大多数尤其是大宗商品的矿产资源最重要的现实情况。中国铁矿的平均品位为33.5%，比世界平均品位低10%以上；锰矿的平均品位为22%，而世界平均品位为48%；铝土矿以一水硬铝石为主，三水铝石和一水软铝石较少；铜矿品位大于1%的储量仅为35%，平均品位为0.87%；磷矿平均品位仅为16.95%，富矿少，且胶磷矿多，选矿难度大。

虽然我国的大宗矿产资源缺乏，但上帝对我们是公平的，给我们留下了丰富的新技术矿产，也就是前面很多地方提到的小金属。这个矿产资源的特点给我们一个启示，要是两者相结合会产生什么结果？又如何去结合？结合后能否解决我们国家工业“缺粮”的问题？

毫无疑问，这就需要科技创新。

资源缺乏并非完全是坏事，由此也逼迫我们进行技术创新，也就是本书所倡导的“让资源更有价值”。德国和日本就是其典型的代表。这两个国家的资源极其缺乏，在20世纪还为此成为轴心国发动了一场世界大战。战败后，他们致力于科学技术的创新，很快就成为了世界上科技水平很高的国家，也给国家带来了富强。

把科技创新作为国家战略的国家很多，现在立于世界发达国家之林的国家无一不是依靠科技创新的受益者。我国30多年来所奉行的“市场换科技”“收购企业买科技”“引进消化吸收”等措施，也是为了后来居上或是走点捷径来提高科技水平,但换来的却是代工大国。这就需要我们反思,高科技真的换来了吗?答案当然是否定的。

今天的中国已是制造业大国,笔者在《繁荣背后:资源危机的另类解读》一书中归纳总结了2010年12项工业产品产量中占世界产量最少的是汽车25%,最多的是空调占80%,其他占比在40.8%~73%。在所有"Made in China"的工业产品中(不含服装等)又有几个产品有自己的核心技术呢?从品牌角度来讲,真正中国的自主品牌又有几个。中国成为了实实在在的组装车间。

与此形成强烈反差的是,2014年中国的GDP总量突破10万亿美元,也只占世界GDP总量的12%,但消耗掉了世界主要矿产资源的40%~50%。由此可见,中国的经济发展是靠消耗矿产资源原材料来实现的。

不能采用这种做法已经成为了国人的共识。党的十八大明确提出要建设创新型国家,即把科技创新提升到国家战略,亡羊补牢,未为晚矣。

对于科技发展我们不可谓不重视。

早在1986年3月,国家论证启动了一项"863计划",即国家高技术研究发展计划,选择了生物技术、航天技术、信息技术、激光技术、自动化技术、能源技术和新材料7个高技术领域作为我国高技术研究发展的重点(1996年增加了海洋技术领域)。

1988年启动了国家火炬计划,以促进高新技术成果商品化、高新技术商品产业化和高新技术产业国际化,是发展中国高新技术产业的指导性计划。

1997年启动了"973计划",即国家重点基础研究发展计划,瞄准科学前沿和国家发展中的重大关键问题,重点选择对我国经济建设和社会发展有重大意义的基础研究领域,力争有所突破。

此外,还有一项自1988年就开始实施的国家科技攻关计划,2007年改为国家科技支撑计划。在矿物资源勘查领域由早先推出的"国土资源大调查"项目上升为2012年国家战略的"国家找矿战略突破行动",旨在从源头上解决矿物资源的短缺问题。

解决工业"缺粮"问题,首先要通过技术创新减轻大宗金属材料的"体重",也就是“减肥”。钢铁是需要“减肥”的最重要领域。钒是我国非常富有的稀有金属。大家都知道,85%以上的钒产量作为合金添加剂应用于钢铁工业,它对钢铁“减肥”有特效。在结构钢中加入0.1%的钒(产品主要是钒铁合金和氮化钒),可提高钢铁强度10%~20%,减轻结构重量15%~25%。

可用来提高钢铁强度、减轻结构重量的金属还有很多,最典型的有钨、镍、钴、锆、钛、铼等。

在制造业中尤其是交通运输工具方面,减肥的目的主要是省油。汽车每减重10%,油耗可降低6%~8%。因此减轻汽车重量是节约能源和提高燃料经济性的最基本途径之一。现代汽车中占自重90%的6类材料大体为钢55%~60%,铸铁12%~15%,塑料8%~12%,铝6%~10%,复合材料4%,陶瓷及玻璃3%。汽车用钢逐步向高强度化方向发展,若钢板厚度分别减少0.05毫米、0.10毫米和0.15毫米,车身减重则分别为6%、12%和18%。2010年新型钢材的使用就超过了70%。

建筑领域使用高强度钢筋替代普通钢筋可节约钢材10%~16%。据业内人士介绍,我国的钢筋产品分为Ⅱ级、Ⅲ级和Ⅳ级等。其中,Ⅲ级、Ⅳ级钢筋在冶炼中加入钒、铌、钛等合金元素,因而晶粒细、强度高、韧性好、易焊接,具有较高的抗震性能。

其次是研究开发新材料来部分或全部替代大宗金属材料。在电信和宽带领域使用光纤基本上可以完全替代铜电缆,在前面已专门介绍,这里不再赘述。

在电力输送网络中,有两种新材料可以替代铜电缆。一种是铝芯电缆替代铜芯电缆。由于铝芯电缆造价较低(在同等载流量的情况下,铝导体电缆的金属导体原材料成本较铜导体低约1/4),另据国际铝业协会副秘书长ChristopherBaylissc称,1千克的铝电缆能够输送的电量相当于1千克铜输电量的两倍。因此,铝芯电缆将以较快的发展速度替代铜芯电缆。在这一领域,铜有约60多万吨将被铝所替代。另一种是高温超导电缆替换部分铜芯电缆。近十几年来,高温超导材料的研究取得了重大突破,目前市场上可以用来制造高温超导电缆的材料主要是银包套的铋系高温超导材料(Bi,Pb).Sr.Ca.Cu.O的多芯带材,它的超导临界转变温度为 105 ~ 110 K(相当于 - 168℃ ~ - 163℃)。这种材料虽相当昂贵,但相信不久的将来一定会找到更好的高温超导材料。

解决工业"缺粮"问题,还可以通过科技创新,利用我国的优势矿物资源生产出具有特殊用途的新材料,在国际市场换取廉价的大宗金属材料商品。

在冶金工业中,钼作为生产各种合金钢的添加剂,或与钨、镍、钴、锆、钛、钒、铼等组成高级合金,以提高其高强度、耐磨性和抗腐蚀性。某些含钼 4% ~5% 的不锈钢用于生产精密化工仪表和在海水环境中使用的设备。含钨 4% ~9.5% 的高速钢可制造高速切削工具。钼和镍、铬的合金用于制造飞机的金属构件、机车和汽车上的耐蚀零件。钼和钨、铬、钒的合金用于制造军舰、坦克、枪炮、火箭、卫星的合金构件和零部件。

还有在前面介绍过的利用稀土金属钕和铁、硼合金生产的钕铁硼稀土永磁材料和各种稀土照明材料。

由于有色金属具有一系列独特的性能和奇异的功能,如半导体功能、形状记忆功能、介电功能、光、磁、热、化学和核能等,在材料领域独树一帜,应用极广,成为人类文明发展中不可缺少的物质。21 世纪,人类面临资源枯竭、环境污染和人口剧增三大难题,有色金属材料将起着独特的、不可替代的作用。有色金属材料的生产水平和应用程度已成为一个国家综合国力的标志之一,其技术发展方向是由合成技术向纯净化、细晶体、均质化、强韧化和复合化方向发展,加工技术向高效、节能、短流程、高精度、环保型发展,新型铝合金、镁合金、钛合金的应用将越来越广。

中国人多地少缺粮,我们自主创新研制出杂交水稻,因而解决了粮食这个棘手的问题,笔者相信工业中的"缺粮"也绝对难不倒我们。

➢ 调整能源结构,适应经济社会发展

下面列举了一些有关我国能源领域的事件,值得深思。

（1）油荒：2003年春季“非典”疫情后出现首次油荒。2005年夏季在中国经济最发达的地区“珠三角”出现油荒。2007年9月开始出现规模最大的一次油荒，范围遍及全国，时间长达3个月。2010年、2011年出现的油荒均发生在10月份前后，范围波及中国大部分地区。

（2）能源消耗总量超过美国：2011年6月BP发布的《BP世界能源统计2011》中，2010年中国一次能源消费总量为24.32亿吨标准油，超过美国（22.86亿吨标准油），成为世界第一大能源消费国。但我国人均消耗能源比起美国还是不大，如果达到美国的人均水平，其结果将是恐怖的。如果我们都达到美国的石油消费水平，我国每年将要消耗石油39亿吨。2010年，世界石油产量为40.54亿吨，也就是说，这些石油只够中国人使用。

（3）对外依存度节节升高：我国石油对外依存度2007年为49%，2008年突破50%，2009年达到53%，2010年达到55%，2011年1至5月则升至55.2%，2014年我国石油的对外依存度接近60%了。

（4）石油产地烽火连天：1973年的阿拉伯石油禁运、1978—1979年的伊朗革命、1990年萨达姆入侵科威特。美国主导的两次伊拉克战争，总统萨达姆被杀。

进入21世纪后的10年来，国际政治无一不是围绕“石油”在展开，甚至不惜动用武力。

起源于2010年12月的突尼斯和阿尔及利亚首先发起动乱，从而拉开了“一场席卷阿拉伯国家的动乱”的序幕。

2011年1月，也门、埃及、摩洛哥、阿曼、沙特阿拉伯相继发生动乱，其口号各不相同。多为“增加就业机会、实现真正的君主立宪、给什叶派真正的参政权利、要求领导人下台”。

2011年2月，巴林、利比亚动乱。

2011年3月，叙利亚动乱。

22个阿拉伯国家中，有10个国家发生了动乱。这10个国家的人口总数占全体阿拉伯国家人口总数的70%。所以说，这是一场席卷阿拉伯国家的动乱。

（5）进口地安全吗：伊朗是中国第三大石油原油进口来源国，占中国进口石油原油的25%；第一是沙特，占45%；第二则是安哥拉，占28%。另外，卡塔尔则在最近成为中国最大的液化天然气供应国。

伊朗战争危在旦夕，一旦石油供应中断，其后果不堪设想。

2012年新年伊始，中国的外交实际上是在围绕石油进行的。第一，美国财政部长盖特纳于1月10日访华，美国官员不讳言，此行的目的之一就是说服中国减少从伊朗进口石油；第二，紧接着，中国国务院总理温家宝对沙特、阿联酋、卡塔尔三国进行正式访问，显然北京在伊朗制裁风险日渐增大之际出访，首要目标当然是要确保中国的能源供应。

2014年5月，中俄两国政府签署了《中俄东线天然气合作项目备忘录》，中国石油天然气集团公司和俄罗斯天然气工业股份公司签署了《中俄东线供气购销合同》。这份合同堪称“大单”。从2018年起，俄将通过中俄天然气管道东线向中国供气，输气量逐年增长，最终达到每年380亿立方米，累计合同期30年，合同总价值高达4 000亿美元。

2015年4月，习近平总书记访问巴基斯坦，“一带一路”旗舰项目的中巴经济走廊进入实质性建设阶段，从巴基斯坦瓜达尔港到我国新疆喀什的铁路将于2015年动工建设。它的建成又为我国开辟了一条能源近道。

因此，我们不可能即刻停止从伊朗进口石油，但是也不能不准备着。更严重的石油危机向我们直面扑来，如何应对可能出现的油价猛涨和供应紧张，已是摆在我们面前的难题，也是一个我们从来没有遇到过的新问题。

此外，海上的石油之路也不安全。

(6)能源结构失衡：中国与西方国家的能源结构有很大的不同，图4－1列出了2010年世界主要经济体的能源消耗构成情况，2014年的能源消耗构成变化不大。

从图中可以看出，主要的经济发达国家都是以石油天然气为主要能源的，作为补充能源的法国以核能为主，巴西以水电为主。以煤炭为主的国家基本上都是发展中国家，如南非、中国和印度，其中中国和南非超过70%。“缺油多煤”是这些国家选择以煤炭为主要能源方式的主要原因。

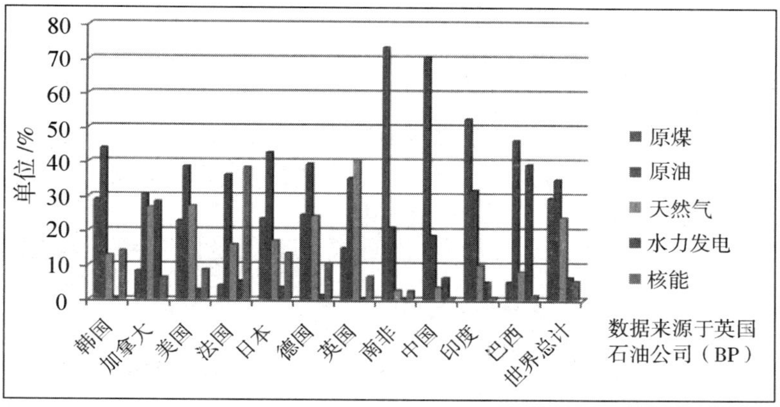

图4－1　世界主要经济体的能源消耗构成情况

因此，我们将面临的问题是日益严峻的碳排放问题。

（7）多晶硅产能过剩：如果你把“多晶硅产能过剩”这句话放在百度上搜索一下，会有成千上万条的消息和文章，无非是几个关键词，“两头在外（原料在外和市场在外）”“价格暴跌（2008年最高达到500美元/千克，2014年2.5美元/千克）”“技术在外（主要是德国、日本和美国的技术）”“没有高端产品（连7N的多晶硅都生产不了，需要进口）”“高污染高排放”“美国、欧盟双反”……

（8）日本核电站泄漏，我们的核电站安全吗：日本东北部海域2011年3月11日发生9级强烈地震，导致福岛第一核电站1号反应堆所在建筑物爆炸后泄漏，共有21万人紧急疏散到安全地带。美国专家甚至认为事故可能会上升至与1986年乌克兰切尔诺贝利核电站事故相同的“7级”。法国核安全局3月15日将日本福岛第一核电站多个核反应堆发生爆炸列为6级事故。

此后，德国宣布关闭所有的核电站。

被认为核利用技术最好的国家也出现了核泄漏，我国的核电站还安全吗？

（9）南海危机：据天天军事报道，越南占领我国南海岛屿最多为29个，菲律宾为7个，马来西亚为3个，印度尼西亚为2个，文莱为1个。在严峻的领土形势下，我国政府倡导的“搁置争议，共同开发”面临着严峻的挑战。

2009年的资料显示，目前周边国家在南沙海域有1 824口油气井，发现油气田200余个，探明油气资源量约200亿吨油当量。其中在中国的传统疆界线有58

个油田,48 个气田,探明可采石油储量 13.46 亿吨,天然气储量 3.53 万亿方。2009 年估计南沙海域产油 6 340 万吨,天然气 730 亿立方米。周边这些国家在疯狂掠夺我国油气资源可见一斑。连小小的一个菲律宾都敢在南海的黄岩岛叫板中国。

现实的一切都需要我们深度思考国家能源问题,我国的能源已经陷于不安全的境地,把能源问题上升到国家战略已迫在眉睫。

第一应该理顺我国现有能源的管理和监管体系。我国能源管理体系的主要问题是缺乏集中的、统一的、协调的、高级别的能源管理机构,新能源和电力、电网、传统能源间缺乏统一协调和集中规划。

电价定价权和电站项目审批权在发展与改革委员会(简称发改委),电力监管和电力业务许可证发放在国家电力监管委员会(简称电监会),而新能源规划和能源节能的政策、光伏电站特许项目招标则在能源局(发改委下的一个部门),电力的调度权却在国家电网。其实,国家电网已经改制成为了一个企业,没有政府职能了,但是电力调度的规划许可还放在国家电网的直属电力设计院。

从中可以看出,能源系统权力分散,政出多门,缺少一个高级别的能够统调新能源、传统能源、电力和电网的能源部,这就是问题的症结所在。改革开放以来,我国的能源管理体制曾经历过多次重大改革。1980 年成立国家能源委员会,但两年后即被撤销。1988 年组建能源部,1993 年撤销,自此十多年间再没有一个统一的能源部门。从国家能源安全和经济可持续发展的长远需要来看,中国应该将分散在各政府部门的能源管理职能集中起来,组建国家综合性能源管理机构——能源部,做出能源战略决策,制定相匹配的能源支持政策,促进强有力的能源市场体系和框架的形成,使能源管理的指挥系统更权威,指挥权更加高度统一。

面对世界能源变革,中国必须首先从上到下理顺能源管理监管体系,匹配权力和职能的关系,才能做到提纲挈领,事半功倍,开发和利用各种新能源的阻力自然迎刃而解。

第二就是站在全新的起点上制定 21 世纪国家长期能源战略,像美国一样以法律的形式去颁布。21 世纪的世界需要一个什么样的能源结构?我们如何去面对新经济下的能源变革？在能源的利用上我们必须复制西方的能源发展道路吗？回答这些问题都需要一个统一的认识，然后才会有统一的行动。

工业革命最伟大的成就之一就是建造了以矿物能源为主的人类生产方式和消费方式，其中19世纪以煤炭为动力的革命，造就了英国、德国、法国等欧洲国家称雄的世界；20世纪以油气为主的动力革命，造就了美国、日本和欧盟国家发展的奇迹。轮到我们创造奇迹的时候，由于人口超过了现在所有发达国家的总人口，因此，复制他们的发展道路是不现实的，目前发达国家全面围堵中国主要是鉴于能源结构可能会大大地失调而引发的无尽担忧。

为此，21世纪迫切需要以清洁能源为主的能源革命造就全球下一代的能源体系，而信息革命所面临的最深刻挑战就是逆转目前的传统能源消耗方式，以清洁能源建造人类使用能源的创新体系。对于现实的中国来说，我们处在了和它们同一个起跑线上，这是我们的幸运。

这是一次痛苦的变革，按照中国国际经济交流中心智能能源研究组组长、中国科学院科学时报社首席专家武建东的说法，我们必须翻过5座大山。

第一座大山是以不可再生的矿物能源为人类的主力能源，这种能源系统以石油、煤炭为基础已在地球上维系了300年之久，而今则需要实现以可再生的清洁能源为主力能源。

第二座大山是以不平等的等级制为核心的国际能源分工体系，推翻这个不合理的分工体系，也是清除新兴国家经济发展路上的一座障碍。

第三座大山是以金融体系来简单定价远期能源商品的能源霸权体系，如以美元定价的石油期货等的能源商品体系。

第四座大山是能源生产者和消费者不能互动的强制性的能源利益体系，这主要是指现有的单向运转的能源网络，包括电网、水网、气网等，而今后随着双向化的互动能源网络转型，能源的生产者和消费者可以重新分配利益。

第五座大山是以使用矿物能源为乐的习惯定势和社会心理。据此，我们更需要正确认识奥巴马主导的能源变革。

2009年6月26日美国众议院以219票对212票，通过了《美国清洁能源和安全法案》。这个法案从草案提出到在众院通过，只花了 3 个多月的时间，速度惊人。

这个法案在美国历史上第一次设定了碳减排的目标，规定美国在 2020 年将二氧化碳排放量在 2005 年的基础上减少 20%，到 2050 年减少 83%，据此法案制定了详细的碳排放总量管制与交易体系。这就等于美国确定了与欧洲不同的 2005 年为基准减排年，由此改变了国际气候变化谈判框架的基准（欧洲原定的基准年是 1990 年）。借此美国正在把握全球气候和能源变革的体系架构图和时间表。以美国现在的国际攻势和压力，欧洲将最终同意美国将减排基准年推后到 2005 年。

新世纪能源变革的号角早已吹响，时不笔者待，我们需要用全新的视角来制定我们的能源战略，不能输在起跑线上。

第三就是在战略的执行层面上要有明确的路线图和实施细则。我国每年都有节能减排目标，但是缺少法律层面的节能减排路线图，我们只是承诺，到 2020 年在 2005 年的基础上减少 40% ~45% 的温室气体排放量。

如何推进国家能源战略的实施，一是要推进绿色建筑，如果 2050 年前我们能够成功地将中国现存的 550 亿平方米的房屋改造为绿色建筑，将会创造世界能源变革史上的奇迹。二是发展可再生能源，特别是要解放思想，分布式发电要全面市场化。三是发展互动电网，国家电网要有创新的思路，走“大网”与“小网”的结合，把“小网”放开并全面市场化。四是大力发展清洁煤技术。五是要发展太阳能技术。六是要发展电动交通技术，推进整个中国生产、交通体系的智能化、互动化和节能化。

从新能源来看，在一二十年内，我们应该以世界上最小的代价、最大的效率创建震撼世界的能源系统。要在充分利用我国优势能源上下功夫，化工产品最好以煤代油，尽量减少对石油的依赖。在政策制定上全面征收以煤和石油为燃料的特别税，用来补贴非碳能源。而这个能源系统的更新将会拉动国家许多产业走向创新化，其所具备的巨大产业能力也可走向世界。

中国应该格外珍惜这个工业革命 200 年以来赐予我们的历史机遇！为此，我国应加快确定 2020 年能源变革的规划和 2030 年能源发展远景并作为国家长期能源战略而加以立法。

➢ 大宗矿产资源：我们浪费不起

笔者每天都在为找充电器发愁。为什么呢？和父母一起住，家庭成员 5 人 5 部手机，加上淘汰的手机共有手机充电器 12 个，再加上剃须刀和照相机等其他小电器，家里的充电器不下 20 个，它们总是绞在一起，有时扯都扯不开。笔者常常想，要这么多充电器干什么，它们的标准就不能统一吗？买每一个小电器都配一个充电器，这有必要吗？

从资源的角度来说，这是多么大的浪费呀！

上面只是一个小小的例子，有关大量的矿物资源浪费下面将详细讲述。

1. 城市建设中的浪费

首先是城市化建设过程中的惊人浪费，仿效欧美发达国家的城市建设不仅造成建设中的浪费，而且还造成不可估量的城市运营浪费。我们的城市不是自然发展起来的，而是人为改造出来的，仿效欧美发达国家进行城区功能划分，什么开发区呀，生态居住区呀，商务区呀，金融街呀，把人群人为地集中，集中居住、集中办公、集中休闲、集中购物。为了达到这个目标，不得不进行大规模的城市改造。

改造大大刺激了城市建设的热潮，其中典型的就是城中村改造，这就涉及全中国所有的城市，像是一场旷日持久的运动，砂石、钢筋、水泥和铜等资源消耗无数。

在城市改造中浪费的另一个方面就是城市规划的滞后，一条街道三年两载在修建，今天修路面，明天修下水道，后天又把新路"开肠破肚"，又要开挖通信线路。要不了多长时间道路又窄了，交通拥挤了，再增宽几米，又重复一遍街道建设。中国的每个城市都一样，好像是一个师傅教出来的。

城市建设中已经犯了拆迁依赖症，像打了鸡血似的亢奋，哪个建筑不好看了，一个字“拆”。据《法制晚报》2006 年 10 月 18 日报道：中国建筑的平均寿命仅为 30 年，建了拆，拆了又建，中国是世界最大的建筑浪费国家。而发达国家的建筑平均寿命为 130 年。2007 年 2 月 12 日下午 3 时，只用了 18 年的沈阳三大标志性建筑之一、“中国足球福地”——沈阳五里河体育场又被爆破。2010 年，一位住建部高官在第六届国际绿色建筑与建筑节能大会上讲，我国是世界上每年新建建筑量最大的国家，每年 20 亿平方米新建面积，相当于消耗了全世界 40% 的水泥和 40% 以上的钢材，而建筑物的寿命却只有 25 ~ 30 年。

城市建设中的浪费还不止这些，功能划分的城市建设导致我们的居民已经完全摆脱了前面办公室，墙后是住地的方便出行，演变成出行全靠车了。中国人出行成本的增加已经占到工资收入的 20% 以上，对资源的浪费体现在石油的消耗。对于有车一族而言，再节省的人一年也需要 1 000 升左右的汽油，换算成原油相当于 1.6 吨。中国城市一族已经被“沦”为坐在汽车轱辘上的一族了。汽车是钢铁、金属铝和有色金属的消耗大户，中国如此众多的人口，鼓励汽车消费不能不说有欠考虑。

2. 重复建设：工业与“铁公基”投资浪费

国家铁路局的数据显示，至 2014 年底中国铁路通车里程达到 12.3 万千米，其中高速铁路达 1.8 万千米，高铁建设成本按每千米 1 亿元计算，高铁的总投资达到了 1.8 万亿元。但是，高投资未必能够马上带来高回报。首先是高铁建设中重复建设与投资浪费的问题。如京津之间，已有 3 条线路，加上京津城际和京沪高铁，总共有 7 条线，如果加上高速公路、普通铁路和普通公路，北京到天津的交通极为便捷，并且还有相当的富余。高铁运营的上座率不到 50%。

钢铁投资的重复建设更是惊人，2014 年时的中国粗钢产量已经达到 8.23 亿吨，也就是说，如果全部产能都在国内消化，那么，人均消耗钢铁将达到 605 千克，远高于美国历史上人均消耗钢铁最高水平 439 千克(1973 年的记录)。中国钢铁目前过剩已经不可避免，除非中国拼命高价买国际市场上的铁矿石，然后生产出钢铁，低价卖给外国人，正如中国人给发达国家的人们生产裤子、袜子、打火机一样。国家统计局的数据显示，2014 年中国进口铁矿石同比增 13.8%，达到 9.325

亿吨,对外依存度升9.7个百分点至78.5%。预计2020年我国钢铁生产能力将达到14.14亿吨,生产粗钢将达到11.3亿吨,进口铁矿石将达到14亿吨。到那时,铁矿石价格将会卖成什么价呀?到那时,我国每年将消耗国内煤炭65亿吨,中国煤炭20年就会挖完。这是不是一个太可怕的事情?

3. 产品上的浪费表现在低劣、过度包装、一次性、更新换代快和标准不统一

低劣产品渗透到了我国的各个角落,比如建筑用的丝关扣,我们用的洗衣粉等日用品、学生用品、自来水管件、空调冰箱配件、汽车配件和农机配件等,劣质产品已经对我们的生活展开了全面的围剿,只要有需求就有劣质产品的商机,这不是技术上的问题,而是国家监管不到位的问题,这种浪费是触目惊心的。

产品更新换代加快加重了资源的负担,原来电器产品的快速换代,现在已经发展到了汽车和住宅。有这样一种现象:汽车企业都在拼命搞产品更新换代,较着劲加快新车推出的频率。现在一款新车型的生命期最多也就三五年,这期间,还会有多次的"改款""换型",一般来说,推出一年后就会有新一代"年度车型"。不知道一款车型是不是一年,或者两三年后,就落后到需要淘汰?真的必须"旧貌换新颜"吗?

一次性产品主要见于酒店用品(包括纸拖鞋、一次性牙刷、塑料梳子、牙膏、剃须刀、塑料头套甚至避孕套等)和一次性餐具(包括筷子、纸餐盒、纸杯、餐巾纸等)。酒店提供的一次性消耗品越来越多,如今酒店提供的一次性用品已经发展到"十六小件",包括牙刷、牙膏、洗发水、沐浴露、浴帽、乳液、护手霜、剃须刀、肥皂、梳子、拖鞋、针线包、茶叶、火柴等。广东省酒店用品行业协会的数据显示,截至2010年末,全国有星级酒店15 000多家,按照平均入住率65%计算,每天要消耗一次性洗漱用品120万套,以平均市场价每套5元计算,一年下来,星级酒店的花费就高达22亿元。我国星级酒店占旅馆总数的比例不到5%,如此算来,整个酒店行业每年一次性洗漱用品的开支估计有440亿元。

前面讲的电器产品充电器制式不统一,其实其他一些小电器和汽车零配件也存在类似情形。工信部的数据显示,2014年我国手机用户已达12.86亿。假设平均每个用户3年更换一次手机,每年至少会有2亿部手机被淘汰。这就意味着我国每年大约会有4亿块手机电池(按1部手机配两块电池计算)和2亿个充电器被废弃,这要浪费大量的铜、汞、镉、锌、铅、铬、氯、铵等,如果把全球都算上呢?电池、充电器的大量废弃,造成的人力、物力资源浪费也是不可估量的,但是,制造这些"被"废弃物需要多少石油(制造塑料)和有色金属,具体数字没有人能给出,但数字绝对可观。

4. 能源浪费主要出现在交通、建筑及照明和耗能工业领域

2014年中国交通能耗大约占社会总能耗的20%,并呈逐年上升之势。如不能有效控制,未来中国交通的能耗比重将进一步提升,或如发达国家一样,占全社会能源消耗的1/3左右。不同运输方式的耗能类型包括道路机动车、铁路机车、民用航空、水路运输和管道运输等。

国家统计局的数据显示,交通领域能耗表现为最耗能的是道路机动车运输在货物运输量中占年度总货运量的比,从2005年的72.35%上升到2014年的75.71%,而铁路货运量占全国年度货运量的比从2005年的14.7%下降到2014年的11.36%。最节约能源的铁路运输竟然呈下降趋势,就连美国铁路货运量还占到美国年度总货运量的46.6%。不同的运输方式耗能是不一样的,交通领域的运输结构不合理是该领域能源浪费的根源。

建筑能耗主要是指采暖、空调、热水供应、炊事、照明、家用电器、电梯、通风等方面的能耗。据统计,建筑能耗在我国能源总消费中所占的比例已经达到27.6%,且仍将继续增长。我国目前城镇民用建筑运行耗电占我国总发电量的25%左右,北方地区城镇供暖消耗的燃煤占我国非发电用煤量的15%~20%。这些数据仅为建筑运行所消耗的能源。建设领域中的建筑业和住宅产业也是资源消耗的大户,据计算,钢材消耗量约占我国钢材生产总量的20%,水泥消耗量约占我国水泥生产量的20%,玻璃消耗量约占我国玻璃生产总量的15%,降低能耗、节约资源不容忽视。

到2020年,建筑能耗每年将消耗1.2万亿度电和4.1亿吨标准煤,接近2010年全国建筑能耗的3倍。伴随着我国城市化程度的不断提高,第三产业占GDP比重的加大以及制造业结构的调整,建筑能耗的比例将继续提高,最终接近发达国家目前的33%的水平。加之建材的生产能耗16.7%,与建筑相关的能耗约占全社会总能耗的46.7%。

据统计数据,2014年我国规模以上工业企业的用能量占了全社会能源消耗的70%左右。其中1/5的高耗能企业占用全社会消耗的60%,这主要集中在冶金、化工、建材等行业,而其产值则不足工业总产值的20%。节约途径有两条,一条是进行技术革新,减少能源消耗,提高节能节水效果;第二条是"吃干榨净",实现循环经济。

2010年河南豫光自主创新建设的直接炼铅生产线采用该公司自主研发的液态高铅渣直接炼铅新工艺,被称为"豫光炼铅法"。该工艺具有短流程、低碳化、清洁连续性炼铅三大优点,节能降耗优势明显,能耗指标只有鼓风炉的60%;SO_2排放浓度约为225mg/m^3,只有鼓风炉的10%;CO_2排放量只有传统工艺的25%。豫光直接炼铅生产线的顺利投产,使豫光继富氧底吹氧化-鼓风炉还原炼铅工艺后,又一次站在了铅冶炼行业的技术之巅。

电弧炉炼钢技术、大功率槽炼铝等技术的使用,大大降低了单位能耗。

5.资源开发领域的浪费在于"三率"的管理不到位

资源浪费还有一个重要的方面,就是资源本身在开发利用过程中的浪费,体现在采、选、冶技术水平上。由于政策、制度以及技术水平等多方面的原因,我国的矿产资源开发方式总体上仍是粗放型的,开发利用水平低下。

具体表现在采富矿的时候糟蹋甚至破坏了贫矿;开采主要矿种时浪费或破坏了伴生矿;开采多种金属矿时只用了其中的单元素;共(伴)生矿的综合利用率不到20%,比国外平均水平40%~50%低20~30个百分点。国有大中型煤矿煤炭回采率可达到70%~80%甚至更高;而小煤窑的回采率仅为30%左右,有的甚至仅为20%左右。我国油田开采损失率约为1.9%,而美国仅为0.3%,俄罗斯为0.6%。

来自2009年中国地质科学院矿产综合利用研究所所长刘亚川的数据显示,我国矿产资源总的回采率仅为30%,综合回收率总体平均在50%左右,综合利用率约为20%。对共伴生矿产进行综合开发的只有1/3,其采、选综合回收率及综合利用率也分别只有30%,而西方国家选、冶综合回收率已达到80%。

2014 年,我国矿产资源综合利用搞得比较好的国有矿山约占 50% 左右,部分进行综合利用的国有矿山占 25% 左右,完全没有进行综合利用的还有 15% 。全国 10 多万个个体矿山基本都不搞综合利用。有色金属矿产资源的综合回收率为 45% ,黑色金属矿产资源的综合回收率在 35% ~45% ,与发达国家相比均低 10 ~ 15 个百分点。对矿产废弃物的回收利用和无害化处理才刚刚起步,我国现有 2 000多座尾矿库,现存尾矿超过 50 亿吨,每年新增排放固体废弃物约 3 亿吨,而尾矿的平均利用率只有 8.2% 。

6. 资源再生利用水平低也是一种浪费

再生资源包括金属、机电产品、电子电器、高分子材料等废弃资源。充分利用这类资源,是加快转变经济发展方式,构建资源节约型、环境友好型社会的迫切要求。

我国再生资源产业以年均回收量 12% 的增长率迅猛发展,仅再生金属利用已占总消费量的 24% 以上,有效地缓解了我国资源环境的瓶颈问题。2015 年,全国环保产业产值有望超过 4.5 万亿元,占 GDP 的 3% 以上,提供劳动岗位近 1 800 万个。

然而,我国再生资源行业整体的技术装备水平较低,再生资源回收利用率低,与国外相比差距较大。以再生金属为例,2014 年,我国再生金属产量虽然已经达到原生金属产量的 1/3 左右,而世界平均水平已达 60% 以上。据《瞭望周刊》报道,有专家介绍,中国废塑料的回收利用率只有 20% 左右,80% 填埋焚烧;而发达国家,如德国和日本的废塑料回收利用率已达到 70% 。

7. 国家必须实施矿物资源的节约与保护战略

“忧思”与“愤青”均不能解决问题,我们需要思考,为国家出主意并为其分忧。如何解决矿物资源的浪费问题? 如何节约矿物资源和保护矿物资源? 鉴于国家大宗矿物资源的严重缺乏,国家早就提出以“节约资源和保护环境为基本国策”。而我们所做的却不尽如人意。进入 21 世纪以来,我们着实遇到了前所未有的资源危机。2002 年以前还能自给自足的矿物资源,在不到十年的时间里,全都变成了稀缺物资,它们的价格不停地疯涨,吞噬着我们的财富。

矿物资源的节约与保护成了我们在21世纪最重要的战略，针对以上存在的6个方面的浪费现象，必须下大力气逐一治之。

第一国家要有立法保证，各市镇、乡村的规划都应该以法律的形式规定下来，不得更改，这是规划法的精髓。我国虽然在2007年10月28日第十届全国人民代表大会常务委员会第三十次会议上通过了《中华人民共和国城乡规划法》（该法律已于2008年1月1日起施行），但这只是一个指导性的法律文件，各地区在执行时会有很大的差异。以前也有一部法律是《中华人民共和国城市规划法》，效果如何呢？大家有目共睹。

笔者以前在一个研究院做领导，为了开发一块21亩的国有划拨地，约见了规划局的一位处长，他拿给了笔者一张复印的A3开的涉及我们要开发的那部分城市规划图，全市规划图是断然看不到的。这位处长说你们的这块地已经规划成一处古城墙遗址了，属于不能更改的红线区，你们什么也盖不了。后来这块地盖了高楼，建筑总面积达16万平方米，可想而知容积率该有多少？古城墙遗址没有啦！这里面笔者不知道谁对，总之，规划不透明和容积率水分太大是不争的事实。

这件事让笔者想起笔者曾经去过澳大利亚的一个城市——南澳的首府阿德莱德。该市建于1836年，其城市的规划设计者竟然是一位军人威廉·莱特上校，在城市中心的维多利亚广场可以看到他的雕塑。受威廉·佩恩和田园城市运动的影响，莱特所设计的城市呈棋盘状，建筑区之间有宽敞的大街和公共广场，城市周围有宽1千米的自然林公园环绕。这个规划好的城市格局到现在都没有改变，在城区内可见典雅的维多利亚式、艾德华式建筑物及殖民地时代的房屋，至今仍保持完好，甚至连建筑物的游廊及铁制仍细工亦然。

图4－2为阿德莱德市影像地图，尽管非常拥挤，但300多年前规划的环城绿化带和老城区的规划依旧没有改变。由图4－3可以看到，古老的建筑和新建筑和谐地混搭在一起也很漂亮。

再看看我们的城市，就连改革开放前的建筑物都被拆得所剩无几了，这不得不令人惋惜。

在澳洲，笔者好奇地问过当地人，一致的说法就是规划是法律，谁动谁坐牢。

图 4－2　澳大利亚阿德莱德市影像地图(谷歌地球 2010 年图像)

图 4－3　澳大利亚阿德莱德市区古老的建筑和新建筑和谐地混搭在一起

(摄于 2009 年 7 月 13 日,阿德莱德市)

他们的每座建筑物上都有建筑物的竣工时间,起初笔者还以为这是门牌号呢！他们说规划法极为具体,50 年的建筑物必须保护,不能改变内部结构;100 年的建筑物视为文物,可以住但不得改变建筑物的任何结构,包括外墙,你如果想居住或租住这类房子,必须承担保护的义务,这就是西方国家大街上到处都是古典建筑的原因。

法不仅仅在于立，主要是执行。

第二是管理上不能出现交叉和死角，合并“同类项”是减少管理扯皮的良方。由于不同运输方式分属于不同的交通行业管理部门，因此，包括行业能耗以及节能领域的管理工作均由相应的管理部门负责。如铁道部是铁路行业的管理部门；交通部负责公路和水运（含港口）的行业管理；民航总局负责民用航空运输行业的管理；管道运输原来由国家石油天然气管道局管理，目前划归中国石油天然气集团公司和中国石油化工集团公司两家国有企业经营。

要解决交通结构调整问题，必须成立大的交通运输部，统一管理、统一规划，而不是像前些年各种利益集团的博弈，由于利益的驱使使得高速公路出现突飞猛进的发展，把高速公路甚至建到了荒无人烟的戈壁荒野。有地方政府雄心勃勃要做到县县通高速，甚至有的城市间就像京津之间的高铁一样修上好几条。不成立大的交通运输部，交通领域的节能问题就无从谈起。

第三是把普通产品完全标准化。标准件做得好既减少了浪费又降低了成本。可以完全标准化的产品太多了。以前我们做得好的如螺栓、螺母等五金标准件；现在的电子元件标准也是做得非常好，以至于计算机行业的标准件也做得不错，可以让我们像搭积木一样组装电脑。实际上统一所有充电器插头和插座并不难，那为什么各生产商不愿统一呢？原因是行业垄断在起作用。因此，国家有必要强行制定充电器插座和插头的统一标准，规定凡不符合国家统一标准的手机、相机、摄像机以及MP3、MP4，不准出品和进口。在统一充电器插头和插座方面，国家标准制定部门的工作显然落后于时代，没有与时俱进，这才造成了各生产商各行其是、为所欲为的局面，给用户带来了很大的不便，造成了严重的资源浪费。只要有了统一的标准，让一个遥控器控制家里所有的电器也是完全可能的。

其实充电器只是标准化的很小的一个方面，随着家用轿车的普及，汽车的标准化也显得愈加重要。房屋建设也可以标准化，如果实现了所有构件的标准化，建房子就像搭积木一样，该多省钱呀！这样一来，哪个地方坏了只需更换一下就可以了，不至于再买一个新的。

第四要立法消灭一次性用品和低劣产品上市。发达国家都能做到不使用一次性用品，我们为什么做不到，卫生状况堪忧不是我们使用一次性产品的理由。笔者经常出国考察，各种酒店都住过，无一例外都没有配备中国酒店的所谓“十六件”。这只是一个管理到位不到位的问题，不存在技术上和与国际接轨的问题。

第五是要下大力气贯彻可再生资（能）源和矿物资源的综合利用方面的规划和法律，开源就是节约。2012 年 1 月，国家发改委印发的《“十二五”资源综合利用指导意见》和《大宗固体废物综合利用实施方案》显示，到 2020 年，中国矿产资源综合开发、产业废物和再生资源回收等三大领域的利用水平将获较大提升。矿产资源总回收率与共伴生矿产综合利用率分别提高到 40% 和 45%；大宗固体废物综合利用率达到 50%，其中工业固体废物综合利用率达到 72%；主要再生资源回收利用率提高到 70%。同时，建设一批示范基地，重点工程新增 3 亿吨年利废能力。

为了达到以上目标，一方面要做好一次资源（原地资源）原生资源的综合利用。提高一次资源的利用率，关键就是要提高矿产资源的采选综合回收率。截至 2014 年年底，我国矿产资源采选综合回收率中 9 种有色金属平均为 60%，比国外相差 10% 左右。若通过 5～15 年的矿产资源开发秩序的综合治理和综合利用技术进步，到 2020 年有望基本达到国外先进水平。

另一方面要加强对二次矿山资源的综合利用。矿山二次资源是指矿床在开采、选矿、冶炼过程中所产生的采矿废石、选矿尾矿、煤矸石、炼渣、废气、废水以及废弃矿山（坑）等矿业开发废弃物。它们是经过矿山一次资源开发而形成的产物，也称为矿业二次资源，它们过去被认为是废弃物，实际上是一种资源。提高尾矿利用率，更多地回收资源，可以提高矿产资源保障程度。据尾矿综合利用产业技术创新战略联盟的相关数据，2013 年，我国现有矿山 15.3 万座，尾矿库 12 655 座，累计堆存量 146 亿吨，对尾矿的利用率仅 18.9%，而国外先进水平对尾矿的利用率达 24%。如果我国尾矿利用率提高到 24%，以铁矿为例，可以回收 6.15 亿吨铁精矿，约相当于 2003 年铁精矿产量的近 3 倍。因此，回收好尾矿约可以提高保障能力 15%。

最后还要对再生金属资源进行综合利用。再生资源是指以矿产资源为原材料的产品在生产过程和社会消费过程中，多次使用、多次回收再制造后可继续使用的资源，主要指废旧金属的回收利用。提高再生金属回收和循环利用率，也可以提高对矿产资源的保障程度。到2020年再生金属回收利用量将会加大，估计钢(铁)、铜、铝等二次资源的回收率将提高到70%。

第六是在建筑领域不仅要有系统节能的观念，还要有产能的思想。解决建筑领域的节能问题，一是必须有建筑设计的节能理念和采用节能有效材料，二是要培养人们的节能意识。我国建筑节能的重点应为建筑本体的节能、采暖系统的节能、提高照明和其他电器的效率、大型公共建筑的节能。通过这4方面的努力，有可能使我国单位建筑面积平均能耗降低30%~40%，这也意味着建筑节能有可能会使我国总的能源需求量降低10%。

太阳能屋顶计划是一个利国利民的好事，现在条件已经具备，一是太阳能电池技术已经较为成熟，二是多晶硅生产技术已基本掌握且供应充足，三是多晶硅原料价格变得越来越便宜，发电成本降幅很大，分布式发电已经具有经济价值。现在需要技术改造的是智能电网，让电网可以进出自由，而且电表可做加减。

2008年，全国生产多晶硅才5 000吨，占全国总需求量的20%；到2009年，全国多晶硅生产量达2万吨，约占全国总需求量的一半，太阳能电池组件承包成本下降至4元/瓦左右，由此计算的太阳能光伏发电成本已经降到0.8元以下。随着碳税的普遍征收，火电成本肯定增加，到时太阳能发电的经济价值将骤然增大，屋顶计划一定会得以实现。

➤ 碳排放：我们不能输在起跑线上

2011年有一件事情在全球吵得沸沸扬扬，那就是欧盟宣布从2012年1月1日起正式征收碳交易排放税，所有到达和飞离欧盟机场的国际航班都被纳入欧盟的碳交易排放体系。法案规定，如果航空公司的碳排放量超出上限，将被强制要求购买排放许可，否则每排放一吨二氧化碳就将面临100欧元的罚款。

上限怎么确定？当然由欧盟来定，至于怎么定，无人知晓。

欧盟2012年3月8日通过的决议明确了以下数据:2012年的排放量上限被设定为2004—2006年平均排放量的97%或2.13亿吨二氧化碳;2013年民航业的排放量上限将被进一步减少至2004—2006年平均排放量的95%或2.09亿吨二氧化碳。此后允许排放量逐年递减。相应的,2012年作为付费的“过渡期”,最高排放量的82.5%的配额是免费发放的,其余的15%需要购买,还有剩下的2.5%用来“支持新进入者”。

中国航空器材集团公司党委副书记、纪委书记赵林在“2012中国民航发展论坛”上透露,我国三大航空公司2011年二氧化碳的排放量大概是5 185万吨,如果以每吨10欧元为单位计算,中国航空业2011年碳排放的成本约为5.2亿欧元,折合人民币约43亿元。如果每吨涨到30欧元,需要向欧盟缴纳129亿元人民币的碳排放税。

欧盟的做法立即遭到了中国、美国、俄罗斯和印度等国的强烈反对。尽管如此,欧盟还是对所有到达和飞离欧盟机场的国际航班征收了碳交易排放税,正式开启了碳交易这个新兴市场。

此交易税一出,就意味着我们要为获得新鲜空气买单。无独有偶,其他一些发达国家已经开始动“碳关税”的脑子,例如美国众议院通过法案,计划从2020年起开始实施“碳关税”,对进口的排放密集型产品,如铝、钢铁、水泥和一些化工产品,征收特别的二氧化碳排放关税。

欧盟对国际航班征收碳交易排放税,实际上是航空领域的“碳关税”,由此揭开了“低碳全球化”导致的贸易格局大变动和贸易保护与博弈的序幕。

这个市场会有多大呢?据英国新能源财务公司发布的预测报告,全球碳交易市场2020年将达到3.5万亿美元,碳交易有望超过石油交易成为世界第一大市场。

巴菲特以440亿美元收购铁路公司BNSF,难道不是看中铁路是最节能、最低碳的运输方式吗?尽早建立碳优势的企业,可以最快拉开与竞争对手的距离。《世界是平的》的作者弗里德曼指出,碳优势将是全球化趋势下最持久的优势。巴菲特与弗里德曼英雄所见略同。

国家发改委主任张平在2010年12月28日受国务院委托向全国人大常委会

做的报告中指出,“2010年我国单位国内生产总值能耗是世界平均水平的2.2倍”,从而透露出我国节能减排形势严峻。

2012年8月6日,国务院发布《节能减排“十二五”规划》,提出了节能减排的具体目标。到2015年,全国万元国内生产总值能耗下降到0.869吨标准煤(按2005年价格计算),比2010年的1.034吨标准煤下降16%。“十二五”期间,实现节约能源6.7亿吨标准煤。与此同时,2015年,全国化学需氧量和二氧化硫排放总量分别控制在2 347.6万吨、2 086.4万吨,比2010年的2 551.7万吨、2 267.8万吨各减少8%。

中国工程院副院长杜祥琬院士在2011年5月19日中瑞“能源效率与节能减排研讨会”上做了题为《节能减排是国家战略问题》的报告,鲜明地提出“节能减排应该提升为国家战略”。面对节能减排的国家战略,矿物资源又在其中扮演着什么角色呢?

首先,矿物资源开发与利用本身就是“高耗能、高排放”的行业,节能减排是它的根本任务。具体体现在金属矿物的冶炼阶段,根据《有色金属工业“十二五”发展规划》,2010年综合能耗氧化铝为508千克标煤/吨、铜347千克标煤/吨、铅376千克标煤/吨、镁5吨标煤/吨和精锡1.5吨标煤/吨,铝锭综合交流电耗为14 013千瓦时/吨。二氧化硫回收率由2005年的90%提高到2010年的95%。到“十二五”末,铜、铅、镁、电锌冶炼的综合能耗分别降到300千克标煤/吨、320千克标煤/吨、4吨标煤/吨和900千克标煤/吨及以下,电解铝直流电耗、全流程海绵钛电耗分别降到12 500千瓦时/吨和25 000千瓦时/吨及以下。这些指标在2014年都达到或比规划的更低。

除了电解铝的电耗下降难度较大外,其他金属的冶炼电耗还有下降的空间,到2015年以后,这种差距会越来越小,因此,需要寻求其他途径来达到节能减排的目的。

其次,循环利用是金属节能减排的最好途径。2011年1月24日,工业和信息化部、科学技术部、财政部印发《再生有色金属产业发展推进计划》,到2015年,主要再生有色金属产量达到1 200万吨,其中再生铜、再生铝和再生铅占当年铜、铝、铅产量的比例分别达到40%、30%和40%左右。再生铜熔炼(杂铜—阴极铜)能耗低于290千克标煤/吨,再生铜熔炼金属回收率达到96%以上;再生铝熔炼能耗低于140千克标准煤/吨,再生铝熔炼金属回收率达到95%以上;再生铅熔炼能耗低于130千克标准煤/吨,废铅渣100%无害化处置,再生铅熔炼金属回收率达到95%以上。

再次,有色金属合金如铝镁合金等,可以为结构金属材料轻量化,达到为机械设备减肥的目的,从而实现节能减排。这方面的内容前面已有论述。

节能减排还有一个非常重要的方面就是用可再生能源替代传统化石能源。尽管太阳能发电所使用的多晶硅是一个高耗能的产品,但在使用过程中却是能产能的能源产品,且产能远大于耗能。根据测算多晶硅光伏生产耗电与产品发电比为1:12.2,多晶硅光伏发电效率为18%~20%,单晶硅光伏发电效率为20%~22%。2014年12月份多晶硅现货市场平均价格下降到19.4美元/千克,这个价格已经不到最高价的10%。据此计算的发电成本不超过0.8元/千瓦时,在日照时间长的拉萨每千瓦时电的成本为0.61~0.68元。如果施行分布式发电,成本应该更低。

此外,风力发电、水力发电、潮汐发电以及地热发电都是可再生能源,它们都能为我们的节能减排贡献一份力量。

➢ 全球配置资源:破解矿产危机之匙

众所周知,全球矿产资源空间分布的不均匀性,是全球矿产品贸易的前提。

据《世界矿产资源年评》的资料,2011年,全球石油剩余探明可采储量为2 086.82亿吨(2009年为1 855亿吨),其中中东地区石油剩余探明可采储量为1 095.46亿吨,占全球总剩余探明可采储量的55.6%。北美地区2011年剩余探明可采储量为280.12亿吨,占全球总剩余探明可采储量的15.11%。两地区剩余探明可采储量占世界总储量的70.71%。欧洲大多数国家的剩余探明可采储量几乎为零。

2011年，世界铁矿石储量为1 700亿吨，资源总量超过8 000亿吨。世界铁矿资源集中在澳大利亚、巴西、俄罗斯、乌克兰、哈萨克斯坦、印度、美国、加拿大、南非等国。上述这些国家的铁矿储量占世界总储量的90%，其中俄罗斯、美国、巴西、澳大利亚和加拿大等5国的储量就占近75%。

铜相对集中在南美和北美的东环太平洋成矿带上。2011年，铜金属全球保有储量为6.9亿吨，其中南美占37.5%、北美占23.3%，二者之和超过了61%。

南美、非洲和亚太地区是铝土矿的集中分布区，在全球280亿吨（2011年底探明的储量）的铝土矿储量中，几内亚、澳大利亚、巴西、牙买加和印度5国铝土矿资源量占世界总量的73.4%，其中资源丰富的几内亚铝土矿储量是中国的10倍还多。

世界人均（按2011年70亿人口计算）拥有铁矿、铝土矿、铜储量分别为114吨、3.5吨和50千克。美、英、日、德4国人均铝拥有储量几乎是零。日本、英国和德国拥有的人均铁和铜的储量均很少。

对比全球资源分布，我国的情况更糟糕。需求量大的大宗矿物资源除了煤以外，几乎都短缺。尤其在最近十多年来，伴随我国城市化进程的快速推进，对矿产资源长期需求的快速增长给我们带来了极大的挑战。

以钢产量为例，1996年我国的钢产量突破1亿吨，超过日本而成为世界第一；2014年我国粗钢产量超过世界粗钢产量的40%，达到8.23亿吨。

我国的石油、铜、铅、锌、铝、钾、镉、铁、锰、铬等矿产资源短缺，对外依存度已经很高，各种大宗矿产频频告急。就连我们认为最不缺乏的煤炭也开始从国外进口。

与此相反，我国却是战略金属储量大国和生产大国。铟金属储量居世界第一，占全球供应量的80%；钼金属储量居世界第二，产量占全球供应量的24%；稀土金属储量世界第一，产量占全球总产量的93%。此外，我国的钨金属储量和产量世界第一，钒金属储量和产量世界第二；锗金属储量居世界第一，产量占全球的50%。

可见，我国有条件和世界其他地区进行矿物资源交换。

日本和德国同我们不同。早在二战前，德国的矿物原料极其短缺，其中2/3的石油和铁矿石、1/4的锌、1/2的铅、95%以上的镍和99%的铝土矿（炼铝原料）都必须从国外进口。日本的情况更糟，大部分资源依赖于从美国和英属殖民地进口。侵华战争前的日本对英美资源进口的依赖度分别为铁矿石52.3%，铝土矿100%，石油80%，盐63%，铜、铝、铅锌等均为50%以上。

实际上，在20世纪爆发的两次规模巨大的世界大战都是因为资源分布不平衡和当时国家资源民族主义而导致的。相比之下，全球化可能是唯一不通过战争进行资源配置的方法。从全球来看，人口小国往往又是资源供应大国，而像中国、印度、日本等人口大国却是资源消耗大国。比如，澳大利亚和南非的矿产之丰富令人咋舌。两个矿业大国共坐拥全球30%的黄金、47%的钛铁矿、63%的金红石和71%的锆石。更离谱的是，南非锰矿的储量约占全球的80%，铂族金属（主要包括铂、钯和铑）则接近90%，近乎一国垄断。而澳大利亚除拥有上述丰富资源外，锌、铅和银资源也均居世界第一，是名副其实"坐在矿车上的国家"。而它们的人口，澳大利亚仅有2 600万人，只相当于中国一个小省的人口；南非的人口也不到6 000万人。

现实的情况是，中国的矿产资源与人口增长、经济发展极不匹配，资源制约将会成为我国经济发展的长期瓶颈。因此，海外资源战略也就成为了我国的唯一选择。

如何做好海外资源战略？

矿业的走出去比其他行业难得多，一是因为民族资源主义根深蒂固，尤其是近些年来矿物资源的金融化趋势导致了人们对财富的认识发生了变化，不再单一地认为美元是"美金"了，矿物资源才是财富的实际载体。二是因为矿物资源开发的环保要求极高，矿产地又不像其他工业项目可以选择，一些矿业项目往往只以环保不达标为由就可将其停掉。三是矿物资源丰富的、开发程度又较低的国家和地区又往往是法律、政策不完善之地。

其实，我们是矿物资源全球化的后来者，西方发达国家已纵横全球100多年了，沿用现在年轻人的一句时髦话，他们已经占有"大""富""利"之利了，"大"是指大规模的矿床,“富”是指品位高的矿床,“利”是指交通便利的矿床。我们实际上是在“捡漏”或“挤占地盘”,他们会不高兴,即使我们捡了一些他们看不上的“小”“贫”“乱”的矿床。

从20世纪90年代中国企业开始走出去“试水”,到现在已经走过了20多个年头,但矿业企业主要是在2000年以后才开始“组团”成行的。

一些大的项目大多以失败告终。如2005年6月,中海油宣布将以185亿美元全现金要约收购优尼科,美国以中海油收购优尼科会危及美国的国家安全为由予以否决。2009年2月,中铝与澳大利亚力拓集团发布联合公告,宣布双方签署战略合作协议,中铝将投入195亿美元,在力拓集团整体持股比例由目前的9.3%增至约18%。然而,这一商业行为遭到澳大利亚一些政客和媒体的强烈反对,导致澳大利亚外商投资审核委员会把对中铝投资力拓的审批时间一再推迟,力拓毁约。

其实,我们的确缺乏海外矿物资源投资的战略思考和战略规划。往往政府一声令下,大家高调“向前冲”。海外的资源投资是需要国家实力的,也就是说国家的影响力其实是很大的。笔者在2000年后的十多年内考察了20多个国家的资源项目,那里都是西方发达国家的“地盘”,就连和他们一起过安检都有差异。

在如此国际背景下我们实施海外资源配置战略需要胆识与智慧,还必须有长期的战略规划。第一,在国家层面上应该设立统筹协调的管理决策机构,由国家相关部门以及有关行业协会等成立跨部门的“开发利用海外资源委员会”,专门负责制定我国海外资源获取的中长期战略规划,统筹信息搜集与处理、调研、勘探及项目评估、开发、审批、协调、管理等各项工作,高效应对各种可能的政治风险。

第二,应规范与有关国家在资源问题上的对话与沟通机制,建立高规格的双边和多边对话机制,将其列入外交工作的重要议程。美国的“萝卜”加“大棒”游戏可能对全球大多数国家有效。

第三,加强与能源、资源国际组织和跨国公司的合作。应进一步加强对主要国际组织和多边合作机制的研究和了解,积极参与其各项活动,派出成员加入具有法律约束力的主要国际组织与合作机制,通过各种类型的国际合作,减弱西方国家对我国挑战现行国际秩序的担心。另外，应借助与跨国公司的合作，联合并购、合资经营，以弥补我国企业在技术、国际合作经验、认知度等方面的不足，有效地降低政治和经营风险。

第四，商务部在各国选派的商务参赞应本地化。这些参赞发挥的效能并不高，主要是因为其工作人员没有本地化，不熟悉当地文化，也没有当地国家的人脉资源，他们的交往圈子还是讲中国话的同胞们。应该学习发达国家的做法，商务参赞处的工作人员全面本地化，着实能为走出去的企业服好务，也要服“对”务。

第五，对海外资源获取要进行充分的论证和详细的规划。要根据国际形势的变化，分清轻重缓急，制定短期、中期和长期的战略目标和布局，逐步加以推进，切忌大规模撒网。否则，既容易与现存的竞争对手形成正面的冲突，也容易引起资源输出国的反感。例如，中国加大对拉美能源和资源产品的投资和进口，在阿根廷引起了所谓“拉美对中国经济‘依附性’加深”的言论，这将不利于我国的整体国际形象。

第六，在采取行动之前要进行充分的风险分析和评估。海外资源获取是一项十分复杂的工作，常常是“一着不慎，满盘皆输”，既要深入分析目标地区、国家的政治形势，选准合适的合作企业，还要熟悉当地的法律、法规和风俗习惯，如劳工法、工会制度、市场准入制度等，进行全面的可行性分析。本世纪以来，由于我国企业缺乏对非洲和拉美地区有研究的专业人才，极易陷入对方设置的合同圈套，甚至遭遇诈骗。

第七，在具体操作上要分步走，不能“步调一致”。笔者认为中国矿物资源企业走出去的第一步就是要学会走路，体现“学”字。学习方式有两种，一是先从对外贸易开始学会国际贸易游戏规则，并在此过程中积累各种经验；二是参股经营，学习他们的经营管理。学习是不可逾越的阶段，这个阶段往往被我们所忽视。

笔者在刚果（金）碰到了一家民营企业的总工程师，他们收购了一家初级勘探公司从而获得了刚果（金）的17个探矿权，面积有2 780平方千米。面对一望无际的茫茫丛林，不懂地质的这家公司只聘请了国内几个所谓的“专家”给他们找矿。结果可想而知，该公司花掉4 000万美元后就草草地收场了。

其实，参股学习不丢人，日本和韩国就是通过血的教训后认识到这一点的。我们为什么总是自认为比他们聪明，别人吃的亏我们不会碰到呢？矿业是个周期性的行业，退潮后才知道谁在裸泳。参股学习的过程应该是很漫长的，必须经过一个完整的矿业周期才知道"涨潮"和"退潮"时该如何操作。第二步才是真正地通过并购等方式走向前台尽你所能地去表演。鉴于我国目前所处的国际背景和地位，中国矿业企业到2020年前都应该还是处于学习阶段，心急是吃不了热豆腐的。参股是这个阶段的必然选择。

➢ 我国稀土资源还可以担当起新兴产业的重任吗

截至2014年，在我国稀土新材料消费结构中，永磁材料占56%，储氢材料占17%，抛光材料占9.9%，荧光材料占8.1%。这个比例可能在今后的实际应用中会有所变化。

2015年，全球黏结钕铁硼的消费量可达15万吨，未来对金属氧化钕的需求在每年6万吨左右，钕成为了稀土金属中消耗量最大的金属。

如果金属钕由包头白云鄂博提供，则需要稀土氧化物40万吨。即使在不考虑环保成本的前提下，2015年以后，全世界需要每年分离出40万吨以上的稀土氧化物（按白云鄂博主东矿氧化物的品位5%和氧化钕的配分15%计算），才能满足世界市场对于稀土金属钕6万吨的需求。也就是说，要再建3个相当于目前包钢稀土的分离能力的公司才可满足要求。

即使白云鄂博稀土矿扩产可满足这个需求，那么出现的另外一个问题就是，镧、铈氧化物合量将达到30万吨，而这两个金属氧化物到时的需求仅为4～5万吨，过剩的25万吨将成为"垃圾"，稀土卖成土价也就更不足为奇了。

据媒体报道，四川牦牛坪稀土矿也已经投产，4家稀土分离厂产能为3万吨金属氧化物，如果再加上美国珀斯山4万吨复产，将产生7万吨的产能，氧化铈和氧化镧产量5.25万吨，还可以为市场提供1万吨左右的氧化钕。

图4－4　各种各样的稀土原材料产品

中国的“稀土之父”、中国科学院院士徐光宪在接受媒体采访时指出，包头主东矿（白云鄂博稀土矿）年开采的1 000万吨铁矿石中含稀土50万吨，其中利用了10%，浪费了10%，其余的80%进入尾矿坝。如果按照上面的分析，生产40万吨稀土氧化物，则需要把开采铁矿石的年产量提高到8 000万吨。对于一个探明拥有铁矿石资源储量14.6亿吨（其中稀土资源（REO）储量5 738万吨，铌资源（Nb_2O_5）储量660万吨，钍资源（ThO_2）储量达105万吨，钪资源（Sc_2O_3）储量为14万吨，萤石资源储量1.3亿吨，富钾板岩资源储量3.4亿吨）的大宝藏来说，10年就将会被开采殆尽。

因此，稀土永磁材料的发展要与传统的永磁材料相结合，有限度地发展稀土永磁材料。

我国虽然是名不虚传的世界第一大稀土资源国（2011年的数据显示已探明的稀土资源量约11 000万吨，其中轻稀土占了90%以上），但是，中国开采稀土资源从1958年就已经开始了，经过50多年的开采，特别是从20世纪90年代至今，中国稀土资源出口量增长了10倍，中国稀土资源出口量已占世界稀土资源出口总量的90%以上。《上海证券报》2010年10月援引商务部官员介绍的数据称，过去13年来，中国稀土资源储量占全球已探明稀土资源总储量的比重已从43%降至30%，如按照现有的速度开采，中国稀土资源仅能维持未来15～20年的需求。

稀土元素中的镝和铽非常紧缺，因为它们是绿色能源产品的“魔法”配料。极少量的镝能使电机中的磁铁变轻90%，铽则可使灯泡节能80%。世界上99%的镝和铽产自中国，而中国镝和铽产量的95%产自广东北部和邻省江西的约200个矿山。

如此宝贵的资源还有多少呢？2009年10月，徐光宪在接受媒体采访时指出，我国南方5省蕴藏着非常宝贵的中重型稀土，工业储量达150万吨，但已经开采了90多万吨，只剩下60万吨，按照现在的开采速度，大约10年就开采完了。到时候，我们就要向美国和日本购买，它们可能会以上百倍、上千倍的价格“出售”稀土材料。

曾有一位官员建议要像管理毒品一样管理南方的中重稀土资源。笔者觉得这个建议有道理。

国家已经意识到问题的严重性，开始采取指施进行保护。据新华社北京2010年2月10日电，为实现稀土矿的可持续利用，保护生态环境，国土资源部决定设立我国首批稀土矿国家规划矿区，规划区包括11个区块，总面积达2 500多平方千米，预测稀土远景资源量约76万吨，其中中重稀土资源储量约71万吨。资源查明后，可望使目前全国中重稀土探明资源储量增长80%。

尽管如此，相对于我国的伟大复兴所需要的高精尖科技产品来说，重稀土资源已经相当紧张了，保护这些珍贵资源刻不容缓。

笔者建议要对这些重稀土资源颁发法令控制采掘，禁止出口。

➢ 世界不平坦，矿物资源垄断会加剧

托马斯·弗里德曼（Thomas Friedman）在他的著作《世界是平的》（The World is Flat）中分析了离岸外包对中国和印度经济振兴的贡献。在全球化的今天，互联网为离岸外包创造了条件。他的观点经不起推敲，作者曾数次访问印度和中国，印度主要承担发达国家的软件外包，而中国主要承担发达国家制造业的离岸外

包。一个共同的特点就是这两个国家的劳动力极为丰富，而且便宜。发达国家主要负责产品设计和产品质量标准的制定，制造环节全部或大部分委托给那些有廉价劳动力的国家进行生产，然后组装与集成，再通过发达国家的供应链销售到消费者手中。

分布式能源方式和互联网信息对供应链进行共享，人们完全可以在家中办公，也完全可以脱离组织自给自足，社会结构完全变为扁平的，也就是文中所说的世界是平的。

刚开始读这本书的时候，觉得很有道理。掩卷深思，又觉得荒谬。

笔者原来也以为自己可以在网络上开一家便利店，既可以糊口，又可以不用奔波忙碌于拥挤的街道上。前段时间有一个消息让笔者的这种想法完全熄火。

苏宁电器已全面介入电子商务，业务涵盖了所有商品百货。要知道，苏宁电器是一家遍布全国大、小城市的超市，它的供应链极其完善，每个大城市都有配送中心。它所接的每一单业务，不管这单业务身处何处，它都可以在最短的时间里找到最短的送货路径。

如果笔者自己办了一家网上门店，按笔者的资金实力，只能在一个城市里租一个仓库，尽可能地多进一点货品。客户千万别太远，否则就只能走邮寄或快递方式了。这样的运作能与像苏宁电器这样的商业巨头比拼吗？

网络只是现实生活中的“软体”，就像电子计算机中的软件一样，现实的物资世界才是“硬件”，它必须通过工人进行生产，然后再通过物流系统进行分装、运输、储存和分发。笔者不否认计算机软件是可以完全分解成模块，然后外包到各个可以承担这些模块的国家和地区。很多可以分解成模块的标准化工作也都可以外包，比如计算机、手机甚至汽车与飞机。

但是，有些业务是绝对不可以实现外包的，矿业就是典型代表。矿业不但不会变得扁平，而且还会变得更加垂直，垄断会更加剧。为什么矿业不能进行离岸外包呢？

从矿业的产业链来看，正是由于地质条件的不同导致了找矿投资要在地质条件好的地方进行，不可能花钱在城市里找。矿物资源都是地处野外且不可移动，不能把一座矿山分解成若干块，然后空运到或者通过互联网让离岸的工人在虚拟的矿山上采矿。选矿也是一样，它必须建在坑口或者离坑口不太远的地方，否则会加大运输成本。

进入21世纪后，矿业企业不仅没有分散化，相反，则变得愈加集中。

根据肖振民《西方矿产勘查地评估和投资经济》一书中的资料，1995年，世界前50家大型矿业公司（不含能源公司）的产值占全球矿业公司（不含能源公司）产值总计的59.03%。前5大公司依次是南非的盎格鲁阿美利坚公司，澳大利亚的力拓公司、必和必拓公司，巴西的淡水河谷公司和智利的国家矿业公司。排在其后的45家公司在新世纪初上演了一场旷日持久的并购大战。2006年，排名第7的美国著名矿业公司菲尔普·道奇公司（Phelps Dodge Corp.）被排名第9的美国自由港·迈克墨伦铜金矿公司（Freeport-McMoRan Copper & Gold Inc.）以259亿美元收购，新的自由港公司成为了全球最大的铜业公司。2005年，排名第14的加拿大巴利克金矿公司出价92亿美元收购了排名16的普莱塞多姆金矿公司……

排名前5的矿业巨头也参与了并购大战，必和必拓公司以70亿美元收购了澳大利亚西部矿业公司；力拓公司以381亿美元收购了加拿大铝业公司，超越整合后的俄罗斯铝业公司成为了世界第一大铝业公司等。更有甚者，必和必拓还要约收购力拓，幸运的是没有成功。

2012年的世界并购出现新趋势，原来的并购大多集中在横向企业的并购。2014年，大宗商品贸易公司嘉能可（Glencore International A G）和矿业公司斯特拉塔（Xstrata PLC）这两家瑞士公司的合并引起了世人的关注。公开资料显示，嘉能可是全球大宗商品交易巨头，2011年营业收入达1 450亿美元，市值约400亿美元，利润约13亿美元，居世界500强的第18位。斯特拉塔为世界第五大矿业公司，目前市值约500亿美元，为全球最大的发电站用煤生产商和铬铁生产商以及全球第四大铜和镍生产商。它们的合并正在构建一个市值规模约880亿美元的大型矿业集团，引起关注的是贸易商和矿业公司的合并意味着纵向上的购并开始。

嘉能可和斯特拉塔的这种合并开启了新世纪矿业公司并购的新思路。

2008年金融危机以来，世界矿产行业正掀起新一轮并购浪潮。据彭博社统计，2011年全球矿业并购规模达980亿美元，比2010年增加220亿美元，平均收购溢价达23%。世界正在迈向矿业整合的新时代。

铁矿石垄断给我们上了生动而悲壮的一课。我们开始觉醒了，河北省内率先整合成立河北钢铁集团，形成了4 400万吨的产能，位居中国第一，也只能占到全国总产能的6%。即使如此，我国的钢铁企业还是相当分散，各省都有自己的钢铁公司，有的还不止一个。

而日本呢，总产能也就一亿多吨。2010年日本国内最大的钢铁制造商新日铁和住友金属工业组成新日铁与住友金属公司，其联合产能达4 610万吨，超过了河北钢铁集团。更为重要的是合并后的这家日本钢铁公司的产量已经占到总产量的40%以上。

面对世界矿业整合的新时代，我们该怎么办？

答案是显而易见的。

➢ 大宗矿产还有投资价值吗

要给大宗矿产一个确切的定义很难。大概的意思就是指那些储量大、产量大、消费量大的矿产资源，比如煤、石油、天然气、铁、锰、铜、铅、锌、铝等。当然也包括一些非金属矿产，如水泥、石英砂（玻璃）、石材、磷、钾盐、硫、食盐、天然碱等。

大宗矿产本来就是一个商业概念，纠结“多大才算大”没有意义。所以，涉及的大宗商品就只有煤、石油、天然气、铁、锰、铜、铅、锌、铝等9种了，如果加上新增加的矿种“页岩气”刚好是10种。

笔者在研究这10个大宗矿种时发现它们全都与所谓的“城市化”有关，用个最恰当的词来说就是城市化矿产。

城市化使得大规模集中供气、供暖和供电成为必然，因而也带动了能源的大消费；同时，城市化也带动了汽车工业和建筑业的繁荣，因而推动了对铁、锰、铜、铅、锌、铝等金属矿物原料的大规模需求。

回顾一下全球城市化的过程就可以初步理解城市化与大宗矿产的关系，也可以理解所谓的矿业周期性规律。

随着18世纪欧洲产业革命的开始、工业化的兴起和发展，城市化进程速度迅速加快。19世纪晚期，由英国带领下的欧洲城市化率已经超过50%。而美国到1920年城市人口才超过全国人口的一半以上。此后，加拿大的城市化也开始提速，到1931年超过一半，达到52.5%。也就是说欧美发达国家在1930年以前就先后完成了城市化的进程。

日本的城市化进程虽然比一些西方国家晚百余年，由于其城市经济的飞速发展，也只用了几十年的时间就达到了西方发达国家的城市化水平。1920年，日本城市人口只占总人口的18%，但是到第二次世界大战后的1955年，其城市人口比重上升到了58%。

第二次世界大战后，拉美国家普遍走上了工业化和农业现代化的道路，其城市化进程也进入了一个高潮期。1950年，拉美地区的城市人口(2万人口以上的市镇居民属于城市人口)占总人口的41.6%，到1980年达到65.6%，已接近欧洲的城市化水平。

新中国成立后几十年，由于种种原因城市化进程一直非常缓慢。长期的二元结构下的中国社会，城市生活是老百姓梦寐以求的。

1978年，中国结束了其计划经济时代，开始了一条类似于美国、德国和英国在十八九世纪所采取的发展道路，人们从禁锢的藩篱中解放出来，喷发出无穷的创造力，经济快速增长，城市化步伐随之加快。1978年，还只有不到18%的人口居住在城市里，到2011年就达到了51.3%，中国开始进入了城市化社会。

城市化对矿物资源的消耗是惊人的，也是有规律的。

笔者按照2011年中国主要矿物资源的消耗量计算了人均值，即粗钢人均553.85千克，水泥人均1 500千克，原铝人均19.22千克，精炼铜人均4.07千克（如果按照中国的铜金属表观消费量人均为6.83千克，国家统计局数据），精炼锌人均5.38千克，精炼铅人均4.31千克。

我们再来计算一下美国在消耗量最高时的主要矿物资源消耗人均值(数据来源于 USG 历史数据),其结果是粗钢人均 463 千克,水泥人均 428 千克,原铝人均 22.6 千克,精炼铜人均 10.4 千克,精炼锌人均 5.86 千克,精炼铅人均 5.87 千克。

对比可知,能代表城市化所消耗的矿物资源中,中国的水泥和钢铁大大超过了美国的最高值,表明基础设施建设和城市化建设基本上和美国矿物资源消耗峰值时期即 20 世纪 80 年代差不多,再扣除中国在建设中的浪费,也至少相当于美国 20 世纪 70 年代,那时候,美国的城市化率达到 70%,基本完成城市化了。其他 4 种金属的年人均消耗量,中国和美国也差距不大,说明了中国的城市化速度和其他基础建设同步引起人均消耗资源过大,需要纠正。

进入 21 世纪后,由于中国快速城市化造就了历经 10 余年的矿业繁荣,之后将进入缓慢的城市化进程,如果没有比中国人口更多的国家和地区进入快速城市化进程的话,21 世纪初期的矿业繁荣将走向终结。

这就意味着与城市化进程有关的大宗矿物资源需求将进入缓慢增长或缓慢下降期,其价格弹性将会越来越小,没有了上升趋势的宏观经济背景下的这些矿产品不再会有投机资本进行炒作。在将来很长的时间内,大宗矿物资源将会受供需规律的约束,从而导致价格围绕其成本进行波动。

这些大宗矿物资源大多数是可以再生利用的,间接增加了这些金属的供应量。以铜和锌金属做对比,如图 4 -5 所示,我国铜金属产量从 20 世纪 70 年代末开始,每年生产的铜金属开始大于铜精矿中的含铜量,而锌金属到 20 世纪 80 年代才开始,每年生产的锌金属开始大于锌精矿中的含锌量。在这里需要解释一下,铜精矿是指矿山生产的矿粉,而铜金属产量是指由铜精矿冶炼和废旧铜金属回收的总产量,锌也是如此。图中还反映了另一个信息,铜金属产量越来越大于铜精矿的含铜金属量,表明铜金属的回收占总产量的比例越来越大,也就是说铜的回收量越来越大,矿山铜的重要性越来越小。而锌则有些差异,原因在于锌金属主要用于钢铁中的镀锌和合金,回收的成本过大,从而约束了企业回收锌金属的积极性,矿山锌比回收锌依旧重要。

不仅仅铜、锌金属是如此,其他金属如铁和铝、铅更是如此。

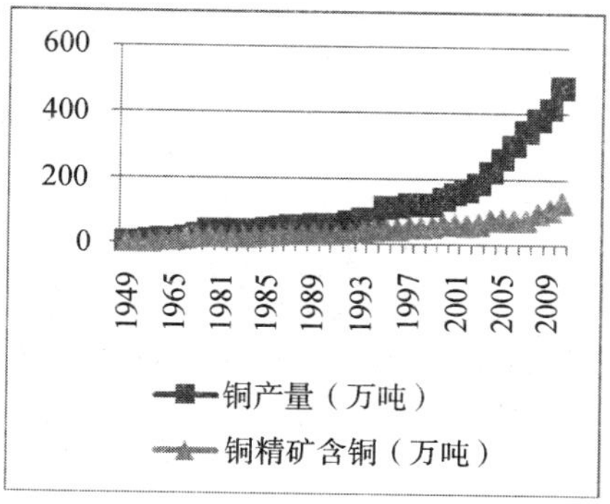

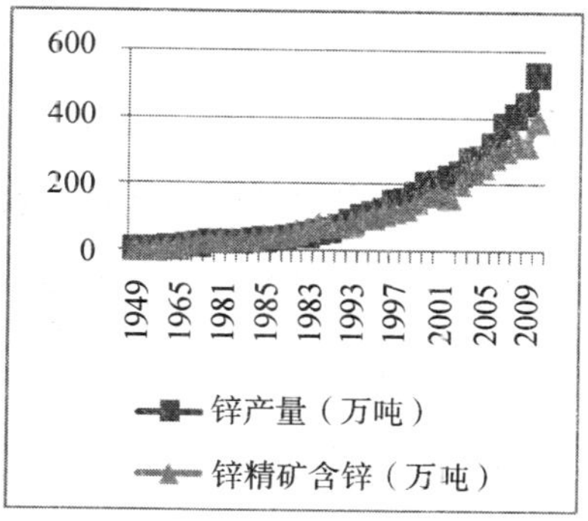

图 4－5　我国每年精矿中的金属量与金属产量对比图

除了再生以外，还有一个因素对于这些金属的影响也很大，那就是替代。从目前看技术上成熟的是使用光纤代替铜电缆，使得铜金属在电缆领域被光纤替代了很大一部分，因而减少了铜金属的用量。还有就是，锂电池替代铅蓄电池将对金属铅的消费需求带来毁灭性的打击。

既然城市化对矿物资源的消耗既惊人又有规律，那么我们就应该遵循它。不管中国的城市化率数据是多少，我们感到了确确实实的城市化了。如何巩固现有的城市化成果是最重要的，而不是只盯着城市化率这个数据。

还有一个影响大宗矿产资源投资的重要因素就是汽车。最近，笔者在《参考消息》上看到了一篇题为《西方大城市开始“摆脱汽车”》的文章，文章转载于 2012 年 9 月 22 日的英国《经济学家》周刊。全文如下：

摆脱汽车

全世界目前的汽车数量已经超过 10 亿辆，到 2020 年这个数字很可能会翻一番。与以前相比，现在的汽车更廉价、更快捷、更安全、更舒适。

汽车已经成为现代生活不可或缺的一部分。在经合组织国家（包括绝大部分发达国家在内），非徒步出行者中有的人选择驾车出行。汽车也是各个家庭的主要开支项目。2011 年，有将近 6 000 万辆新车加入了全世界的汽车大军。在亚洲、拉丁美洲和非洲，人们只要能负担得起就会马上买车。

然而，在富裕国家，汽车销量飙升的态势正在趋于停止。越来越多的学者都提出了这样一种可能性，即发达国家的汽车保有量和行驶里程或许即将达到饱和，甚至正在逐渐下降。这一概念被称为“汽车峰值”。

从2008年开始，经济衰退和高油价导致许多国家的汽车行驶里程出现明显下降，其中包括美国、英国、法国和瑞典。

然而，最近这些趋势的背后隐藏着更深层次和更加长期的变化。绝大多数的预测仍然认为，当经济开始复苏时，人们会像以前一样频繁地使用汽车。不过，这样的预测或许不会成为现实。

自20世纪50年代以来，作为一种总体趋势，所有富裕国家的汽车保有量和行使里程一直在增长。受70年代油价暴涨等短期因素影响曾导致数据出现了暂时下降，但汽车的使用很快便得到恢复。

经济衰退无疑加剧了汽车使用率目前的下降趋势。但是这一趋势似乎在危机之前就开始了。今年3月公布的一份受澳大利亚政府委托的研究报告显示，全世界已有20个富裕国家表现出汽车行驶里程“即将饱和的趋势”。在人均行驶里程连续增长了几十年之后，人均里程的增长速度已经明显放缓，在许多国家已经停止增长。在绝大多数富裕国家，农村地区的汽车使用量一直保持稳定，甚至正在增长，因为在农村开车出行仍旧让人们感觉自由和方便。然而在城市里，特别是市中心，汽车的保有量和使用率正在下降。

在美国，自20世纪90年代中期以来，城市居民中无车一族的比例有所增加。在人口超过300万的大城市中，无车族的比例为13%，而在农村地区，这一比例仅为6%。在伦敦，自1990年以来，汽车保有量一直在下降。欧洲许多城市的汽车使用都出现了减少的情况。

导致这种现象的原因有很多。主要原因在于，公共运输系统比以前更快捷、更可靠，同时许多城市也增加了运输能力。这一点在一定程度上体现在投资的增加上，尤其是对铁路投资的增加。

近些年来，旨在取代私家车的一些事物开始在北美和欧洲流行，特别是共用汽车的汽车俱乐部。据一些人估计，一辆租赁汽车可以取代15辆私家车。

不过，最根本的原因或许在于，就城市生活而言，汽车本身已经成为汽车大获成功的受害者。1994年，物理学家切萨雷·马尔凯蒂认为，人们希望把上班平均时间控制在1小时左右，他们不愿意再花更多的时间。在过去几十年里，汽车的应用使人们在1小时的时间里抵达更远的地方。然而，随着郊区的扩张和拥堵情况的加剧，绝大多数城市最终达到了扩张的极限，人们的通勤距离远到不能再远，因此城市无法继续扩张。在此之后，似乎又有很多人开始朝着城市中心搬迁。

如果汽车的使用已经达到顶峰，那么会带来什么影响呢？其中的一个影响就是，已经处于艰难时期的汽车厂商将无法轻易地在富裕国家开拓新市场。在美国，汽车的供应量已经远远超过驾照持有者的数量。

一些小众和豪华品牌正在蓬勃发展，并且很可能将保持这种态势。不过，制造商明白，发展中国家才是未来所在。

在2010—2011年期间，中国的汽车销量已经超过了美国，并且增长了2.6%。

与此同时，更加年轻的印尼市场的汽车销量增长了17%。

通过改进驾车出行的替代方式，市政当局可以尝试利用汽车使用率下降所带来的好处。驾车出行的人均占用空间大于其他任何交通方式。据澳大利亚科廷大学的彼得·纽曼和罗布·索尔特估算，利用一条高速公路车道的空间，私家车每小时可以运送2 500人，公共汽车可以运送5 000人，火车则是5万人。

其他假设或许也需要修改。富裕国家的政府依靠从燃料中收税。在欧盟各国，运输燃油税占到国内生产总值的1.4%，这一比例在部分国家还要高些。由于汽车能效提高，政府的财政收入已经在下降。如果汽车使用率再持续下滑的话，那么它们的财政收入将出现大幅的下降。

达到“汽车峰值”的可能性在富裕国家最为明显。不过，据伦敦大学学院的戴维·梅茨估计，新兴国家的城市会在发展过程中提前进入类似的阶段。

在收入水平相当的情况下，非经合组织国家的汽车保有量要高于经合组织国家当时的水平。这是因为它们的交通基础设施比富裕国家当年发展得更快，而且汽车的实际价格更便宜，城镇化进程也更快。

纽曼估计，由于汽车的使用增长过快城镇规划却落在后面，因此，较贫穷国家的城市将比富裕国家的城市更早地达到扩张极限。

在发展中国家，一些城市的市政当局已经在计划减少汽车的使用，特别是通过引入城市轨道交通系统的方式。从2000年以后才开始大规模建设的上海地铁平均每天运送800万人,覆盖了城市80%的地区。印度的18座城市和几个中东城市正在设计城市轨道交通网络。

在汽车文化出现50年之后,文化最终或许将改变汽车本身。

导致"摆脱汽车"现象的原因有很多,最主要的是过度城市化的城市规模"摊大饼",中国较西方国家还有一个致命的问题就是城市建设中形成的"社区城",从而使得城市交通过于拥堵。城市轨道交通的空前发展使得城市交通网络极为便利,中国的高铁、快速列车和便利的航线使得城市间的交通也很便捷,摆脱汽车至少可以把汽车制造业的发展速度降下来。

由此可见,大宗矿产资源的暴利时代已经终结。

➤ 新技术矿产是否可以作为期货交易品种

我们一直对商品的定价权耿耿于怀,"我们买什么,什么就贵;卖什么,什么就贱";"我们是铁矿石的最大买家,却没有定价权";对于稀土矿,比较流行的说法是"稀土卖成土价钱",实际上也是说的没有定价权。这些年来,各种媒体对于铁矿石的高价格和稀土矿的低价格的口诛笔伐不绝于耳。

没有定价权的何止是这些矿物资源,茶叶、服装、羊绒、陶瓷、丝绸莫不如此。

祝继高博士在他的著作《定价权博弈:中国企业的路在何方》一书中是这样解释定价权的,由于篇幅太长,笔者把最重要的内容摘录如下:

什么是定价权

根据一国或区域在价格形成过程中的参与度和参与方式的不同,定价权又可分为相对定价权和绝对定价权两个层次。定价权简单地说就是交易中谁主导价格的问题,相对定价权是指在一定区域内有价格主导权,绝对定价权则是指在全球范围都能有主导权。

价格主导权是如何获得的，下面从几个方面论述。

供给与需求——狭路相逢“小”者胜

一瓶矿泉水，在超市卖1元，在泰山顶却要卖10元。如果放到沙漠中，价格可能达到100元，甚至更高。同样的一瓶水，放在不同的地方，价格差异却很大。这主要是由于供给和需求的对比关系发生了变化。

可这些经济定律在中国却总不适用。按说中国商品供给量大，价格由卖方决定，但是现在一面是排队等着买稀土金属，另一面却是中国稀土金属的“贱卖如土”。要说需求大，美国对石油的需求比中国还大，怎么不见它越买越贵、越贵越买？当今世界上的石油、铁矿石、农产品基本都是小幅度地供过于求，按照经济学的理论，供过于求价格应该下跌，而中国所看到的是价格大幅攀升，这是为什么？

国际经济学中有一个重要定理叫做“一价定理”，意思是在假定世界各国之间不存在贸易壁垒的条件下，同一商品在各国的价格应等于生产国价格加运费。可是专家统计，1993—2001年，沙特轻质原油销往东北亚地区的价格比销往欧洲的价格平均高1.01美元/桶，与销往美国市场的相比差距更大，有时达3美元以上，甚至出现过中国直接从沙特买回来的石油，还不如等石油从沙特卖到美国再从美国买便宜。虽说地球是圆的，可怎么说中东也是亚洲不可分割的一部分，运费怎么反倒贵了？

看来供给与需求不能完全解释定价权的问题，那就继续向前探询，找出其中的奥秘。

规模——零售比批发更便宜

中国的小麦、玉米、稀土、大豆等大宗原料的生产居世界前列，石油、铁矿石、铜等原料的进口量非常大，但中国在国际上却缺乏相应的定价权。每当中国准备进口某种大宗货物时，这种货物的国际市场价格就会提前上扬，迫使中国多支付外汇；每当中国准备出口某种大宗货物时，这种货物的国际市场价格就会提前下降，迫使中国少赚外汇。难道中国招惹了谁，一切皆在别人的掌控之中？

举一个大豆的例子。我国每年进口2 000多万吨大豆，是全球最大的大豆进口国，规模不能算不大，可还是任由外国人左右。2001—2002年，中国企业买完大豆后大豆价格暴跌，一批国有、集体及个体油脂加工企业损失惨重，濒临破产。尤其是其中的国企，在改制的浪潮中，由于体制不灵活，多数无奈地匆匆改制为民营企业。这次风波致使国内油脂行业重新洗牌，国企从此变成了少数。

吃一堑长一智，中国企业将以前通过国际跨国公司一次性敲定进口大豆到我国口岸的价格，改成分批次、分阶段敲定到岸价格，认为如此便可以安枕无忧。但是上一次大豆危机的悲剧再次上演，同样的开端，同样的经过，同样的结局。

这两次大豆危机自然有信息不完全、基金的操纵等原因，但与中国企业各自为战、没有形成合力也有莫大的关系。尽管中国对大豆整体的需求较大，但由于我国大豆的进口不实行关税配额管理，进口没有数量限制，完全属于企业行为，多年来一直存在多头对外、缺乏统一调控的问题。产能过剩和无序进口人为扩大了进口需求，加剧了恶性竞争，严重削弱了中国在进口中的谈判地位，更为国际基金提供了可乘之机。

垄断——只此一家，别无他选

垄断的基本原因是进入壁垒。进入壁垒主要有三个来源，资源垄断、政府创造的垄断和自然垄断，即关键资源由一家企业拥有；政府给予一个企业排他性的生产某种产品或者劳务的权力；或生产成本低，一个生产者比大量生产者更有效率。

资源垄断。有一个经典的例子是南非的钻石公司戴比尔斯。戴比尔斯控制了世界钻石生产的80%左右，尽管不是100%，但也大到足以对世界钻石价格产生重大影响的程度。

政府创造的垄断。许多情况下，垄断的产生是政府的发明。最常见的就是专利和版权法。在这种情况下，只要有需求，那么企业在垄断领域里就有相当大的定价权。例如微软与Windows（视窗），想用就必须交钱。

自然垄断。当一个企业能以低于两个或更多企业的成本为整个市场供给一种产品或劳务时，这个行业就是自然垄断的。例如供水，为了给城里的居民供水，企业必须铺设遍及全城的水管网。如果两家企业在提供这种服务中竞争，那它们每家都要把全城水管网铺一遍,此时就形成了资源的浪费。因此,如果是一家企业为整个市场服务,供水总的平均成本就最低。

品牌——知名度也是一种力量

品牌是给拥有者带来溢价、产生增值的一种无形资产,它的载体是用以和其他竞争者的产品或劳务相区分的名称、术语、象征、标识或者设计及其组合,增值的源泉来自消费者心智中形成的关于其载体的印象。例如提到汉堡,首先想到的多半是麦当劳和肯德基;提到可乐,首先想到的是可口可乐和百事可乐,这就是品牌的力量。人们常爱举这样一个例子:即使可口可乐大大小小的公司被大火毁于一旦,银行很快就敢贷款重建,其中缘由,正是可口可乐品牌价值高达500多亿美元,为其提供了强有力的品牌形象支持,这是一代又一代可口可乐人点点滴滴浇灌、培植的结果。

品牌赋予了企业一定的定价权。例如在外地住宿时,一家是大家熟知的连锁酒店,一家是当地的酒店但便宜几十块钱,你会怎么选择?相信不少人都会选择前者,且不说服务、卫生如何,至少基本的个人隐私能够有所保障。为什么连锁能让人们掏出更多的钱还无怨无悔?这就是品牌的力量。品牌就如同一个企业的名片,它代表了一类产品的质量档次,代表了企业的信誉。

没有品牌的企业通常缺乏竞争力。“中国制造”在全球非常有名,可是作为世界工厂,得到的回报却少得可怜。中国的一大批代工企业,在成本上升的情况下却不敢加价,这是为什么?答案很简单,总有愿意做的,反正最后你不做有人做。外国企业通过品牌的建立与加强,获得了相当大的利润空间,同时也获得了相当大的定价权。

期货市场——用今天赌明天

期货指的是买卖标准化远期合约,期货交易的对象并不是商品(标的物)的实体,而是商品(标的物)的标准化合约。而期货市场是期货交易的市场。期货市场起源于17世纪,随着美国搞西部大开发,西部成为重要的农产品基地。到了18世纪初由于运河及铁路的修建使运输费用和时间大大削减,极大地促进了跨区域贸易的发展,促使芝加哥成为农产品重要的集散地。为了使粮食贸易商和生产者规

避价格风险,农产品的远期交易得到了迅速发展。但随着这种远期交易的发展,其三大局限性也日渐凸显:

- 交易成本过高。远期合约由交易双方私下签订,寻找交易对手、比较报价、谈判定价、货物检验等,导致交易成本过高。

- 缺乏基准价格。远期交易中,贸易商和生产者双方根据个人经验和对未来预期商谈定价,信息交流与搜集的成本都很高,因此难以形成融合全部市场信息的统一价格,更不用说形成连续价格。

- 信用风险过大。远期合约的执行依赖交易双方的信用,信息不对称的存在使双方面临较大的信用风险。

基于对远期交易以上缺陷的考虑,1848 年,82 位贸易商发起组建了世界第一家期货交易所——芝加哥交易所[即现在的芝加哥商品交易所(Chicago Board of Trade,CBOT)]。

本来期货市场只是作为现货市场的一个延伸,后来逐渐独立并服务于现货市场,到今天,已成为能引导现货市场的先行者和连接金融资本与商品市场的桥梁。期货市场和现货市场分工愈加明确:期货市场主要职能在于发现价格和转移风险,现货市场主要职能在于商品所有权的买卖。于是有了这么一幕:在中国乃至国际的铜定价中心上海期货交易所中,铜现货市场的交易比期货市场要晚半个小时,就是为了等待期货市场的定价出来作参考。在国内现货铜的贸易中,购销合同几乎全是“开口合同”,即只确定购销数量,价格一栏先空着,回头按照上海期货交易所相关月份合约的价格执行。

但是期货市场具有以下两大优点。

一是期货市场中交易公开且透明,成交价和其他合同要件都须向社会公开,谁愿意买都行,信息透明得多,价格是决定能否达成交易的唯一因素。而现货交易中,信息非常不透明。

二是期货市场合约标准化。如果问:“今天一只公鸡多少钱?”没有人有办法回答该问题,因为不知道问的公鸡产自何地、重量几何。但是,期货市场不一样,一切都是规定好的,如交易标的的品质、数量、交易时间、交易地点、交割时间、交割地点、结算条件等，只有价格是可变因素。

期货市场的定价权在一些大宗商品的国际贸易上体现得非常明显。这里的大宗商品顾名思义，要么量大，要么价值大，常指一些初级产品，如石油、铁矿石、小麦、大豆等。像铁矿石这种商品，由于没有广泛认可的期货品种和期货市场，所以其价格由市场上的主要买方和卖方每年谈判达成。而像原油和铜之类的价格基本上是由最著名的期货交易所的标准期货合同价格所决定的。

作者从供给与需求、规模、垄断、品牌和期货5个方面分析了决定定价权的因素。笔者认为作者还漏掉了一个非常重要的方面就是货币垄断，即美元霸权。对于矿物资源而言，垄断与期货是决定市场价格的主导因素，当然包括美元霸权，因为国际贸易基本上都是以美元为基准来结算的。在期货市场交易的品种都是比照期货价格进行结算和交易。矿物资源中已经有10个品种在期货市场进行交易，它们是金、铂、钯、银、铜、铅、锌、铝、锡、镍等。我们都知道，金店卖的金首饰价格是金的期货价格加上加工费和一定比例的利润。从事矿业的人都知道，矿山生产的铜精粉、锌精粉和铅精粉的计价也是按期货市场当日价格乘以系数来确定的，交易双方根据精粉中金属含量的不同以及有害元素的多少来确定系数。

根据伦敦金属交易所公布的数据，2011年的交易量比上年增长21.9%，达到1.46亿手，相当于35亿吨金属的交易量。交易所总交易金额比上年增长32.8%，达到15.4万亿美元，占到全球金属期货交易80%的份额。伦敦金属交易所在全球金属交易市场中处于领先位置。

正是由于伦敦金属交易所金属期货交易量和交易金额占到了全球交易额总量的80%，很自然，全球金属现货交易价格都向伦敦交易所看齐。

那么，不是期货品种的矿物资源（金属、燃油、非金属）又怎么来确定定价权呢？笔者认为只有两个字——垄断。垄断决定了市场的供给和需求，造成人为的供不应求或供过于求，以此达到控制价格的目的。

中国在钾肥上深受垄断之苦。“你们对得起中国的农民么？”钾肥让外国人当成黄金卖，中国人急了，对着外国人喊。外国人倒是挺有礼貌：“一边玩去！钾肥就是这个价了,你是买还是不买?”

铁矿石也一样。巴西的淡水河谷、澳大利亚的力拓以及必和必拓三大铁矿石巨头占据了国际市场供应量的70%以上,控制了全球铁矿石海运量的85%,三家铁矿石巨头一旦联手,它们就拥有对国际铁矿石价格的控制权。

从3大矿业公司的年报可以查到前20大股东的持股数量和比例(图4-6)。力拓公司2009年年报显示该公司前5大股东分别是力拓控股、汇丰、JP摩根、澳大利亚投资基金(National NomineesLtd)和花旗,这5家公司分别持股28.19%、14.12%、10.59%、8.79%和2.29%,合计63.98%。另一矿山巨头必和必拓公司的前5大股东(图4-7)分别是汇丰、JP摩根、澳大利亚投资基金(National Nominees Ltd)、Citicorp Nominees Pty Limited和花旗,它们分别持股16.08%、11.62%、9.41%、8.42%和4.81%,合计50.34%。此外,在这两家公司的前20大股东中,都出现了瑞银集团、澳新银行、加拿大皇家银行等国际投资机构。很明显,力拓和必和必拓的前5大股东中有4个股东是相同的,也就是说它们的实际控制者就是这4家国际金融机构。在共同的利益面前,它们的联合是决定性的。

Rio Tinto Limited		Number of shares	Percentage of issued share capital
1	Tinto Holdings Australia Pty Limited	171,072,520	28.19
2	HSBC Custody Nominees (Australia) Limited	85,679,627	14.12
3	JP Morgan Nominees Australia Limited	64,267,120	10.59
4	National Nominees Limited	53,343,702	8.79
5	Citicorp Nominees Pty Limited	13,918,306	2.29
6	ANZ Nominees Limited	11,791,068	1.94
7	Cogent Nominees Pty Limited	8,141,201	1.34
8	UBS Wealth Management Australia Nominees Pty Ltd	3,835,054	0.63
9	Citicorp Nominees Pty Limited	3,690,746	0.61
10	Queensland Investment Corporation	3,660,711	0.60
11	Australian Foundation Investment Company Limited	3,573,706	0.59
12	AMP Life Limited	3,309,624	0.55
13	Argo Investments Limited	2,393,539	0.39
14	UBS Nominees Limited	2,322,435	0.38
15	Australian Reward Investment Alliance	2,021,359	0.33
16	Perpetual Trustee Company Limited	1,960,255	0.32
17	RBC Dexia Investor Services Australia Nominees Pty Limited	1,374,370	0.23
18	RBC Dexia Investor Services Australia Nominees Pty Limited	1,072,295	0.18
19	Citicorp Nominees Pty Limited	990,225	0.16
20	Citicorp Nominees Pty Limited	982,361	0.16
		439,400,224	72.41

图4-6　2009年力拓公司前20大股东所持股份数及占比

(图片截自力拓集团2009年年报)

3家联合可能吗?不是可能,而是绝对。

我们来看看巴西淡水河谷公司的前三大股东的持股情况吧,巴西养老基金(Litel S. A.)持股49%、巴西发展银行下属的投资公司(BradesparS. A)持股21.21%、日本三井(Mitsui&Co. Ltd)持股18.24%。这3大机构中也能查到汇丰、

BHP Billiton Limited	Number of fully paid shares	% of issued capital
1. HSBC Australia Nominees Pty Ltd	479,903,574	14.29
2. J P Morgan Nominees	333,996,181	9.95
3. National Nominees Ltd	303,329,760	9.03
4. Citicorp Nominees Pty Limited <BHP Billiton ADR Holders A/C>	272,788,808	8.12
5. Citicorp Nominees Pty Limited	171,836,864	5.12
6. Australian Mutual Provident Society	96,109,996	2.86
7. ANZ Nominees Limited <Cash Income A/C>	82,212,463	2.45
8. Queensland Investment Corporation	38,348,359	1.14
9. ANZ Nominees Limited <SL Cash Income A/C>	18,936,206	0.56
10. Potter Warburg Nominees Pty Ltd	18,568,818	0.55
11. Australian Foundation Investment Company Limited	14,331,934	0.43
12. RBC Dexia Investor Services Australia Nominees Pty Limited <PIPOOLED A/C>	12,343,897	0.37
13. Australian Reward Investment Alliance	11,998,421	0.36
14. Bond Street Custodians Limited	9,734,403	0.29
15. Perpetual Trustee Australia Group	9,263,487	0.28
16. INVIA Custodian Pty Limited	7,621,190	0.23
17. UBS Nominees Pty Ltd <116C A/C>	7,580,000	0.23
18. HSBC Custody Nominees (Australia) Limited <A/C 2>	7,073,792	0.21
19. ARGO Investments Limited	6,927,411	0.21
20. RBC Dexia Investor Services Australia Nominees Pty Limited <BKCUST A/C>	6,890,633	0.21
	1,909,796,197	**56.89**

图 4－7　2008 年必和必拓公司前 20 大股东所持股份数及占比

（图片截自必和必拓公司 2008 年年报）

JP 摩根、高盛、瑞银、花旗等的影子，这就说明世界 3 大矿山公司已经被金融资本所控制。

这 3 家公司的联合形成了铁矿石的垄断，这是其一，还有就是铁矿石的海运垄断。根据国际钢协发布的数据，2011 年全球铁矿石海运量为 10.5 亿吨，2015 年全球铁矿石海运量估计能达到 13 亿吨左右，其中 3 大矿业巨头就承担了超过 70% 的份额。

我国是铁矿石最大的用户，根据海关总署公布的数据，2014 年我国铁矿石进口 9.325 亿吨。尽管 2014 年我国的粗钢产量超过了 8 亿吨，占全球粗钢总产量的 45.5%，但钢铁行业集中度依然不高。据 2014 年 12 月《中国钢铁工业统计月报》，2014 年前 5 家钢铁集团的粗钢产量占全国总产量的比重为 33.71%，前 10 家钢铁集团粗钢产量占全国总产量的比重为 49.20%，前 15 家钢铁企业集团的粗钢产量占全国总产量的比重为 58.10%。这比发达国家钢铁行业集中度差得很远，而且钢铁厂家多，几乎每个省都有好几家钢铁公司，纳入统计的大中型钢铁企业就有 78 家，小型钢铁企业数百家。

2014 年，中国前三大钢铁公司的粗钢产量之和也只占全国粗钢总产量的 23.06%，可见中国的钢铁企业离垄断还有十万八千里。

说了铁矿石，再看看我们有绝对优势的矿种吧。

按照中国五矿集团公司总裁助理王炯辉对《新技术矿产》的解释，涉及的矿种应包含稀土、稀有、稀散、铂族、轻金属、重金属和非金属等7个大类共39种。但是笔者认为，中国有产量和储量优势的新技术矿产具体一点应该是钨、钼、锡、锑、铋、铟、镓、镧、锶、镨、铕、钕、重稀土（铽、钬、铒、铥、镱、镥和钇等7个元素）、铼、硅、钛、锗、钒、锂、镁、钠、萤石、石墨等30种。从前面的分析可知，我们没有货币霸权，通过操纵汇率来操纵价格我们办不到，现在只能在假设美国不操纵美元汇率的情况下来讨论我国这些新技术矿产的所谓定价权可能性。

哪些品种可以设立新技术矿产的期货品种呢？要回答这个问题，必须要弄清楚商品期货必须满足的条件。首先该商品要可供量较大，买卖者众多，且不易为少数人控制和垄断；其次是商品的品质易于划分，储藏和保存时间较长不变质，且质量可以评价；再次就是价格波动较为频繁。可供量大如何衡量？从已有的品种来看，除贵金属外，锡的供应量是最小的，全球锡金属矿山产量为30万吨左右。能满足可供量大条件的只有晶硅和金属镁，但金属镁容易氧化且遇水会发生反应甚至燃烧，因此，金属镁的这个性质决定了它不能储存较长时间，也就不能作为期货品种。

产量比较大的金属品种还有钼（全球大约20万吨左右）、钨（全球大约6万吨左右）和稀土中的镧、铈、钕。但是，以金属交易的量并不大，钼和稀土主要以氧化物即所谓的炉料和稀土氧化物在市场上交易。

伦敦金属交易所（LME）于2010年2月开始发行钴、钼两个小金属的期货合约，共有15个钴品牌注册和7家钼品牌注册，从而开启了小金属期货交易之先河。可见，一些产量较大的小金属还是可以设立期货品种上市的，但是需要研究好商品的品质划分。笔者认为最有可能在期货市场上市的品种依次为晶体硅、金属钼、金属钨、金属钕（易氧化，需要解决保存问题）。还可以换一个思路，是否可以利用金属氧化物在期货市场进行上市？这都值得探讨。如果解决了这个问题，可以说很多新技术矿产氧化铝、氧化镁、氧化镨、氧化钕、氧化镧等就都可以在期货市场上市交易了。

除了考虑在期货市场上市定价以外，最重要的就是垄断了。还以大家熟悉的稀土为例吧。

表4－1列举了2010年稀土金属各品种的交易年平均价格，但2014年的价格远低于这个数。再结合稀土矿物中元素组成才能计算出各自的产量，也才能从扑朔迷离的稀土矿元素的信息中得出一些基本判断，而不是人云亦云。

表4－1　2010年稀土族各金属价格年平均值

品种	镧	铈	镨	钕	钐	铕	钆	铽	镝	钬	铒	铥	镱	钇	镥
纯度	A	D	D	E	B	A	A	A	C	B	D	B	C	A	A
价格	38	30	60	63	175	1 400	165	1 400	310	750	165	1 500	375	50	2 200

注：数据来源于美国地质调查局，价格为美元/千克，标准为每包20千克，铥为5千克/包，镱、钬和镥为10千克/包。A纯度为99.99%，B纯度为99.9%，C纯度为99%，D纯度为96%，E纯度为95%。

构成稀土矿的矿物主要有独居石、氟碳铈矿、磷钇矿和离子型稀土矿，其具有代表性的矿床所产的矿石矿物中的主要元素含量如表4－2所示。独居石矿一般产在海滨砂矿中，其中以澳大利亚的独居石矿产量最大，仅依路卡（IILUKA）公司生产的独居石就占全球总产量的75%，在此方面中国处于劣势。

以氟碳铈矿为稀土矿物的矿床也不是中国一家所独有，除了中国的白云鄂博、四川凉山牦牛坪和山东微山外，美国的芒特派司（Mountain Pass）和澳大利亚忙特威尔德（Mount Weld）储量也相当巨大。当然，中国广东的离子型稀土主要产磷钇矿，而江西的离子型稀土矿则有两种。这3种稀土矿物是我国极具独特优势的稀土矿床。

表4－2列举了这5种稀土类型的金属含量，从中可以得出以下结论：

一是在世界分布很广，产在原生矿或砂矿中的独居石和氟碳铈矿主要以轻稀土为主，轻稀土占到全部稀土矿物的97%～98%，其中的镧、铈就占到70%～73%。镧、铈的用途并不广泛，市场需求不大，因而导致以独居石和氟碳铈矿为主要稀土矿物的矿山镧、铈严重供过于求，产品堆积如山。20世纪90年代，有媒体报道的稀土卖成土价钱就是指这两种金属。

表4-2　稀土矿的矿石矿物中主要元素含量

矿石矿物	独居石（以西澳北卡泊尔砂矿为例）	氟碳铈矿（以中国白云鄂博为例）	磷钇矿（以中国广东为例）	江西寻乌离子型稀土	江西寻龙南子型稀土
钇	2.4	–	59.3	8	65
镧	23.9	23	1.2	43.4	1.82
铈	46	50	3	2.4	0.4
镨	5	6.2	0.6	9	0.7
钕	17.4	18.5	3.5	31.7	3
钐	2.53	0.8	2.2	3.9	2.8
铕	0.053	0.2	0.2	0.5	0.1
钆	1.49	0.7	5	3	6.9
铽	–	–	1.2	–	1.3
镝	0.7	–	9.1	–	–
钬	–	–	2.6	–	1.6
铒	–	–	5.6	–	4.9
铥	–	–	1.3	–	0.7
镱	–	–	6	–	2.5
镥	–	–	1.8	–	0.4

注：数据来源于美国地质调查局，数据单位为百分含量（%）。

二是从成分含量角度分析，南方离子型稀土的原生矿床也应该为两种：一种是以磷钇矿为主的稀土矿床，另一种是以独居石和氟碳铈矿为主的矿床，在风化淋滤过程中发生了一些稀土元素的流失和另外一些稀土元素的富集。以磷钇矿为主的离子型稀土矿明显富集了重稀土，其中广东矿达到26%，江西矿达到11%，价格高的全部为重稀土。南方的这种以磷钇矿为主的离子型稀土矿才是我们的珍宝。

垄断必须以南方离子型稀土矿为主，将其整合成一家生产稀土矿可能才是良策。但现实的情况却是，尽管经过几年的不断整合，截至2010年，中国共计还有稀土矿采选企业23家，稀土冶炼分离企业99家。

在全国的稀土资源储量中，轻稀土占比95%以上，中重稀土占比仅约3%。其中，北方以轻稀土资源为主，代表是内蒙古包头的白云鄂博稀土矿；南方以中重稀土资源为主,代表是广泛分布于南方7省区的风化淋积型稀土矿。在轻稀土资源领域,3大矿山为内蒙古包头白云鄂博稀土矿、四川凉山牦牛坪稀土矿和山东微山稀土矿,它们的实际控股人分别是包头钢铁集团、江西铜业集团和中国钢研集团。这3家企业集团都是大哥大级别,谁整合谁都将是一个难题。

相比于轻稀土领域,南方7省中重稀土领域的整合格局则更为复杂。由于中重稀土储量相对较少又是中国所独有的资源品种,有色金属中央企业和地方大型国企都想涉足这一领域,造成中重稀土资源的掌控者相对分散。2011年12月,五矿有色控股有限公司成立,其持有湖南有色集团公司100%股权和五矿有色金属股份有限公司(五矿有色)92%的股权,成为五矿集团旗下有色金属资产的整合平台。五矿有色已经控股了赣州稀土,成立了五矿稀土(赣州)公司,五矿有色控股有限公司已经成为中重稀土冶炼及深加工领域的国内龙头。

此外,五矿有色在江西、湖南、福建、广东的稀土行业均有所布局,五矿集团与湖南省有色金属行业合作,五矿有色控股的五矿稀土(江华)有限公司已经获得了湖南省目前唯一的一张稀土采矿权证。同时,福建省稀土产业的核心整合者为厦门钨业,五矿有色还持有其21%的股份,是第二大股东;而在2011年3月,五矿有色和广东省河源市政府签署战略合作协议,将对河源市以稀土资源为主的矿产资源进行勘查开发与利用,宣告正式进入广东省稀土领域。2014年底中国有色行业龙头老大中国铝业公司宣布参与全国稀土整合,至此,我国稀土行业仍然有9家大企业参与其中,这场"国进民退"的稀土整合大幕宣告落幕,效果如何不得而知。

如果我国的稀土矿都不能形成垄断,就更不要谈其他矿种了,若要对新技术矿种有话语权就应从垄断开始,没有其他办法,除非我们坚决不出口。

➢ 新技术矿产的投资逻辑

国土资源部在2011年11月的一个境外矿产勘查开发论坛会议上,首次提出新技术矿产的观点。新技术矿产被定义为:伴随人类第三次浪潮带来的科技创新，被广泛应用于信息技术、新能源和新兴材料产业的金属和非金属矿产。根据该定义，新技术矿产的矿种应该包含稀土、稀有、稀散、铂族、轻金属、重金属和非金属等7大类矿产，并且随着新材料技术和应用的不断发展，新技术矿产的种类还将不断增加。

与大宗矿产品相比，新技术矿产在自然界储量较少，赋存形式多样，而且全球分布不均。作为高新技术产业里的关键元素，这些矿产目前难以被替代。而且，随着高新技术产业的日新月异，对新技术矿产原材料的需求将迅速增长，全球特别是科技相对发达的美国、日本和欧盟等经济体对新技术矿产的需求呈现出刚性特征。

2012年5月30日，国务院总理温家宝主持召开常务会议，讨论通过了《"十二五"国家战略性新兴产业发展规划》，提出了节能环保、新一代信息技术、生物、高端装备制造、新能源、新材料以及新能源汽车7大战略性新兴产业的重点发展方向和主要任务，并提出了20项工程。

从以上7大新兴产业来看，除生物外，其他6项全部涉及新技术矿产。下面是对这6大新兴产业中所涉及的主要新技术矿产中的重要矿物资源投资价值的分析。分析遵循一条思路，那就是技术产品的性价比，任何最终胜出的好产品都是性价比最优的，当然，不计成本只关注性能的产品除外（军事用途）。

为了方便分析，笔者把这些新技术矿产分为5类：第一类是"减肥"金属矿产的投资，第二类是新能源金属矿产的投资，第三类是非金属矿物与新兴材料的投资，第四类是稀土矿的投资，第五类是新资源矿产的投资。对与太阳能有关的新技术矿产已经进行了论述，这里不再赘述。

1."减肥"金属矿产的投资

"减肥"金属矿产的投资有两个含义，一是在结构金属材料中加入其他的功能金属，在保证相同功能强度的同时达到减轻重量的目的；另一个含义是高强度或高磁场强度的合金或金属代替传统中低强度或中低磁场强度的材料。下面举例说明。

据国际钢铁协会公布的统计数据，2014年中国钢材产量达11.26亿吨，占全球钢材产量的46.6%。这个产量分别是日本的6倍、美国的10倍,比世界其他十大产钢国的总和还要多。正是因为我国钢铁产能的突飞猛进,使得完全能自给的铁矿石资源逐渐捉襟见肘,铁矿石的对外依存度屡创新高,从2002年的44%提高到2011年的69%,直到2014年的72.8%。2010年进口铁矿石6.2亿吨,2014年进口铁矿石9.325亿吨,如此大的铁矿石进口量是一个无法背负的沉重压力。

在加大国内找矿力度的同时,减少钢材的用量是一种见效比较快的办法。钢中加钒是减少钢材用量的好办法。在我国,90%左右的钒用于钢铁工业,钒在钢中的应用主要是通过添加钒来提高强度和韧性,技术也相对成熟。在钢中加入钒,可显著改善钢的性能。实践表明,在结构钢中加入0.1%的钒,可提高强度10%~20%,减轻结构重量15%~25%,降低成本8%~10%。若采月含钒高强度钢,可减轻金属结构重量40%~50%,比普通结构钢的成本低15%~30%。由于钒钢具有强度大,韧性、耐磨性及耐蚀性好的特点而广泛应用于输油(气)管道、建筑、桥梁、钢轨和压力容器等工程建设中。

除钒金属以外,铌、钛和硼等也能起到提高钢的强度,达到减轻结构重量的作用,其中以钒作为微合金化元素的占多数。在可统计到的各国非调质钢中,可知化学成分的牌号有186个,其中含钒非调质钢为158个,占85%;含铌的为9个,占5%;钒铌复合合金化的14个,占7.5%。

可见,在钢中作为微合金化元素,钒是绝对的主流。幸运的是,钒又是我国优势小金属。目前开采的钒矿床有两类,一类是与铁矿共生的钒钛磁铁矿型,如攀枝花钒钛磁铁矿床;另一类是发育在碳硅质板岩中的沉积石煤型钒矿,如陕西山阳中村钒矿。

根据国土资源部信息中心《世界矿产资源年评(2011—2012)》资料显示,截至2011年年底,世界钒金属的探明储量为1 400万吨,钒资源总量超过6 300万吨。其中我国已探明储量510万吨,居世界第一。攀枝花和承德地区钒储量约400万吨,占中国钒储量的80%左右,是世界最大的钒资源集中区。

世界钒矿看中国,中国钒矿看攀钢。据《全球铁合金网》2012年1月6日报道,2011年,攀钢钒炼钢厂共生产钒渣25.73万吨,是设计钒渣产能的2.3倍,连续7年创出历史新高。一般来说，钒渣中含 V_2O_5 达12%左右，由此可以推断，攀钢（攀枝花钢铁公司）可以生产 V_2O_5 达3万吨左右；同时，承钢（承德钢铁公司）报道2011年全年生产钒产品达到2万吨，两家合计每年可以生产 V_2O_5 5万吨。2011年，中国钒产品年产能总计约有9万吨（以 V_2O_5 计），占世界总产能的61%，实际产量4.8万吨，占全球实际总产量6.1万吨的78.6%。

限于两大钢铁厂的钢铁产量限制，5万吨 V_2O_5 产量应该是它们产量的峰值。根据TTP Squared. Inc的Terry Perles预测，2015年全球钒消费量将达9.9万吨，中国消费量能达到6万吨。可见，发育在碳硅质板岩中的沉积石煤型钒矿有投资机会。

第二种情况是轻金属合金。翻开元素周期表，能作为轻金属合金的元素有锂、镁、铝、钛等。

汽车轻量化对于降低油耗、节约能源、减少废气排放十分重要。研究显示，若汽车整车重量降低10%，燃油效率可提高6%～8%；汽车整备质量每减少100千克，100千米油耗可降低0.3～0.6升，汽车重量降低1%，油耗可降低0.7%，二氧化碳排放可减少约5克/千米。据报道，2010年，欧美汽车企业制造的产品重量同过去相比减轻了20%～26%，预计到2020年，轿车平均重量还将继续减轻20%。

汽车轻量化必须研究和使用轻质材料。比如铝合金的比重仅为钢的1/3，镁合金的比重为1.8，比铝还轻1/3，强度和刚性也较好。在有色金属中，镁和铝两种有色金属在汽车轻量化应用上是最好的轻质金属，它们的发展前景也最为广阔。

据中国汽车轻量化技术创新战略联盟专家委员会主任陈一龙的资料，我国目前中型载货汽车年产销量80万～100万台，其中有70%以上为可轻量化的重型专用车，仅此一项，年需金属铝就超过100万吨。如果考虑所有汽车全部实现轻量化，每年则需要600万吨金属铝。

在笔者的印象里，镁一直是个低端的金属，中国产的金属镁主要是出口。最近看了《中国有色金属》杂志记者曲永祥采访中国有色金属协会镁业分会会长徐晋湘的报道，据介绍，镁合金的应用在2008年以后取得突破性的发展，镁合金几乎全部用于高端装备制造领域，包括航空航天、军工、汽车和高铁等。由于镁的比强度大，所以它被用于战斗机、客机中的机翼、轮毂连接件等非承重结构件，一架超音速战斗机需要5%的镁合金构件，一枚导弹一般要消耗100～200千克的镁合金。镁在高铁中的应用更是不可替代，研究数据表明，高铁时速在260～300千米/小时的情况下，铝板还可以对付，但当速度超过300千米/小时后，铝板就太重了，这时就需要镁合金板了。

钛合金在前面的"上天入地"一节中已讲得很多，这里也就不再展开。

锂是世界上最轻的金属，它的比重仅为0.53，也就是只有约同体积水重的一半，它的密度只有铝的1/5。如果用锂做一辆汽车，一个人就可以把它举起来。科学家经过研究发现，锂—镁和锂—铝等合金不仅重量轻、强度高、抗冲击性能好，而且还具有良好的耐腐蚀性和抗太空中高速辐射粒子穿透的能力。用这类合金制造宇宙飞船的热防护舱和卫星、导弹的包覆材料是再好不过的了。据报道，美国的阿纳吉－D末级制动火箭，因使用了锂—镁合金而使其重量减轻了23千克。

在锂、镁矿床中具有长期投资价值的首选盐湖。中国的盐湖矿产资源可以用"多、大、富、全"4个字来概括。

所谓"多"，是指我国现代盐湖数量众多、盐湖矿产资源种类多。新疆境内，有"无百里之内无盐湖"之说；青海柴达木盆地，有"盐的世界"之称；西藏的盐湖更是星罗棋布。盐湖固体矿物原料资源十分丰富，矿种较为齐全，可作为大规模开采的矿床有石盐、芒硝、石膏、天然碱、硼酸盐、镁盐、钾盐、锶盐等，且盐湖液体矿床资源种类亦多，如锶、镁、锂、铷、铯、钾、硼、溴、碘、铀等。

所谓"大"，是指我国某些盐湖面积大和某些盐类矿产资源储量大。如我国柴达木盆地的察尔汗盐湖，总面积为5 800多平方千米，比西亚的死海大5倍多，比美国犹他州的大盐湖大1.6倍，察尔汗盐湖氯化物（石盐、氯化镁、氯化锂）资源总储量达数百亿吨。

所谓"富"，是指盐湖中某些矿种的品位高，即单位含量高。如我国某些含硼盐湖卤水，硼的含量可高达1.4克/升；某些含锂盐湖的卤水，锂含量可高达2克/升；个别盐湖铷、铯含量可高达几十毫克/升；铀可高达数10毫克/升。

所谓"全"，是指盐湖矿床类型全。在我国盐湖区内，各类碳酸盐矿床如天然碱矿床、菱镁矿矿床等，各类硫酸盐矿床如芒硝矿床、石膏矿床、天青石矿床等，各类氯化物矿床如石盐矿床、钾石盐矿床、光卤石矿床、水氯镁石矿床等，各类硼酸盐矿床如天然硼砂矿床、钠硼解石矿床、柱硼镁石矿床、多水硼镁石矿床、库水硼镁石矿床、水方硼石矿床等，种类十分齐全。

我国已经完全掌握了利用盐湖卤水生产碳酸锂的技术，金属镁和金属锂的生产技术就更不在话下了。用锂辉石和锂云母生产碳酸锂和提炼金属锂都是不经济的，用白云石提炼金属镁也一样。对于锂、镁等轻金属来说，从盐湖卤水中提炼这些金属或化合物才最经济，资源储量也最大，盐湖的投资要比固体矿物小得多。

另外是用高强度或高磁场强度的合金或金属代替传统中低强度或中低磁场强度的材料，如钕铁硼，前面有专门章节论述，这里就不再赘述了。

2. 新能源金属矿产的投资

与新能源有关的小金属主要有硅、铟、镓、锗、锂、钒、镍、稀土金属等，笔者把它称之为新能源金属，提炼这些新能源金属的矿物资源称之为新能源矿产。新能源矿产的投资思路拟为两条线，一是太阳能利用方面，包括太阳能发电、太阳能热利用和与光纤照明有关的材料；二是与电动汽车有关的新能源电池材料。

无论是太阳能利用还是电动汽车电池，与此有关的最重要的矿物资源有 3 种，一种是靠矿物利用时综合回收的可做新能源芯片的稀散金属，如铟、镓、锗等；第二种是可以做新能源储能电池的小金属，如硅、锂、钒、镍等；第三种是可作为节能照明灯的稀土金属。

先说第一类金属铟、镓、锗吧。

金属铟主要来自于铅、锌冶炼的综合回收，即主要来自于闪锌矿。根据美国地质调查局数据，金属铟主要用于铟锡氧化物（ITO）行业，占全球消费量的 83%。这种铟锡氧化物应用在薄膜晶体、液晶显示器、等离子显示器中。在化合物消费、合金、半导体行业等领域分别占全球消费量的 9%、5% 和 3%。2013 年全球液晶面板对精炼铟金属消费量为 1 675 吨，平板触控 ITO 靶材消费量为 114 吨，含铟氮化镓（InGaN）高亮度 LED 芯片对高纯精铟需求量为 185 吨，太阳能光伏薄膜产业也刺激了对高纯铟的需求。

由于铟没有独立的矿床，仅是一种伴生在闪锌矿中的一种稀散金属，且含量很低，大多数是克/吨量级。根据美国地质调查局数据，截至2011年，铟的全球储量仅约1.6万～1.9万吨，其中中国储量就达1.3万吨，是全球第一大原生铟供应国，原生铟的产量达到了600吨。中国依然是世界上最大的产铟国，2014年生产了原生铟420吨，占全球原生铟产量820吨的一半还多。2014年全球精铟（原生铟加再生铟）产量为3 240吨，其中再生铟产量占全球精铟总产量的60%以上。

镓、锗的储量比铟还少。镓有时和铝混合在一起，存在于铝土矿中。这是因为镓和铝在元素周期表里都属于第三主族，而镓离子和铝离子大小也差不多，所以它们就容易在一种矿石中共存。又因为镓原子和锌原子大小接近，所以镓和锌容易同处于散锌矿中。镓还容易和锗共存于煤中，故煤燃烧后剩下的烟道灰里就含有微量的镓和锗。

用普通化学方法提炼镓，最多只能得到99.99%的纯度，也就是平常说的4个9。

稼属于元素周期表的第三族。它和第五族元素砷、锑、磷、氮化合后，形成一系列具有半导体性能的化合物，例如砷化镓、锑化镓、磷化镓等，都具有良好的半导体性能，是目前实际应用较多的半导体材料。

砷和镓的化合物砷化镓，是近年来新发展起来的一种性能优良的半导体材料，用其可制成砷化镓激光器。这是一种功效高、体积小的新型激光器。镓和磷的化合物磷化镓是一种半导体发光材料，它能够发射出红光或绿光。

金属镓还有一个奇异的特性，就是在低温时有良好的“超导性”。人们正在千方百计地努力寻找在较高温度下，甚至在室温下还保持超导性能的新材料。

市场上对金属锗的需求主要体现在太阳能电池领域、红外光学领域、光纤光缆行业和IT领域等。

相对于金属铟和镓，金属锗的一个独特的应用领域就是红外光学。2014年，世界上锗在红外光学领域的年需求量占整个锗消费量的20%～30%。锗红外光学器件主要作为红外光学系统中的透镜、棱镜、窗口、滤光片、整流罩等光学材料。红外市场对锗产品的未来需求增长主要体现在军事装备的日益现代化。军用红外热像仪产品是红外技术最早的应用领域。由锗光学元件组成的红外光学镜头是热像仪产品中除探测器外的关键部件,它直接决定着红外热像仪的光学成像质量。随着各国军队开始在新武器装备中大量应用红外热像技术和对旧武器装备进行添加红外热像设备的改造,军用市场将对红外热像设备产生大量的需求,红外用锗的市场需求也将随之扩大。

同时,高速信息传输必然首选掺锗的单模石英光纤。锗在光纤应用上具有不可替代性,光纤到户的逐步推进将扩大光纤光缆行业对光纤级四氯化锗的需求;铜质电缆的被替代将扩大光纤光缆行业对光纤级四氯化锗的需求;中国4G乃至5G建设的推进将扩大光纤光缆行业对光纤级四氯化锗的需求;村通工程的建设将扩大光纤光缆行业对光纤级四氯化锗的需求。

世界上锗的资源比较贫乏,截至2009年,全世界已探明的锗保有储量仅为8 600金属吨,我国稀散稀有金属储量相对丰富,锗储量位居世界前列。已探明锗矿产地约35处,保有储量约3 500金属吨,远景储量约9 600金属吨。

由于这3种金属的独特性能及稀缺性,在高端制造领域,尤其是在军事领域,注定了它们将会长期稀缺。如果找不到替代产品,它们的价格将会长期走高。单从稀缺的角度来讲,它们的价格应该高于黄金,所以这几种金属矿产的长期投资价值应该高于贵金属。

再说第二类可应用于新能源储能电池的小金属硅、锂、钒、镍等。硅自然当属太阳能电池的主材,由石英生产的多晶硅和单晶硅,可以把它形容为上帝给我们的礼物。通过由多晶硅和单晶硅制成的太阳能电池把能量带给我们,不需要水和复杂的机器设备,这个是21世纪最朝阳的产业,但困难是传统能源和新能源博弈的结果,也肯定是暂时的,新能源经济必将战胜传统能源经济。

锂、钒、镍3种金属都与储能电池有关。

金属锂电池直接利用的是金属锂,其能源储备量达到传统锂离子电池的两倍以上,而在放电容器方面,甚至达到传统产品的10倍左右,有望取代锂离子电池。此外,金属锂电池具有体积小、容量大,没有记忆效应等优势,以公认的使用效率和安全性使其市场销售得以快速增长。在某些用途上金属锂电池已基本取代了传统的镍氢充电电池，例如市场上的数码摄像机采用的都是金属锂电池。

我们需要大规模储能电池来解决风能、太阳能等可再生能源发电的不稳定和不连续问题，开发和建设配套的电能储存（蓄电）装置或电站来保证发电、供电的连续性和稳定性是实现能源多样化的关键问题。

第三类是可作为节能照明灯的稀土金属。稀土节能灯是本世纪初我国 100 瓦白炽灯的替代灯具，至于全部替代白炽灯还需要看 LED 灯的技术研究进展和它的性价比。

我国已经能够生产多品种稀土三基色紧凑型节能荧光灯，2007 年其产量就已经占到世界的 80% 以上，且 70% ~80% 出口国际市场。虽然 2008 年受金融危机的影响，我国稀土三基色荧光灯的全年产量和出口量却能保持一定的增长，尤其是 T2 细管径、高光效带罩灯。T5、T8 高光效稀土节能荧光灯的需求量逐年增长，从 1986 年的 1.2 吨/年发展到 2010 年的 8 000 吨/年，且粉的质量普遍提高。

专家预计我国稀土三基色荧光灯到 2015 年可达 60 亿支，将消耗灯用稀土荧光粉近 1 万多吨。折合成三价铕和二价铕 7 000 吨，三价铽 3 000 吨。

稀土元素中的镝和铽非常紧缺，因为它们是绿色能源产品的魔法配料。极少量的铽可以使灯泡节能 80%。世界上 99% 的镝和铽产自中国，而中国的产量 95% 产自广东北部和邻省江西的约 200 个矿山。2009 年 10 月，徐光宪院士在接受媒体采访时指出，我国南方五省蕴藏着非常宝贵的中重型稀土，工业储量达 150 万吨，但已经开采了 90 多万吨，只剩下 60 万吨。如果把这些氧化物储量换算，则有金属铽 1.8 万吨、金属铕 17.8 万吨、金属镝 5.46 万吨。

从已经探明的储量上看，投资价值堪比黄金，更有价值的是金属镝和铽，这两种金属只有在中国南方的稀土矿物中存在，不像金那样几乎遍布全球。所以稀土三基色荧光灯所涉及的稀土矿物资源极其珍贵，其投资具有财富倍增价值。

3. 超细粉体与新兴材料的投资

在金属矿物利用之前，黏土矿物一直在人类生活中扮演主角，时至今天，用黏土矿物烧制的陶瓷不仅仅是日用品，有的还成为了一些藏家的收藏艺术品。用黏土烧制的砖瓦从古至今一直是我们建筑的主材。

工业革命后，用灰岩（成分是方解石矿物）、石英和石膏等非金属矿物烧制成水泥，用石英烧制成玻璃，和古人发明的砖瓦共同构建了我们现代建筑的主要材料。

20 世纪，塑料、橡胶、树脂、油墨、油漆及各种涂料的推广与应用，高白度的非金属矿物如方解石、滑石、高岭土和石英粉等成为了它们最主要的填料。在高档铜版纸中，高岭土（或碳酸钙）超细粉的添加量高达 40%；在塑料制品中改性超细粉的添加量，根据产品要求的不同可高达 30% ~50%；在一些 PVC 产品的添加量已高达 70%，可见填料矿物的需求量之大。但是，由于加工非金属矿物的传统工艺极为简单，给人们的印象是“脏”“乱”“差”和“傻”“大”“粗”。

21 世纪前后，由于一些加工和提纯技术的改进与突破，高纯度化和超细化使非金属矿物的利用摆脱了“傻”“大”“粗”的形象。

新世纪以来采用振动球磨机逐渐代替传统的圆筒式溢流型球磨机，采用浮选法可生产出固定碳含量在 95% 以上的高纯度石墨产品；采用湿磨湿选技术，显著地提高了云母产品的纯度；研制出了干式强磁选和干式振动高梯度磁选机，为高效率地脱除高岭土等黏土矿物中铁、钛等金属元素杂质提供了一种新的工艺选择。

超细粉碎技术也得到了长足的进步。获得超细微粉的途径主要有 3 种，一是物理方法，二是化学合成，还有就是在这两种方法基础上的混合法。物理方法制备超细粉的主要设备是各种不同原理的粉碎机、分级机和收集设备，如气流磨、振动磨、雷蒙磨、球磨机等，形式上主要有干法和水法两种。化学合成方法主要有各种条件下的化学反应，高温、高压和骤冷技术制备等。

化学合成法制备的超细粉，粒度细、纯度高，但成本高、产量低，且生产工艺复杂。而机械粉碎法成本较低，产量高，工艺简单，且能改良物料性能。因此，除了少量超细粉碎不得已用化学合成法外，绝大多数非金属矿的粉碎均采用机械粉碎法。

国内外制备超细粉体的机械粉碎设备主要有高速机械冲击式磨机、气流磨、介质搅拌磨、振动磨等。其中，高速机械冲击式磨机和气流磨属于干法超细粉碎设备，而介质搅拌磨和振动磨既可用于干法超细粉碎，也可作为湿法超细粉碎。

高档和超高档次的超细粉生产，要有高级工艺水平和设备作为保障。而中低档次的超细粉生产，工艺较简单，其产品质量主要是由设备性能来保障的。所有的超细微粉生产基本上均没有三废污染及排放。

如何投资超细粉体产业呢？这就必须结合 21 世纪有望成为重要原材料的粉体类。

首先应考虑大宗填充非金属矿物资源。原因是其需求量大，容易形成规模，且加工产品还可以形成系列。这些矿物资源包括高岭土粉、钛白粉、滑石粉、长石粉、方解石粉、石英粉、重钙粉、轻钙粉、萤石粉、云母粉、重晶石粉、石墨粉、石膏粉、膨润土粉等。

再次考虑功能粉体材料，主要是一些金属粉体材料。以金属或金属矿为原料生产的超细粉有铁粉、铝粉、镁粉、钛铁粉、锰铁粉、铜粉、铅粉、锌粉、氧化锌粉、钼粉、钨粉、高纯金粉和银粉等。

第三是超细粉体及其技术的研究与开发，寻找矿物资源的新用途，尤其是非金属矿物的新用途。21 世纪高新技术产业对非金属矿物原料的总体要求是粒度超细化、质量高纯化、性质改性化和表面活性化。

因此，今后该领域高技术的发展趋势主要表现为：①发展微细粒提纯及综合力场（重力、离心力、磁力、电力、化学力）选矿技术，解决高纯度加工问题；②研制高效低能耗、粉碎比大、粉碎极限粒度小、适用范围宽或可用于特殊物料的新型精细分级与超细粉碎设备，发展和完善粒度及其分布的自动监控技术，以解决超细问题。

4. 稀土矿的投资

稀土矿是我们的“心病”，智慧老人邓小平早在 20 世纪 90 年代就指出：“中东有石油，我国有稀土，我们要把稀土的事办好。”后来，媒体针对 2000 年前后稀土价格低贱又发出了“稀土卖成土价钱”的无奈感叹，并且流行至今。

根据国土资源部信息中心《世界矿产资源年评（2011—2012）》资料显示，截至 2011 年，全球探明的稀土矿氧化物储量为 11 000 万吨，其中中国 5 500 万吨，俄罗斯1 900万吨,美国1 300万吨,澳大利亚520万吨。相对于世界每年消耗12万吨左右的消费量来说储量还是充足的。

开采的稀土矿床中主要利用的矿物有4种,即独居石、氟碳铈矿、磷钇矿和离子型稀土矿。世界上大部分可采的氟碳铈矿集中在中国和美国,著名的中国白云鄂博、四川凉山牦牛坪和山东微山稀土矿,美国的芒特派司(Mountain Pass)和澳大利亚忙特威尔德(Mount Weld)稀土矿都属这种类型。独居石矿主要在砂矿开采中回收,产地主要在澳大利亚、巴西、印度、马来西亚、南非、莫桑比克、中国、泰国和美国等地。

中国独有的稀土矿资源主要集中在南方,为离子型稀土矿,它们明显富集了重稀土,其中广东矿达26%,江西矿达11%,价格高的全部为重稀土。

在前面的有关章节中已经大篇幅介绍了我国的稀土矿物资源情况和有关稀土金属的技术进展,提出的观点是:在4种稀土矿物中,以独居石和氟碳铈矿为主的矿床占到了世界储量的97%以上,在它们所生产的稀土金属中几乎都是轻稀土,轻稀土要占到全部稀土矿物的97%~98%,其中的镧、铈两个金属就占到70%~73%。镧、铈的用途并不广泛,市场需求不大,因而导致以独居石和氟碳铈矿为主要稀土矿物的矿山镧、铈严重的供过于求,产品堆积如山。20世纪90年代,媒体报道的稀土卖成土价钱就是指这两种金属。

在2011年以前,砂矿中有价值的矿物大约有4种。一是锆石,西澳大利亚砂矿中的锆石含量高,一般在20%~50%,尤库拉盆地的砂矿锆石含量最高达到重矿物的55%,南澳大利亚的默累盆地砂矿中锆石含量中等,为重矿物的20%左右;而南非和莫桑比克的海滨砂矿中,锆石含量只有重矿物的10%左右。二是钛铁矿,西澳大利亚砂矿中的钛铁矿含量不高,一般为30%,南澳大利亚的默累盆地砂矿中钛铁矿含量较高,为重矿物的65%以上;而南非和莫桑比克的海滨砂矿中,钛铁矿含量最高,达到重矿物的80%左右。三是金红石,所有砂矿中金红石含量相对稳定一些,为重矿物的5%左右。四是独居石,砂矿中独居石含量也相对稳定,为重矿物的2%左右。

据此可以推算,仅澳大利亚伊路卡公司(表4-3)独居石资源就有66.3万吨。

据此,2008年该公司的独居石产量就可达近10万吨。正是由于轻稀土矿物资源的价格低,公司回收独居石无利可图,因此,它的产量没有被释放。

表4-3　伊路卡(Iluka)锆业公司2008年矿石储量的地理分布

地　区	重矿物/万吨	重矿物/%	金红石+锆英石/%
西澳中西部	810	6.20	19
西澳西南部	471	11.40	11
默累盆地	871	20.6	26
尤库拉盆地	642	6.5	55
弗吉尼亚州	201	8.2	16
昆士兰州	320	—	25
合　计	3 315		

注:数据来自于伊路卡公司2008年年报。

砂矿中独居石含量高且有开发价值的矿床大多在印度。1993年,印度原子能部原子矿物分部估计独居石总储量为456万吨。有名的独居石矿区是位于西南海岸的恰瓦拉和马纳范拉库里奇的特拉范科矿床,在1911—1945年间独居石矿供应量占世界的一半,现在仍是重要的独居石型稀土产地。1958年在勘探铀钍资源时,在比哈尔邦的兰契高原发现一处独居石和钛铁矿矿床,规模很大,据报道每平方英里有3 500吨独居石,但目前尚未开采。

一旦轻稀土的价格维持高位,这些开采成本极低的砂矿型独居石矿就会很快投入生产,不需要印度的产能,仅仅伊路卡公司一家就可以供应世界一半以上的独居石矿。

相对于砂矿而言,像白云鄂博氟碳铈矿型稀土矿,如果没有铁矿共生,独居石肯定会完全挤占氟碳铈矿型稀土矿市场。因此,在没有铁矿或其他有用矿物共生的氟碳铈矿型原生稀土矿都将没有竞争力。

笔者可以有把握地预计美国的芒特派司(Mountain Pass)和澳大利亚芒特威尔德(Mount Weld)稀土矿一旦投产,轻稀土矿的价格必定回到“土价”,到时,像这种类型的矿床除了白云鄂博氟碳铈矿型稀土矿可以生存以外,都将逃脱不了再次闭坑的命运。

我国南方离子型稀土则不同，由于含有独特的重稀土而价值连城，所有重稀土的地质储量都少于黄金，而工业用途尤其在高精尖科技领域却远远大于黄金。遗憾的是，价格在最高的时候也没有黄金高，产品价格严重被低估。将来，中国重稀土一定是世界资本投资追逐的重要目标。

5. 新资源矿产的投资

新资源矿产是个新概念，中国科学院院士赵鹏大在他主编的著作《非传统矿产资源概论》中提出了非传统矿产资源这一概念。非传统矿产资源是指因当今技术、经济条件限制而未能被工业开发利用的潜在矿产资源，或其用途尚未准确查明的新类型矿产资源和矿业废弃物。它是一个动态的概念，随着科学技术和经济的发展，人类对自然资源的认识也在不断进步，新矿种、新类型矿床及其新用途不断被发现和利用，这将是资源科学领域创新的重大突破口。

根据非传统矿产资源这个概念，我们把新矿种、新类型、新领域和新用途的这些资源统称为新资源。

首先是新矿种。大自然的资源无穷无尽，而我们对其认识还只在盲人摸象阶段。21 世纪前后有两个矿种被认为是新矿种，一是页岩气，二是可燃冰。

页岩气是指从页岩层中开采出来的天然气，主体位于暗色泥页岩或高碳泥页岩中，页岩气是主体上以吸附或游离状态存在于泥岩、高碳泥岩、页岩及粉砂质岩类夹层中的天然气，气体的成分为甲烷气。与常规储层气藏不同，页岩既是天然气生成的源岩，也是聚集和保存天然气的储层和盖层。

国土资源部于 2011 年 12 月 31 日在其官方网站发布了新发现矿种公告，称页岩气已被正式列为新发现矿种，将对其按单独矿种进行投资管理，页岩气已正式成为中国的第 172 种矿产。2012 年 3 月 1 日，国土资源部发布我国页岩气资源潜力首次评价成果，称我国页岩气地质资源潜力为 134 万亿立方米，可采资源潜力为 25 万亿立方米。这个数字和美国相当。

“天然气水合物”最早是于 20 世纪由美国人在实验室发现的，后来前苏联人在冻土中发现了可燃冰。可燃冰的研究从此开始了，而我国跟踪和开始可燃冰研究开始于 1997 年，中国地质科学院矿床所（现在的矿产资源研究所）完成了一项课题为“西太平洋气水化合物找矿方法和找矿前景”。之后，一直在进行可燃冰的找矿和研究工作。

可燃冰的学名为“天然气水合物”，是天然气在0℃、30个大气压的作用下结晶而成的“冰块”。“冰块”里甲烷占80%～99.9%，可直接点燃，燃烧后几乎不产生任何残渣，污染比煤、石油、天然气都要小得多，每立方米可燃冰可转化为164立方米的天然气和0.8立方米的水。

形成可燃冰有3个基本条件：温度、压力和原材料。一是低温。可燃冰在0～10℃时生成，超过20℃便会分解。海底温度一般保持在2～4℃左右。二是高压。可燃冰在0℃时，只需30个大气压即可生成，而以海洋的深度，30个大气压很容易保证，并且气压越大，水合物就越不容易分解。三是充足的气源。海底的有机物沉淀，其中丰富的碳经过生物转化，可产生充足的气源。海底的地层是多孔介质，在温度、压力、气源三者都具备的条件下，可燃冰晶体就会在介质的空隙间生成。

据估计，陆地上20.7%和大洋底90%的地区，具有形成天然气水合物的有利条件。绝大部分的天然气水合物分布在海洋里，其资源量是陆地上的100倍以上。据潜在气体联合会（PGC，1981）估计，永久冻土区天然气水合物资源量为1.4×10^{13}～3.4×10^{16}立方米，包括海洋天然气水合物在内的资源总量为7.6×10^{18}立方米。但是，大多数人认为储存在汽水合物中的碳至少有1×10^{13}吨，约是当前已探明的所有化石燃料（包括煤、石油和天然气）中碳含量总和的两倍。

新矿种的发现不可能是无穷尽的，极地、海洋和陆地深部都有发现新矿种的可能。

其次是矿床新类型，也就是以前没有被发现过的矿床类型。中国科学院院士涂光炽在1995年的《回顾30年来的矿床学》一文中认为：“在100多年矿床学发展历史中，黑色金属和有色金属矿床类型确立较早，已经基本定型，即发现新矿床类型的可能性甚小，但对稀有金属、贵金属来说，它们的新类型还会不断有所发现”。同时他列举了30多个新类型矿床，其中一种就是红土型金矿。

随着海底矿产资源调查的深入进行，在海底发现了豆状的深海铁锰结核、深海钴结壳和深海金属软泥，它们构成了一个大规模、独特的矿床类型。据初步调查，每平方米海底约有60千克的锰结核。锰结核所含的金属成分有锰(27%~30%，最高可达55%)、镍(1.25%~1.5%)、铜(1%~1.4%)及钴(0.2%~0.25%)。其他成分还有铁(6%，最高可达37%)。仅就太平洋底的储量而论，这种锰结核中含锰4 000亿吨、镍164亿吨、铜88亿吨、钴98亿吨，其金属资源相当于陆地上总储量的几百倍甚至上千倍。

媒体上说得最多的“城市矿产”以及采矿百年来留下的尾矿，尤其是在选矿工艺不太成熟的20世纪(中国在20世纪90年代以前，发达国家在20世纪70年代以前)留下的尾矿中有用元素还很高。笔者在1999年评价过陕西一个铅锌矿尾矿库，原来是一家县办集体企业，矿床的矿石铅锌含量(学术上称品位)较高，铅加锌为18%左右。我们布置了4个砂钻，很明显样品从尾矿表层到深部，铅锌含量逐渐升高。表层代表了矿山当年(1999年)选矿工艺水平，品位大约在2.46%(铅+锌)，到了最底层品位升高到5.78%(铅+锌)，反推最初的选矿回收率仅为70%多一点。可见，如此高的尾矿品位比现在有些低品位矿床还要高呀！

不管是城市矿产(实际上是城市垃圾)还是尾矿矿产，其实都是一种“人工矿床”，也是一种矿床新类型。

第三是新领域，就是过去未曾找过矿的新区域，包括新的深度、大部分的海底以及宇宙能到达的星球。21世纪最有望实现的新领域突破就是找矿深度可能突破3 000米，海底矿床的浅海区可以实现采矿赢利的梦想，还有月球采矿可能会变为现实。

关于前两个新领域在前面都有描述，这里重点对月球采矿做一些介绍。

依现在的技术，我们登上月球已经不是难事。已有的资料表明，月壤中存在相对于地球品位很高的氦-3，有科学家对氦-3的资源总量进行了估算，有说100~500万吨的，也有说71.5万吨的。不管哪一组数据都说明了月球上确实存在有丰富的氦-3，而它在我们地球却很缺乏。

大家对氦-3感兴趣是因为一个核聚变技术有望突破。什么是核聚变技术呢？大家都知道氢弹，那是一种核聚变技术，只不过是一个不可控的核聚变技术，威力巨大。我们现在要开发的是一种可控核聚变技术，可用于民用发电。法国科学家宣布，采用氘和氦-3 进行核聚变反应发电，2030 年将能实现核聚变发电商业化。研究还显示，中国 2009 年的年发电总量只需近 20 吨氦-3 聚变发电就可以了，以此推算，全世界每年有 100 吨氦-3 就够了。

还有科学家以目前人类掌握的宇航技术来估算，从月球运载每吨氦-3 到地球，成本约需 1 亿美元，以石油每桶约 70 美元计算，使用氦-3 的能源成本仅是石油的 1/10。但问题是，如何在月球上提炼氦-3？

不管怎么说，如果核聚变技术研究成功，则是人类的一个福音。由于使用氦-3 同位素建立的热核反应堆无中子辐射，也就意味着没有放射性污染，那么就不会产生现在令各国都头痛的核废料，并且这种热核反应堆的体积将会变得更小，由此技术设计的军用动力反应堆将是高效而轻巧的，未来核动力舰艇、航空母舰以及航天飞机都可以使用这种小型化的核反应堆作为动力，其体积大大减小而安全性能和推进效率会变得更高。

目前世界各国设想中的航天舰队，将很可能均会使用这种体积大幅缩小的核聚变反应推进堆，它们将巡航在广阔无垠的太阳系中。

20 世纪的核裂变技术全面用于了民用发电，笔者相信 21 世纪核聚变发电技术也一定能获得成功。

第四种是矿物新用途。不断深入研究和发掘天然岩石和矿物材料的新用途，是不断开拓新资源的必要途径，也是满足新兴产业对矿产资源的新要求所不可缺少的。进入 21 世纪后，有关稀土金属的新用途层出不穷，这 17 种神奇的金属把我们带入了神奇的世界。前面已经有很多章节介绍了这方面的成果。我们认为对稀土金属的研究还远远不够，尤其是对产量大的轻稀土金属镧、铈、镨、钇的研究。

矿物新用途体现的最广阔领域当属非金属矿物和岩石。超细粉体技术、表面改性技术和高纯技术的突破开启了非金属矿物与有机高分子材料复合的新天地。

6. 矿业投资原则与策略

矿业是一个完整的产业链条，严格地讲矿业至少应该包括地质勘查、采矿、选矿与冶炼 4 个环节，矿业企业应该属于原材料供应商。由于我国找矿勘查和矿业开发是分体运行的，勘查的游戏规则和开发的游戏规则常常不一致，使得两者的结合并不那么紧密。

矿业是一个集技术密集、资金密集、政策密集于一体的行业，尤其是最前端的矿产勘查行业在国外被戏称为“赌徒”行业，可见风险之大。发达国家如加拿大和澳大利亚都是矿业大国，在勘查领域为了鼓励投资，专门设立了矿业板资本市场来凑资进行勘探，分散了风险。这一点和我国大相径庭。我国的勘查体制是以国家主导的，全部采用现金的形式进行。1999 年颁布矿业权制度后开始向民间开放。2005 年后，由于投资找矿热情很高加上十年的矿业繁荣，使得探矿权一纸难求。正因为如此，政府推出探矿权进行招投标，各省纷纷成立矿业权交易市场，开了世界矿权获得方式之先河。真是一个伟大的创举呀！

在没有多渠道凑资的前提下，用自有现金投资找矿是一个极大的冒险。

从产业链的角度考虑，矿业投资必须遵循以下几项原则，一是产业链越长的矿种越好，如铜；二是再生比例越少的矿种越好，如石油，烧掉后就没有了；三是集中度越高的矿种越好，这是因为集中度越高越容易形成垄断定价；四是我国越缺少的矿种越好。

在投资区域的选择上，要尽量选择交通、水电等基础设施较为完备的地区，以及离矿产品目标市场较近的地区。比如说你找到了一个西藏的大矿产，心里美滋滋的，但是什么时候见成效呢？若投资在浙江呢？交通、水电一应俱全，可能小矿会比北部的大矿开发得更好，更有价值，所以新疆的一些矿业老板就感叹，浙江的石头比新疆的金子还要值钱。浙江有这个区位的优势，是因为它处在中国最为发达的长三角地区。

矿业具有极强的周期性，最好能赶上超级周期，如果赶不上也不要紧，在一个超级周期中会有很多小周期，只是这些周期完全受市场供求关系的影响，周期幅度不会很大。我国的矿产品市场与国际市场基本上是接轨的，是个统一的市场。矿产品价格的涨落是有周期性的，超级周期都在 30 年左右，而大周期在 10 年左右。这一轮矿产品的上涨前的最低点在 2002 年，根据中国的城市化水平推断，矿物资源应该处于一个超级周期中，如果在这期间还存在 3 个大周期的话，2012 年应该是第一个 10 年周期的低点，2015 年前进行矿业投资都是合适的，但是需要经历矿产品在低位的煎熬。

由于矿业投资是一个政策密集型的行业，那么，投资环境就显得极为重要。这里所说的环境，主要是指投资的软环境，要尽量选择矿产资源配套法规政策较为完备、政府讲诚信、服务质量好、工作效率高的地区。

矿产资源的探勘和开发，一般来说是投资大、周期长、见效慢，这是它的一个特点。所以在矿业投资的扩张上一定要根据自己的实际情况量力而为，不要盲目扩张。如果遇到了各种风险，你的企业就容易出问题。现在金融风险已经影响到了经营实体，资本金不够，贷款太多，也引起了一系列的问题。所以，投资扩张要预防这个问题。

要尽最大努力，选择有较丰富地质矿产专业知识和实践经验的专家加入到企业的核心管理团队，以便在决策过程中，帮助企业负责人在技术上参谋、把关。资源勘查开采一定要遵循地质工作的客观规律，不能凭主观意志或一时的激情来决策。

一个企业，尤其是地下开采的煤矿企业，一次安全事故足以使一个企业倒闭，所以要以安全问题为主。在矿产的生态上，还要预防社会风险。要注意人与自然的和谐，要将矿产开发利用与环境保护相结合，将两者统筹兼顾。矿山企业也是一样，很多就是因为环境问题而倒闭的，大量的老百姓上访，给群众的生产生活带来了很大的问题，所以在矿产的生态上要预防社会的风险。

➢ 海洋矿物资源勘探、开发的投资逻辑

海洋，以无穷的魅力吸引着我们。如果把海洋中的水抽干，海底形态与我们现在看到的山川平原无异。

美国海军调查船在2010年对马里亚纳海沟进行了调查并绘制出了一幅海底地形图（图4－8）。这里是世界上最深的海沟，南北长超过2 500千米，最深处超过10 994米。图中的虚线是马里亚纳海沟轴，实线是一些张性断裂。图中的Seamounts 为海山,Pacific Plate 为太平洋板块,Philippines Plate 为菲律宾板块。

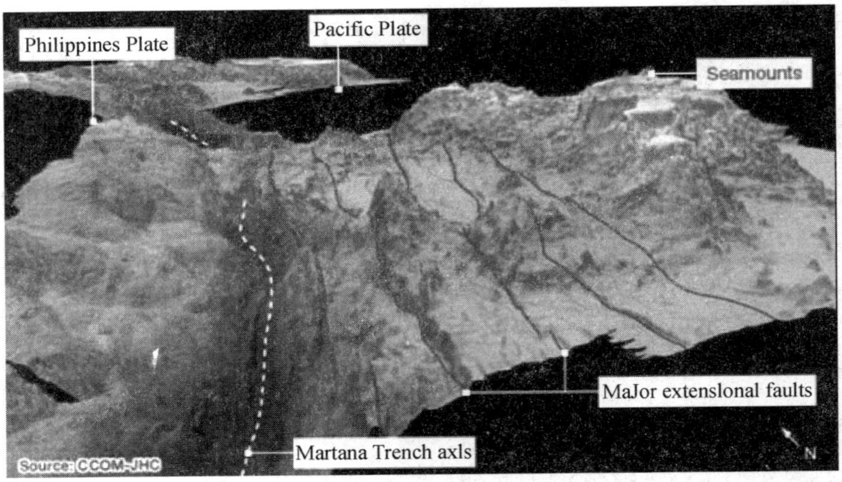

图 4－8　马里亚纳海沟海底地形图

吸引我们的不仅仅是海底的山川、平原,最主要的还是海底和海水中所蕴涵的无穷资源。由于本书重点讨论的是矿物资源,因此对海洋的其他资源稍做提及而不做重点。

1. 海底能源一直是人类的宠儿

海底到底蕴藏有多少石油、天然气和可燃冰的确是个谜。据专家估计,世界石油极限储量可能为 1 万亿吨,可采储量为 3 000 亿吨,其中海底石油为 1 350 亿吨;世界天然气储量为 255 ~ 280 亿立方米,海洋储量占 140 亿立方米。

但有一个数据是真实的,那就是产量和新发现的油气田。据剑桥能源咨询公司统计,2009 年海洋石油产量占全球石油总产量的 33%。2011 年 1 月 15 日,中国海洋石油总公司总经理傅成玉向媒体宣布,2010 年,中国海洋石油天然气产量超过了 5 100 万吨油当量,几代石油人建设“海上大庆”的梦想实现了。过去 10 年间,我国新增石油产量的 53% 来自海洋,在 2010 年,这一比例高达 80%。目前,中国海油已在我国海域建成 82 个油气田,产量约占我国年产量的 1/4,我国已经成为世界四大海洋产油国之一。

根据第三次石油资源评价结果,中国海洋石油资源量为 246 亿吨,占全国石油资源总量的 23%;海洋天然气资源量为 16 万亿立方米,占总量的 30%。目前,世界海洋石油平均探明率为 73%，而我国仅为 12.3%；世界海洋天然气平均探明率为 60.5%，我国仅为 10.9%，均大大低于世界平均水平。

雾里看花的可燃冰已越来越清晰。“可燃冰”是指海底的天然气水合物，是一种由碳氢气体与水分子组成的白色结晶状固态物质，外形如冰雪，普遍存在于世界各大洋沉积层的孔隙中，它可以称得上矿物燃料。从能源的角度来看，“可燃冰”可视为被高度压缩的天然气资源，每立方米能分解释放出 160 ~ 180 立方米的天然气。

对可燃冰地质储量的估算是没有意义的，但科学家给了我们一些遐想。据他们估计，地球海底天然可燃冰的蕴藏量约为 500 万亿立方米，相当于全球传统化石能源（煤、石油、天然气、油页岩等）储量的两倍以上，是目前世界年能源消费量的 200 倍。

而我国呢？初步勘测结果表明，仅南海北部的天然气水合物储量就已达到我国陆上石油总储量的一半左右；此外，在西沙海槽也已初步圈出天然气水合物分布面积为 5 242 平方千米，其资源量估算达 4.1 万亿立方米。

尽管估算的数据不靠谱，但有一点是可以肯定的，海底能源资源相当丰富。

2. 美轮美奂的海底黑白“烟囱”——一种正在形成的“海底热水喷流”硫化物矿床

2008 年 3 月，笔者参加了在加拿大多伦多举行的加拿大勘探与开发者协会（PDAC）探矿者年会。在会场，笔者在一家名叫鹦鹉螺资源公司的展台上看到了它们在海底拍摄到的“黑烟囱”视频。“黑烟囱”喷出了炽热的溶液，这些物质往上跑不了多高，然后就会像天女散花般地从烟柱顶端四散落下，沉积于烟囱的周围，从而形成矿物堆。周围还有很多千奇百怪的生物围绕烟囱游玩与嬉戏，美丽极了，奇怪极了。

“黑烟囱”发现于 20 世纪 80 年代，是由美国的阿尔文（Alrin）号载人潜艇在东太平洋洋中脊轴部的海底熔岩上发现的，当时看到数十个冒着黑色和白色烟雾的烟囱，约 350℃的含矿热液从直径约 15 厘米的烟囱中喷出，与周围的海水混合后，很快产生沉淀变为“黑烟”，沉淀物主要由磁黄铁矿、黄铁矿、闪锌矿和铜铁硫化物组成。由这些海底金属硫化物和硫酸盐化合物堆积形成直立的柱状圆丘分别被称为“黑烟囱”(图4-9)和“白烟囱”。海底黑烟囱,袅袅黑烟其实是一些极其微小的金属硫化物颗粒。这种海底正在喷出的黑烟囱被地质学家称之为研究矿床形成机制的天然实验室。

图4-9 海底黑烟囱

“黑烟囱”主要形成于洋中脊和弧后盆地扩张中心的位置上,它们一般分布在海深3 000~4 000米。“黑烟囱”富含铜、铁、硫、锌,还有少量的铅、银、金、钴等金属和其他一些微量元素。这种新生矿床形成时间很短,一般来说,从一个“黑烟囱”开始喷发到最终“死亡”,只要十几年到几十年,然后移一个位置接着再喷。每一个“黑烟囱”可以累积造矿上百吨,并且基本没有土、石等杂质,只是些含量很高的多种金属的化合物,稍加分解处理,就可以利用。

人类经过20多年不懈的调查研究,对大洋底多金属硫化物还只是初步了解。两组数据可以说明这一点,一是60 000千米的洋中脊,人类只对其中的5%有相应的了解;二是截至目前,人类在全球发现的海底热液硫化物分布区不过区区200多处。

2003年,我国“大洋一号”才开展了专门的海底热液硫化物调查工作,拉开了进军大洋海底多金属硫化物领域的序幕。尽管如此,在这个方面,中国落后的也并不多。

我们可以想象，全球大洋底长达6万千米的大洋中脊首尾相接，其上不断有浓密的黑烟（热液）喷发，形成了无数的金属硫化物"黑烟囱"，然后它们又不断地生长、坍塌，形成海底矿床，这是一幅多么美丽而生动的"海底图画"啊！

3. 海底矿"豆"——锰结核

1873年，英国海洋学家在北大西洋采集洋底沉积物时发现了一种类似卵石般的团块，经过化验，他们发现这种团块几乎全由纯净的氧化锰和氧化铁组成。此后，他们相继在太平洋、印度洋的各深海区都获取了这样的团块，这就是锰结核。

这些锰结核的颜色从黑暗到褐色，外形大多为球形，小的像豌豆，大的似土豆，平铺在海底，如同铺路的卵石，也像土豆一样紧密排列。据专家们估算，每平方米的海底约有60千克的锰结核。这些锰结核所含的金属成分有锰（27%～30%，最高可达55%），镍（1.25%～1.5%），铜（1%～1.4%）及钴（0.2%～0.25%）。其他成分还有铁（6%，最高可达37%）。

仅就太平洋底的储量而论，这种锰结核中含锰4 000亿吨、镍164亿吨、铜88亿吨、钴98亿吨，其金属资源相当于陆地上总储量的几百倍甚至上千倍。

如果按照目前世界金属消耗水平计算，铜可供应600年，镍可供应15 000年，锰可供应24 000年，钴可满足人类130 000年的需要。这是一笔多么巨大的财富啊！而且这种结核增长很快，每年以1 000万吨的速度在不断堆积，因此，锰结核将成为一种人类取之不尽的"自生矿物"，真可谓是一个人类金属资源仓库！

我国开展大洋海底资源的勘查活动始于20世纪70年代。1978年，"向阳红05号"海洋调查船在太平洋4 000米水深海底首次捞获锰结核。此后，从事大洋锰结核勘探的中国海洋调查船还有"向阳红16号""向阳红09号""海洋04号""大洋一号"等，它们先后在太平洋赤道水域、中太平洋海盆和东太平洋海盆进行了数十个航次的科学考察，调查面积达200万平方千米。

经过长达20余年的深海调查取样筛选，于1999年在太平洋圈定了一个7.5万平方千米的海底专属采矿区，在当前可预期的回采率条件下，可满足年产300万吨多金属结核矿开采20年的需求。在这块"丰产田"里，初步估算有4.2亿多吨金属结核，其中含锰11 175万吨、铜406万吨、镍514万吨、钴98万吨。

4. 磷钙土矿——一个陆地上没有的新资源

磷钙土是由磷灰石组成的海底自生沉积物，按产地可分为大陆边缘磷钙土和大洋磷钙土，它们呈层状、板状、贝壳状、团块状、结核状和碎砾状产出。大陆边缘磷钙土主要分布在水深十几米到数百米的大陆架外侧或大陆坡上的浅海区，主要产地有非洲西南沿岸、秘鲁和智利西岸。大洋磷钙土主要产于太平洋海山区，往往和富钴结壳伴生。太平洋海区磷钙土含有15% ~20% 的 P_2O_5，是磷的重要来源之一。

另外，磷钙土常伴有高含量的铀和稀土金属铈、镧等。据推算，海区磷钙土资源量有 3 000 亿吨。

5. 滨海砂矿——江河湖海的杰作

陆地上分布有各种各样的岩石和矿体，经过上千万年漫长的风化剥蚀、分崩离析，大的碎块变小，小的碎屑变成砂粒。这些砂粒在风力和流水等自然力的搬运下，“背井离乡”，顺流而下，从陆地上四面八方来到入海河口、海湾，堆积在浅海地带。

人类居住的地球，每分钟大约有 3 万立方米的泥沙被河流携带到海洋。这些含矿碎屑物在海流、潮流和海浪周而复始的作用下，按照它们比重、形状和大小的不同，进行自然分选。比重和大小比较接近的有用矿物，便会自行“物以类聚”，在一定的有利地貌部位，如古河床、砂堤、砂嘴、海滩、浅湾、岬角等，形成有用的矿物集合体——滨海砂矿。当它们的品位和储量足够并具有工业意义和经济价值时，人们就可以对它进行开采利用。

世界上有 30 多个国家在近岸和浅海开采砂矿。据统计，全世界 96% 的锆石、90% 以上的金红石、80% 的独居石、75% 的锡石和 30% 的钛铁矿都来自滨海砂矿。据报道，现已探明的砂矿储量是：钛铁矿最多，10. 5 亿吨；其次是钛磁铁矿，8. 25 亿吨；第三位是磁铁矿，3 亿吨；砂金红石 9 246 万吨，独居石 255 万吨，砂锡 250 万吨，砂金矿 400 吨，砂铂 200 吨，砂金刚石 6 300 万克拉。此外，滨海砂矿中的稀土矿储量可达 1. 28 亿吨，石英砂则有几百亿吨。

滨海砂矿在浅海矿产资源中，其价值仅次于石油、天然气，居第二位。

图4-10　莫桑比克北部楠普拉省莫马某钛铁矿砂

（笔者摄于2011年12月18日，黑色层为钛铁矿砂层）

已有调查成果表明，以上4种主要海洋矿产资源中，分布在水深最浅的是海滨砂矿，大多在10米以内，目前开采技术难度很小，也是开采利用最广泛的海洋矿种；海底热液矿床大多分布在海底2 000~3 000米之间，有的甚至达到4 000米。锰结核大多分布在海底300~6 000米之间，主要在4 000米左右。石油、天然气分布的水深很广，从不到100米的大陆架到水深6 000米的海底盆地。海底可燃冰一般分布深度为2 000~3 000米。

在如此深的水下勘探、开采和开发这些资源需要什么样的技术、什么样的装备及如何投资，这些都是值得我们矿业界和投资人必须思考的问题。

首先是勘探，在深达3 000~4 000米的黑黝黝的海底如何勘探确实是个问题。我们不能像在陆地上那样进行勘探，对我们的地质勘探队伍来说完全是一个陌生的领域。好在海底石油勘探给我们提供了一些经验。

海底油气的勘探阶段要经过地质调查、地球物理勘探、钻探3个步骤。地质调查是指在沿岸地质构造调查分析的基础上，用回声探测仪或航空拍照的资料来研究海底地质、地形的特点。完成地质调查后，就要对可能形成储油构造的海区进行地球物理勘探。这是寻找海底石油最基本的方法，主要包括重力、磁力、人工地震等勘探方式。地球物理勘探的结果只能是理论上说明海底储油构造的存在与否，至于海底是否有石油，还要取决于最后一步——钻探。分析钻探取得的岩芯,就可以得出油层的变化规律、性质以及分布情况,从而完成勘探阶段的使命而进入开采阶段。

油气的勘探深度有深水和浅水之分,但在世界范围内并没有固定的标准,仅仅是反映海洋工程发展的水平。对中国来说,300 米水深以上即为深水。但国际上有种说法,即超过 500 米为深水。业界普遍认为,1 500 米以上为超深水。从浅水到深水,主要是依据海上工程装备能力。按照国外技术发展的路径,海洋钻井能力从 300 ~ 500 米,500 ~ 750 米或 1 000 米,然后是 1 500 米、2 000 米、2 500 米、3 000 米,目前国外深水钻井能力已经达到 3 052 米。

我国超深海钻探目标定在 3 000 米,一方面是因为可以借鉴别国的经验实现跨越式发展,另一方面是与我国海底的地形地貌有关。从我国自身海洋资源条件来看,东海近海大陆架和大陆坡比较宽,走 200 千米水深不超过 200 米,而南海海底就很陡,走到 200 千米以外,一个陡坡水深很快就下到 1 500 米。中国海洋石油开发正在走向深水,南海石油储量非常丰富,75% 的面积处在深水。在南海勘探,必须要有 3 000 米的钻井能力,才能把主要的地方覆盖。

油气勘探不仅存在水深的问题,还有一个水下钻探深度的问题。一般来说,钻探深度都在 1 000 米以上。海底金属矿的勘探要比油气勘探简单得多,因为海底的那些矿物都是松散的,勘探时就像在地表勘探红土型矿床一样。

图 4 – 11　海洋石油钻井平台(图中火焰为见油气钻孔点燃后燃烧)

以勘查海底锰(钴)结核为例。

第一步，确定靶区。根据锰（钴）结核形成的地质条件，结合目前经济和技术基本可行的勘探深度来确定找矿勘查靶区。

第二步，进行基础地形测量。建造和利用性能优良的远洋调查船，配有先进的卫星导航定位系统、深海用绞车、起吊设备以及海底地形、深度的测量仪器等。通过船载深水多波束技术及海底电视摄像技术来探测海底地形地貌。该设备发射一系列窄束（2度）声波信号，呈扇形分布，与船体轴线正交排列。每次发射得出一系列同该船航迹下方及旁侧各点相对应的测深数据。现代化多波束回声探测仪（侧扫声呐）每次扫描带有150多个测量数据（平均每130米一个数据），覆盖宽达20千米，水深至4 000米的范围，可以辨别许多以前看不见的地形。在船上，一分钟之内即可绘出地图，从而得以实时“阅读”海底某区段的地形。加上精度达1米的全球定位系统，绘出的1∶25 000比例尺地图在准确度上堪与最佳的陆地地形图相媲美。海面测量还以深拖声呐在海底上方测量作为补充。

第三步，利用海底取样做地球化学测量和地质填图。利用带照相机的无缆取样器投入海底进行取样、拍照。每次能从0.25平方米地区采集数千克结核，并对2～4平方米地区拍照，利用一定的网度进行地质测量和地球化学测量，还可以利用海底机器人进行现场取样。根据这些资料，可以估算出海底结核丰度（千克/平方米），从而确定海底床表面锰（钴）结核的分布情况。

第四步，根据地质测量和地球化学数据测量结果确定进一步勘探的靶位，进行浅部钻探取样，确定含矿泥的厚度和含量，最后可以计算出矿床的地质储量，进行经济技术论证。

完成了海底锰（钴）结核的勘探后，即可进入开发程序。

锰结核的开采正逐步走向成熟。目前一般认为有3种方法比较经济、实用。一种是空气提升采矿系统，由高压气泵、采矿管、集矿装置等部分构成。高压气泵安装在船上，采矿时，首先在船上开动高压气泵，气泵产生的高压空气通过输气管道向下从采矿管的深、中、浅3个部分输入，在采矿中产生高速上升的固、气、液三相混全流，将经过集矿装置的筛滤系统选择过的锰结核提升到采矿船内，其提升效率为30%～50%。这种采矿系统已于1970年试验成功，它能在5 000米水深处达到日产300吨锰结核的采矿能力。

另外一种是水力提升式采矿系统。主要由采矿管、浮筒、高压水泵和集矿装置4部分组成。采矿管悬挂在采矿船和浮筒下,起输送锰结核的作用;浮筒安装在采矿管道上部15%的地方,中间充以高压空气以支撑水泵的重量;高压水泵装置在浮筒内,其功率为8 000马力,通过高压使采矿管道内产生5米/秒的高速上升水流,使锰结核和水一起由海底提升到采矿船内。集矿装置起着挑选、采集锰结核的作用。1975年采矿试验已获成功,现能达到日产500吨的采矿能力。

还有一种是连续链斗采矿系统,是在高强度的聚丙二醇脂材料编成的绳上,每隔25~50米安装一个采矿戽斗。采矿时,船上的牵引机带动绳索,使戽斗不断在海底拖过挖取锰结核,并将其提升到采矿船上,卸入船内储仓。这种采矿法是由日本人发明的,1970年8~9月在希塔提岛以北400千米、水深4 000米处进行试验并获得了成功。这种装置结构简单,适应性强,采矿成本低。

目前,一些国际性大公司已开始介入海底硫化矿的开发,如澳大利亚有两个公司(Nautilus、Neptune)在西南太平洋地区拥有超过50余平方千米海底硫化物矿勘探执照和申请区,韩国在汤加专属经济区申请勘探,日本在其自有专属经济区开采硫化物以补充稀土供应。

英文《中国日报》2011年3月17日报道:中国五矿总裁周中枢在接受《中国日报》专访时表示五矿已开展了海底勘探与采矿,输送及选、冶试验等环节的重点研究。五矿所属长沙矿冶研究院目前正在就锰结核、多金属硫化物、钴结壳开展深海采矿方面的研究开发工作。据他介绍,开采环境为2 400米的水深,年产量为100万吨原矿的生产规模,每吨矿石的成本为80美元,这包括从海底采掘输送到船上、脱水处理的全过程。这个相当于采矿成本,如果加上矿物分离成本,综合成本可能超过100美元。从目前的金属价格来看,还是有一定的经济价值的。

海洋矿物资源的勘查和开发技术已基本趋于成熟,投资海洋矿物资源的勘探和开发是一个具有战略意义的选择。2020年甚至更早(2015年)将会有公司开始进军海洋矿物资源的开采并且盈利。21世纪中后期,海洋矿物资源开发将会像油气开发一样成为金属来源的主战场。

当然，除了勘查和开采领域外，围绕勘探和开发所涉及的材料以及装备制造也是将来一个重要的投资领域。

重点链接——我国2006—2020年深海底金属矿产资源研究开发的重点

Ⅰ.深海底金属矿产资源集矿技术

研究内容

a.研制适应水深6 000米及极稀软海底上行走的采矿作业车，研究作业车的定位、姿态、行走测控技术；

b.研制适应深水、丰度变化和微地形变化的多金属结核集矿机构；研制满足钴结壳或热液矿床采掘作业要求的海底作业站及测控技术；

c.漂浮材料开发应用研究；

d.恶劣环境下开采系统机电设备耐压技术和材料防腐技术的研究。

Ⅱ.深海采出矿物向水面输送技术

研究内容

a.深海底向海面输送技术，研究能从深海底向海面输送多种固体矿物的输送技术（包括适合不同水深和开采条件的机械提升、管道提升和机械管道联合提升技术），研究固体矿物制备装载技术，研制适用于深海矿物提升的管道和设备定位及提升设备作业控制的测控技术；

b.研制大功率高扬程粗颗粒深水输送泵及电机，研制功率1 000千瓦，扬程1 000米以上的多级深水粗颗粒潜水输送泵；研究水下大功率高压输配电及大型设备的控制与保护技术；

c.固体物料在柔性管道中的输送技术；

- 研制能适应深海工作、空间形态变化的柔性管道输送工艺和技术及相应的监测技术；
- 研制运输船与采矿船之间动态对接输送固体物料技术和相应的监测技术；

d.轻型、高强度、耐磨、防腐管材及泵材研制。

Ⅲ.深海采矿的水面支持系统

研究内容

a.深海采矿船用悬挂、吊放、解脱及动力定位技术；

●研制深海采矿船用起伏摇摆伸缩补偿装置，用于悬挂大吨位的水下设备；

●研究深海采矿水下设备的吊放回收技术和控制技术，包括采矿机、输送系统及动力通信电缆的吊放与回收，以及此作业过程中的测控技术；

●研究深海采矿水下系统和水面系统的紧急解脱装置，用于恶劣气候或其他灾害时将水下系统和水面系统迅速脱开；

●研制水面采矿船在风、浪、流作用下的动力定位技术；

b.水面采矿船动态跟踪和随动海底采矿系统集矿路线的导航与控制技术，海底设备高精度动态三维定位技术；

c.采集输送过程监测控制技术，采矿作业整体系统监测、控制与信息集中管理；

d.深海采矿系统及作业过程的故障诊断、自动修复及可靠性保障技术。

参考文献

[1]安格斯·麦迪森.世界经济千年史[M].伍晓鹰,等译.北京:北京大学出版社,2003.

[2]阿文德·萨勃拉曼尼亚.大预测:未来20年中国怎么样,美国又如何[M].倪颖,曹槟,译.北京:中信出版社,2012.

[3]丁力.地缘大战略:中国的地缘政治环境及其战略选择[M].太原:山西人民出版社,2010.

[4]戴自希,王家枢.矿产勘查百年[M].北京:地震出版社,2004.

[5]郭惠兰,等.国外伴生金银矿山[M].北京:冶金工业出版社,2002.

[6]巩德·弗兰克.白银资本:重视经济全球化的东方[M].北京:中央编译出版社,2001.

[7]国土资源部信息中心.世界矿产资源年评(2007—2008)[M].北京:地质出版社,2009.

[8]国土资源部信息中心.世界矿产资源年评(2008—2009)[M].北京:地质出版社,2010.

[9]管仲连,涂方祥.贫穷与浪费:当代中国自然资源忧思录[M].北京:海洋出版社,2007.

[10]韩毓海.五百年来谁著史:1500年以来的中国与世界[M].北京:九州出版社,2011.

[11]杰里米·里夫金.第三次工业革命:新经济模式如何改变世界[M].张体伟,孙豫宁,译.北京:中信出版社,2012.

[12]刘汉元,刘建生.能源革命改变21世纪[M].北京:中国言实出版社,2010.

[13]李宗南,文锋.中国大趋势2:创新改变中国[M].北京:中华工商联合出版

社,2011.
[14]雷涯邻. 我国矿产资源跨国经营理论与实践[M]. 北京:地质出版社,2006.
[15]梅多斯. 增长的极限[M]. 李涛,王智勇,译. 北京:机械工业出版社,2006.
[16] Mead L Jensen, Alan M Bateman. Economic Mineral Deposits[M]. 3rd ed. America:John Wiley & Sons,1979.
[17]彭穆兰. 大分流:欧洲、中国及现代世界经济的发展[M]. 史建云,译. 南京:江苏人民出版社,2003.
[18]乔治・马格路斯. 谁搅动了世界[M]. 刘寅龙,译. 广州:广东人民出版社,2012.
[19]萨拉・邦焦尔尼. 离开中国制造的一年[M]. 闾佳,译. 北京:机械工业出版社,2008.
[20]施俊法,等. 信息找矿战略与勘查百例[M]. 北京:地质出版社,2005.
[21]斯塔夫理阿诺斯. 全球通史(1500 年前、后的世界)[M]. 吴象婴,梁赤民,译. 北京:人民出版社,2009.
[22]脱马斯・弗里德曼. 世界是平的:21 世纪简史[M]. 何帆,等译. 长沙:湖南科学技术出版社,2008.
[23]托马斯・弗里德曼. 世界又热又平又挤[M]. 王玮沁,等译. 长沙:湖南科学技术出版社,2009.
[24]邬沧萍,侯文若. 世界人口纲要[M]. 北京:中国人民大学出版社,1987.
[25]肖振民. 西方矿产勘查地评估和投资经济(以澳大利亚为例)[M]. 北京:地质出版社,1999.
[26]张光直. 中国青铜时代[M]. 上海:上海三联出版社,1999.
[27]张抗. 中国和世界地缘油气[M]. 北京:地质出版社,2009.
[28]朱华平. 繁荣背后:资源危机的另类解读[M]. 西安:西北大学出版社,2012.
[29]朱训,等. 中国矿业史[M]. 北京:地质出版社,2010.
[30]祝继高. 定价权博弈:中国企业的路在何方[M]. 北京:中国人民大学出版社,2012.
[31]赵鹏大,等. 非传统矿产资源概论[M]. 北京:地质出版社,2003.

后 记

我决定写这本书的时候是一个夏天，当时和朋友们一起聊起矿业项目投资方面的问题。朋友们中有些想要介入矿业领域的又大多是地产商，他们对这个行业的确没有概念。矿业其实是一个技术、资金、环境和政策密集型的行业，涉及地质勘查、采矿、选矿、冶炼和矿床技术经济评价 5 个环节，哪一个环节都是一门难懂的科学。

我尽量说服他们最好不要轻易介入这个“让人欢喜让人忧”的行业，但是，还是有一些财大气粗的朋友们坚持要介入，并从我这儿寻求帮助。

我又不能一个一个地给他们去灌输吧！对于非专业人士来说，看专业书又觉得乏味，所以，我断断续续花了 2 年的时间来写这本书，也当是给那些信任我的朋友们一个交代吧。

我经常跟一些朋友说，2010 年以后，中国的那些低品位铁矿不能再投资了。其实，中国 90% 的铁矿都是低品位的。他们会问：“为什么？”现在看来，当时的提醒是对的。

本书中用城市化的进程回答了这个问题。不仅仅是铁矿问题，还有钢铁、水泥、建材等矿业领域的投资回报在 2010 年以后都会很低。同时，在研究中又意外发现了 30 年矿业超大周期的现象。

21 世纪初，随着中国的快速城市化，全球迎来了第三个矿业繁荣的超大周期，而中国的高效率又使得这个周期大大缩短。分析这次矿业繁荣的真正原因，我在另一本书《繁荣背后：资源危机的另类解读》中总结了 6 条，人口力量、城市化、基础设施建设、汽车、资本市场和货币滥发。其实，对于超大周期的矿业繁荣起决定性作用的只有一个，那就是城市化进程的速度和规模。

世界经过100多年的城市化进程,尤其是进入21世纪后的中国超过7亿人口进入城市,全球城市化率到2011年已经超过50%,也就是说,地球上大多数人已经住在城市了。我相信到21世纪中叶(2050年前后),世界将会完全进入都市社会,也就是我所称之为的地球都市。

同时,网络技术经过几十年的快速发展,迅速改变了我们的生活。此后,物联网和能联网也在紧锣密鼓地推进,三联网形成也将在2050年前后。到那时,三联网和地球都市汇聚在一起将构建成了一种全新的都市经济新格局。

地球都市经济肯定不同于20世纪的工业经济,对矿物资源的需求也发生了根本性的改变。全球步入都市社会后,与城市化有关的大宗矿物资源需求在达到峰值后会逐步下降,这些矿物资源主要包括铁矿石(钢铁)、铝土矿(金属铝)、石灰石矿(水泥)等,随着钢铁需求的减少,与钢铁有关的其他金属矿如锰矿、镍矿、钼矿、钒矿和铌矿等的需求也将减少。

那么,地球都市经济社会中什么样的矿物资源的需求会增加呢?毫无疑问的答案是新技术矿物资源,甚至还会出现一些新资源。地球都市是一个全新的社会,科学技术应该是保持这个社会可持续发展的动力,这也是我为什么用矿业技术史这根主线来研究和回答本书题目的主要原因。

每一个技术经济社会都有一个与之相适应的能源和矿物资源结构。新经济即本书中所说的全球都市经济,其能源结构应该是从碳能源(煤炭、石油、天然气甚至可燃冰)主导逐渐过渡到由非碳能源(水电、风电、核电、地热电、潮汐电和太阳能)和高效碳能源共同主导。由于太阳能发电具有分布式的强大优势,电网也将会出现革命性的变化,由单一的交流电网主导逐渐过渡到由交流电网和直流微电网共同主导。物联网又将我们与所有的人与人之间、人与物之间以及物与物之间连接在一起,信息得以充分共享,物流变得相对简单。

在这样的经济社会中,矿物资源的角色当然也会发生翻天覆地的变化。围绕新能源或称之为非碳能源的矿物资源应该是新经济最主要的角色,它包括有色金属中的半导体金属、稀散金属、稀土金属以及稀贵金属等。其次是能达到节能减排目标的人们生活所必需的那些矿物资源,它包括能让大宗金属结构材料“减肥”

的金属矿物资源、以石油天然气为原料的有机材料的填充矿物资源、能再生和循环利用的矿物资源等。第三是与分布式发电相关联的直流微电网所需要的矿物资源。第四是与物联网相关联的信息技术所需要的矿物资源。总的来说，未来地球都市经济社会所需要的矿物资源主要集中在有色金属和非金属领域。

21 世纪还将会发现一些新资源供我们所享用。海洋是为我们提供新资源最现实的选择，国际间围绕海洋的争夺可能是 21 世纪的主旋律。世界不会平坦，矿业企业的垄断还会加剧，我们需要从长计议，制定好国家长期的矿物资源发展战略。只有这样，我们才会实现伟大民族的复兴。

我不是经济学家，也不是一个社会学家，而是一个地质专家。所以，书中所涉及的一些有关经济学的问题，或者一些运用经济学来解释矿物资源的供给问题，还有诸如解释 21 世纪地球都市社会等的时候，可能不尽如人意，望读者见谅。如果有共鸣，那是我的荣幸。

感谢陕西有色金属控股集团有限责任公司领导和同仁的帮助与支持，没有他们就不可能有本书的出版。感谢我的家人一直对我的支持和指引。感谢刘秀玲老师耐心的修改与校对。感谢西北大学出版社社长马来老师对本书的编排所做的贡献。此外，还要感谢所有在百忙中抽空和我讨论本书中所涉及主题的人。本书在出版过程中还得到了西北大学出版社的领导和编审们的有益指导和帮助，在此一并表示谢意！

朱华平 博士

2015 年 12 月 10 日于古都西安